약속대로
이루어지길

함께, 약속
DB손해보험

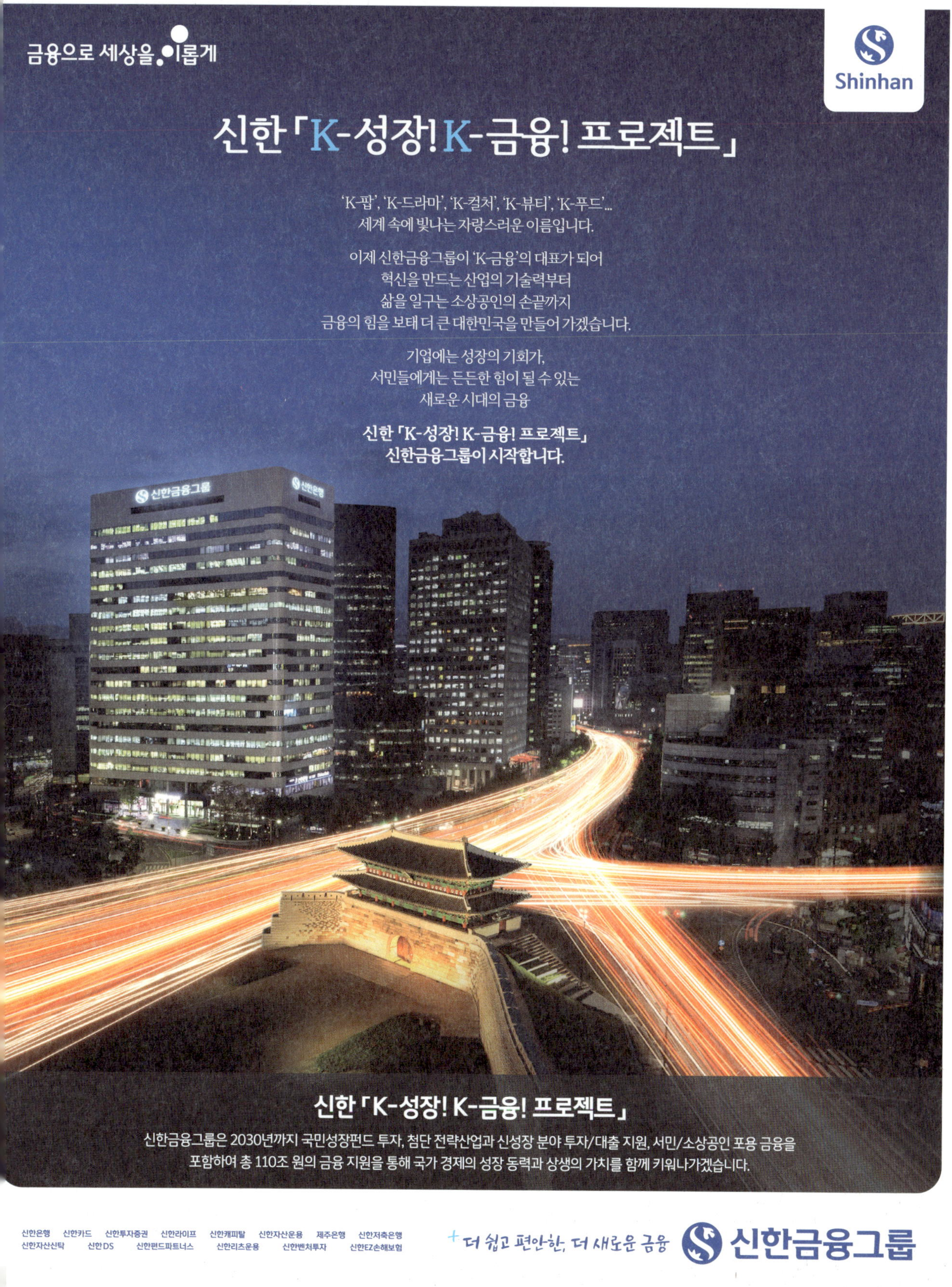

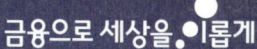

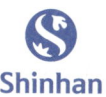

금융으로 세상을 이롭게
Shinhan
신한「K-성장! K-금융! 프로젝트」
'K-팝', 'K-드라마', 'K-컬처', 'K-뷰티', 'K-푸드'...
세계 속에 빛나는 자랑스러운 이름입니다.
이제 신한금융그룹이 'K-금융'의 대표가 되어
혁신을 만드는 산업의 기술력부터
삶을 일구는 소상공인의 손끝까지
금융의 힘을 보태 더 큰 대한민국을 만들어 가겠습니다.
기업에는 성장의 기회가,
서민들에게는 든든한 힘이 될 수 있는
새로운 시대의 금융
신한「K-성장! K-금융! 프로젝트」
신한금융그룹이 시작합니다.
신한금융그룹
신한은행
신한「K-성장! K-금융! 프로젝트」
신한금융그룹은 2030년까지 국민성장펀드 투자, 첨단 전략산업과 신성장 분야 투자/대출 지원, 서민/소상공인 포용 금융을
포함하여 총 110조 원의 금융 지원을 통해 국가 경제의 성장 동력과 상생의 가치를 함께 키워나가겠습니다.
신한은행 신한카드 신한투자증권 신한라이프 신한캐피탈 신한자산운용 제주은행 신한저축은행
신한자산신탁 신한DS 신한펀드파트너스 신한리츠운용 신한벤처투자 신한EZ손해보험
+더 쉽고 편안한, 더 새로운 금융
신한금융그룹

격조 높은 남성들의 새로운 클래식

보닌 더 캐릭터 로열블루

VONIN

금융으로 세상을 이롭게

고객중심 자산관리
신한 Premier

신한 Premier 영업점
리테일 고객의 주식 및 투자상품 등 종합자산관리 채널

신한 Premier PWM
자산가 고객을 위한 1:1 포트폴리오 서비스

신한 Premier Family Office
개인, 가족, 가문을 위한 맞춤형 자문 서비스

신한 Premier PIB
기업가 고객을 위한 PB서비스와 IB솔루션의 결합

신한 Premier Pathfinder
투자, 세무, 부동산, 상속 등 분야별
전문가 그룹이 제공하는 프라이빗 컨설팅

신한 Premier Hall
차별화된 경험을 선사하는 문화체험 공간

신한 Premier는 계속됩니다.

신한투자증권 고객지원센터 (1588-0365)

고객중심 자산관리 신한 Premier
더 알아보기

[투자유의사항] ※투자자는 금융투자상품에 대하여 신한투자증권으로부터 충분한 설명을 받을 권리가 있으며, 투자 전 상품설명서 및 약관 등을 반드시 읽어보시기 바랍니다. ※금융투자상품은 예금자보호법에 따라 보호되지 않습니다. ※금융투자상품은 투자원금의 손실이 발생할 수 있으며, 그 손실은 투자자에게 귀속됩니다. ※주식거래시 모바일 기준 표준수수료는 0.1882276%~0.1891639%(KRX, NXT 포함)이며, 기타 자세한 사항은 홈페이지 등을 참고하시기 바랍니다. NXT(넥스트레이드)는 자본시장법상 다자간매매체결회사로 대체거래소(ATS : ALternative Trading System) 입니다. ※신한투자증권 준법감시인 심사필 제25-1377호(2025-07-16 ~ 2026-07-12)
※한국금융투자협회 심사필 제25-02594호(2025-06-25 ~ 2026-06-19)

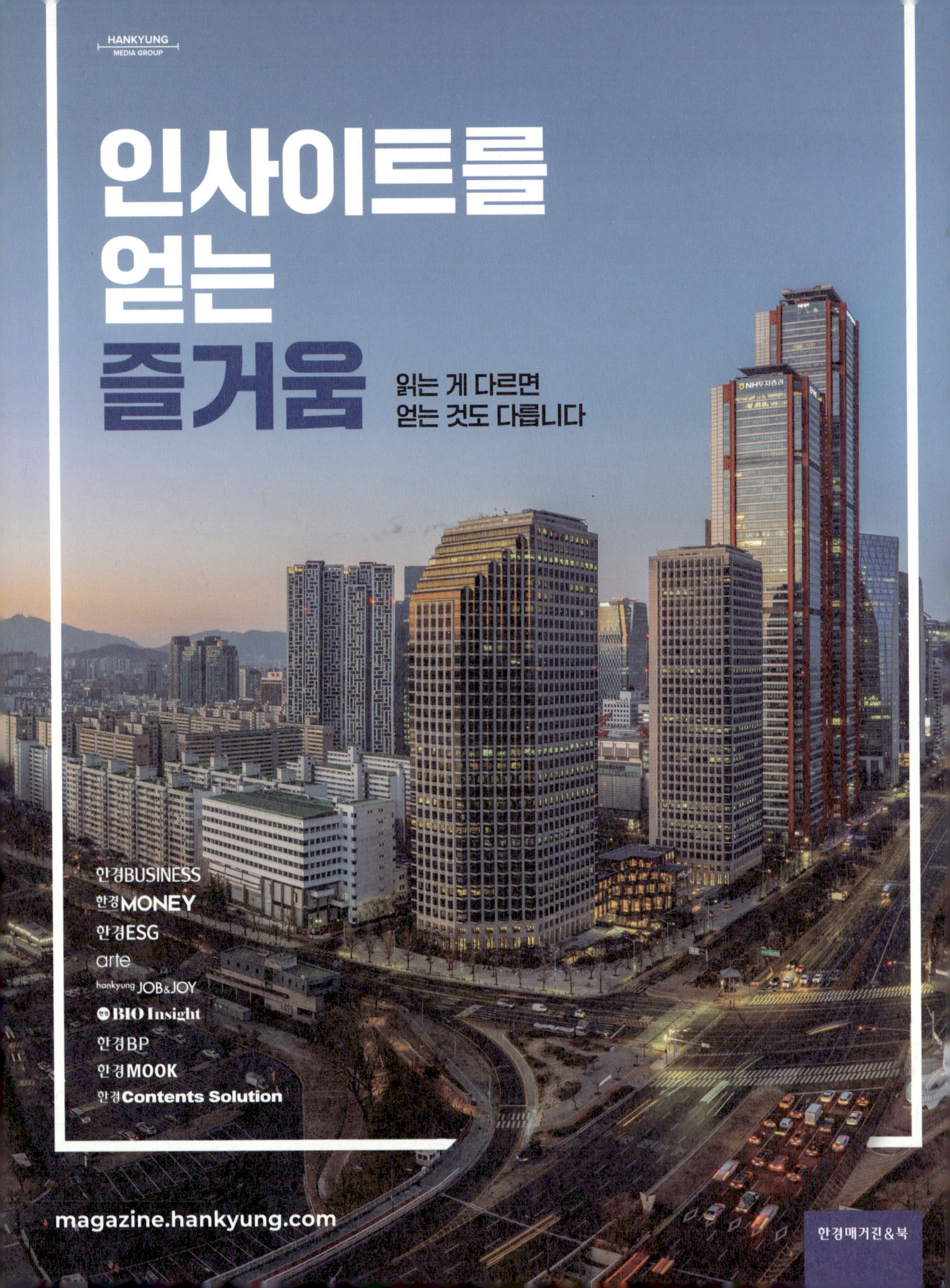

HANKYUNG
MEDIA GROUP

인사이트를
얻는
즐거움

읽는 게 다르면
얻는 것도 다릅니다

한경BUSINESS
한경MONEY
한경ESG
arte
hankyung JOB&JOY
BIO Insight
한경BP
한경MOOK
한경 Contents Solution

magazine.hankyung.com

한경매거진&북

Daishin 증권

국내주식 수수료
미국주식 수수료
신용거래 이자율

국내주식 1개월간 0%, 이후
평생우대(유관비용만 부과)
*비대면 신규 해당

미국주식 3개월간 0%, 이후
9개월간 0.07%
*비대면 신규 해당

신용이자율
1~7일간 0% (이후 최대 9.5%)
*고객 누구나

금융지원센터 1588 - 4488

*대출금리(신용이자율)은 연 0%(1~7일동안 적용, 이후에는 기간에 따른 이자율 적용)~9.5% *국내/미국주식 수수료 우대는 이벤트 신청자에 한하며 신규/미거래 고객대상, 자세한 사항은 대신증권 홈페이지 참고 *투자(계약) 전 설명 청취 및 상품설명서/약관 필독 *이 금융상품은 예금자보호법에 따라 보호되지 않습니다. *자산가격변동, 환율 변동, 신용등급 하락 등에 따른 투자원금의 손실(0~100%) 발생 가능 및 투자자 귀속 *국내주식 거래 수수료는 0.196% ~ 0.197%(KRX,NXT 포함)이며, 홈페이지 참고 *해외주식 수수료는 0.25~0.3%, 홈페이지 참고 *미국 주식 거래의 경우, 매도시 적용되는 거래세(SEC Fee) 없음(향후 변동 가능) *당사가 부담하는 유관비용은 재산상이익제공에 해당되며, 동일인 제공 한도는 1천만원 *상환능력 대비 과도한 대출 시 개인신용평점 하락 및 금융 거래 관련 불이익 발생 가능 *적정 담보비율 미달 시 담보증권 임의처분 유의 *한국금융투자협회 심사필 제 25-04140호(2025.09.23~2026.09.22)

한경MOOK 한경MOOK는 빠르게 변화하는 사회 흐름에 발맞춰 시시각각 현상을 분석하고 새로운 대안과 인사이트를 제시하기 위한 무크 형태 단행본을 발행하는 한국경제신문사의 새 브랜드입니다.

한경 MOOK

2026 산업대전망

한경 베스트 애널리스트의 산업 대예측

PROLOGUE

변화의 파도 속 한국 경제, 우리가 해야 할 일은?

어느덧 또다시 한 해가 지나고 새해가 다가오고 있습니다. 2026년을 앞둔 우리는 또 새로운 변화를 맞게 될 것입니다.

지난 2025년을 돌아보면 정말 상상하지도 못했던 일이 수없이 벌어졌습니다. 대통령의 계엄 선포와 이를 막아낸 국민들, 이재명 대통령의 당선과 코스피 4000 돌파 등 한 해 전까지만 해도 전혀 예측할 수 없던 일들이 수없이 벌어졌습니다. 국내뿐 아니라 국제 상황도 마찬가지였습니다. 트럼프 대통령의 전방위적 관세 전쟁과 이로 인한 국제 역학의 변화도 드라마틱했습니다. 이런 상황 속에 인간의 삶에 파괴적 변화를 가져올 인공지능(AI) 기술도 빠르게 성장했습니다.

이런 상황은 분명 누군가에겐 기회, 누군가에겐 위기였을 겁니다. 산업은 '인간이 살아가는 데 필요한 여러 재화와 서비스를 만들어가는 활동'이라는 사전적 정의로 요약됩니다. 지금, 또는 앞으로 인간에게 필요한 재화와 서비스를 만드는 기업은 살아남고 성장하며, 그렇지 못한 기업은 도태되어 사라질 것입니다. 이미 우리는 지금 새로운 혁명의 시작을 목격하고 있습니다. 우리 산업의 핵심이던 스마트폰, 반도체, 자동차는 새로운 시장 변화의 파고를 맞이했으며 바이오, 콘텐츠의 급격한 성장세도 나타나고 있습니다.

이처럼 바뀌는 산업의 판도를 자세히 들여다봐야 하는 이유는 분명합니다. 한 산업은 그저 하나의 재화나 서비스를 만드는 데 그치지 않습니다. 산업은 그 내부에서 유기적으로 움직이며, 외부 산업과 맞물려 생물처럼 살아 숨 쉽니다. 이렇게 얽힌 산업들이 모여 '경제 시스템'을 이루고 있습니다. 또 경제 시스템이 각 산업의 성패에 큰 영향을 미치기도 합니다.

by_ 김용준 〈한경비즈니스〉 편집장

우리 사회의 모든 경제 주체들은 산업을 파악해야 합니다. 꼭 한 나라의 경제 관료나 대기업 경영자뿐이 아닙니다. 회사원들도 주식투자를 할 때 산업의 흐름을 파악해야 수익을 낼 수 있습니다. **소상공인들도 산업 시장의 트렌드를 알아야 좋은 사업 아이템을 찾을 수 있습니다.**

그런데 이렇게 중요한 산업 동향을 한꺼번에 정리한 자료를 찾아보기 어렵습니다. 신문, 잡지, 인터넷에는 정보가 범람하지만 대부분 파편화된 상태일 뿐입니다. 매번 인터넷 포털에 실시간으로 업데이트된 정보가 올라와도 독자가 산업의 흐름을 한눈에 파악할 수 있도록 하기는 어렵습니다.

〈한경비즈니스〉가 〈2026 산업대전망〉을 펴내는 것은 이런 배경 때문입니다. 이 책은 각 산업에 걸쳐 알토란 같은 정보를 체계적으로 담았습니다. **전체 산업을 업종별로 분류하고, 각 업종의 중요한 변화 포인트를 구체적으로 다뤘습니다.** 특히 〈한경비즈니스〉가 선정한 '베스트 애널리스트'들이 참여해 전문성이 검증됐습니다.

깨알 같은 글씨만 가득한 책은 독자들의 이해도를 높이기 어렵습니다. 올해 〈2026 산업대전망〉 또한 내용을 효과적으로 전달하고자 책 전반에 그래픽 등 디자인 요소와 수치도 더했습니다. 이를 통해 독자들이 **부담 없이 한눈에 '보는 맛'을 느낄 수 있도록 신경 썼습니다.**

아무쪼록 이 책을 읽으시는 모든 경제 주체들이 2026년의 사업 계획을 세우고 성공적인 투자를 하는 데 있어서 조금이라도 도움이 됐으면 하는 바람입니다. 감사합니다.

CONTENTS

2026 산업대전망

012 PROLOGUE
변화의 파도 속 한국 경제,
우리가 해야 할 일은?

016 Section 1
GLOBAL ECONOMY

018 세계 경제 전망
트럼프 2기 MAGA,
다자주의 무너뜨린 '경제학 4.0'의 개막

030 주요국 핵심 이슈
주요국 경제… 2026년에는 어떤 길을 걷나

042 통화정책
통화정책 프레임워크 개편과
미·중 환율·코인 전쟁

052 한국 경제
삶은 개구리 신드롬에 빠진 한국 경제
마라도나 효과가 필요한 때

056 Section 2
2026 INDUSTRY TREND

058 반도체·전기전자
코스피 이익 성장의 엔진

062 2차전지
데이터에서 배터리까지, 안보자산의 확장

066 통신
2026년 통신 3사 영업이익 3% 성장에 그칠 듯

070 인터넷·게임
AI와 스테이블코인이 여는
인터넷·게임의 제2막

074 엔터테인먼트·미디어
트리토노믹스에 따른 안정적 수요

078 유통
혼인·출생 증가, 인바운드 회복…
유통업의 반등 조건 무르익다

082 운송
불황 끝에 찾아온 재편의 해, 차별화의 시간으로

086 증권
정책·실적에 힘입은 증권업 리레이팅…
코스피 5000 겨눈다

090 보험
보험주의 주도권 이동…
구조적 턴어라운드 임박

094 은행
불확실성 속에서 '밸류업'…
은행주, 다시 리레이팅 시동

098 유틸리티
AI와 원전이 맞물린
전력산업 또 한 번의 성장기

142 Section 3
INVESTMENT STRATEGY

102	**자동차**	구조적 비용 압박의 시대… 한계기업은 도태한다
106	**조선·중공업**	너무 많이 오른 조선주의 피크아웃? 끝나지 않았다!
110	**방산·우주·기계**	지정학·에너지·인프라가 만든 구조적 랠리… '난리통의 기회'
114	**제약·바이오**	변방에서 중심으로
118	**정유·화학**	4년 침체 끝, 에너지산업 '슈퍼사이클'의 서막
122	**음식료·담배**	내수의 시대는 끝났다… '해외 성장'과 '주주환원'이 결정한다
126	**건설·건자재**	여전한 국내시장, 미국·원전이 기회
130	**지주회사**	지배구조 투명성의 전환점, 지주회사 리레이팅의 원년
134	**AI·로보틱스**	상용화 단계로 가는 로봇, 손의 활용도가 관건
138	**스몰캡**	중소형주도 AI가 주도, B2C 활용 기업·우주산업 주목

144	**글로벌 기업분석**	'토큰 전쟁'의 주인공은 누구? 엔비디아·버티브 등 수혜주 급부상
146	**거시경제·금리**	AI 시대의 부, 20%만 누린다
148	**투자전략**	3저 호황의 재현… 한국 증시, 40년 만의 장기 상승장 진입
150	**계량분석**	국내 주식시장 디스카운트 해소는 이제 시작
152	**데일리 시황**	자본시장 구조개혁을 위한 정부 정책 3.0 Round
154	**신용분석**	'돈은 돌지만 격차는 커진다'… 2026 크레디트 시장 또 양극화
156	**자산배분**	'느린 연착륙'의 해… AI와 균형의 기회
158	**ETF**	반복되는 스토리에도 다양한 선택이 가능한 ETF 시장
160	**원자재**	2026년에도 포트폴리오에 금을 담을 이유
162	**글로벌 투자(미국)**	S&P 500 6550~8000 전망 4C·4E 주목하라
164	**글로벌 투자(중국)**	Beyond Catch up… 미국과 중국의 기술 격차 좁히기
166	**ESG**	거버넌스 혁신이 이끄는 자본시장 대전환
168	**SPECIALIST**	〈2026 산업대전망〉을 만든 한경비즈니스 베스트 애널리스트

SECTION 1 　 GLOBAL ECONOMY

KEY WORD 5

2026년 세계 경제는 비정상이 일상화되는 뉴 애브노멀 시대에 진입한다. 질서의 붕괴와 새로운 패러다임의 출현 속에서 전환점을 맞고 있다. 트럼프 라운드를 비롯한 자국 중심주의는 기존 경제 질서를 위협하고, 인공지능(AI) 발전은 또 다른 경제 재편을 예고한다. 국가와 기업은 불확실성 속에서도 지속 가능한 해법과 유연한 전략을 모색하고 있다.

트럼프 라운드

미국 보호무역주의 중심으로 재편된 세계 무역 질서를 뜻하는 용어. 2025년 8월, 미국 무역대표부(USTR) 대표가 WTO 체제의 종식을 선언하며 처음 사용한 용어로, 도널드 트럼프 미국 대통령이 주도하고 있다. 기존의 다자간 협상체계를 무시하고, 미국 우선주의에 기반한 일대일 협상, 보호무역정책, 공격적인 관세 부과 등이 대표적이다.

연대의 종말

트럼프 시대에 국가 간 지역 블록 움직임은 붕괴하고 있다. 브렉시트(Brexit=Britain+exit)에 이어 그렉시트(Grexit=Greece+exit), 포렉시트(Porexit=Portugal+exit) 등 제2의 브렉시트 논의가 이어지고 있으며, 북미자유무역지대(NAFTA)도 무력화됐다. 중남미공동시장(MERCOSUR)도 반트럼프 성향의 브라질 룰라 대통령의 주도로 좌초될 위기다.

한상춘 한국경제신문사 논설위원 겸 한경미디어 국제금융 대기자

31년 동안 국제 경제 분야만 판 전문가다. 한국은행을 거쳐 대외경제정책연구원(KIEP)의 창립 멤버이자, 대우경제연구소에서 세계적인 예측 기관인 와튼계량경제연구소(WEFA) 정회원으로 활동했다.

스파게티 볼 효과

스파게티 볼 효과란 삶은 국수를 그릇에 넣을 때 서로 얽히는 현상을 말한다. A국이 B국, C국과 맺은 원산지 규정이 서로 달라 협정 체결국별로 달리 준비해야 할 해당국 수출업체에 불편을 초래하는 경우다.

경제학 4.0

전통적 경제학의 흐름(고전주의 → 케인스주의 → 신자유주의)에 이어 나타난 새로운 경제 패러다임이다. 디지털 기술, 인공지능, ESG(환경·사회·지배구조) 등을 중심으로 하는 경제 체계다.

뉴애브노멀

정상적이지 않은 상황의 일상화. 예측 불가능성과 불확실성이 뉴노멀(새로운 기준)을 넘어, 뉴애브노멀(비정상 상태, New Abnormal)이 되고 있다. 트럼프 집권 2기 이후 수시로 발동되는 행정명령 때문에 미래 예측까지 어려워진 영향이다.

SECTION 1　01 세계 경제 전망

트럼프 2기 MAGA, 다자주의 무너뜨린 '경제학 4.0'의 개막

2025년 1월 20일 도널드 트럼프 대통령 취임 이후 세계 경제와 국제금융시장이 뉴애브노멀 시대에 들어섰다. 특히 경제 분야가 심하다. 이 때문에 아담 스미스식 자유방임 고전주의 '경제학 1.0' 시대, 존 메이너드 케인스식 혼합주의 '경제학 2.0' 시대, 프리드리히 하이에크식 신자유주의 '경제학 3.0' 시대에 이어 '경제학 4.0' 시대로 구분하는 시각도 있다.

가장 눈에 띄는 움직임은 국가를 전제로 했던 종전의 세계 경제 질서가 흔들리는 현상이다. 세계 모든 국가를 대상으로 한 세계무역기구(WTO), 파리 기후변화협정 등과 같은 다자주의 채널이 급격히 약화되고 있다. 트럼프 대통령 취임 이후 미국 주도의 다자 협상은 한 건도 열리지 않았다. 그 대신 트럼프 라운드가 출범했다.

국가 간의 지역 블록 움직임도 붕괴 조짐이 일고 있다. 브렉시트(Brexit, Britain+Exit)에 이어 그렉시트(Grexit, Greece+Exit), 포렉시트(Porexit, Portugal+Exit) 등 제2의 브렉시트 논의가 좀처럼 누그러지지 않고 있다. 북미자유무역지대(NAFTA)도 무력화됐다. 중남미공동시장(MERCOSUR)도 반트럼프 성향의 브라질 룰라 대통령의 주도로 좌초될 위기에 놓여 있다.

자유무역협정(FTA)과 같은 양자 협력도 스파게티 볼 효과(Spaghetti Bowl Effect)가 우려될 정도로 복잡해 교역 증진에 한계를 보이고 있다. 스파게티 볼 효과란 삶은 국수를 그릇에 넣을 때 서로 얽히고설키는 현상을 말한다. A국이 B국, C국과 맺은 원산지 규정이 서로 달라 협정 체결국별로 달리 준비해야 할 해당국 수출업체에 불편을 초래하는 경우다.

국제통화질서는 미국 이외 국가의 탈(脫)달러화 조짐이 주목된다. 세계 경제 중심권이 이동됨에 따라 현 국제통화제도가 안고 있었던 문제, 즉 △중심 통화의 유동성과 신뢰성 간 트리핀 딜레마(Triffin's Dilemma) △기축통화국의 과도한 특권 △국제 불균형 조정 메커니즘 부재 △과다 외화 보유 부담 등이 심해지면서 탈달

뉴애브노멀
New Abnormal

'신 혼돈' '새로운 비정상' 등으로 해석되는 뉴애브노멀은 시장의 변동성이 일시적이지 않고 지속적으로 존재해 불확실성이 매우 커지는 상황을 일컫는다.

도널드 트럼프 미국 대통령.

트리핀 딜레마
Triffin's Dilemma

1947년 벨기에 경제학자 로버트 트리핀이 제시한 것으로 유동성과 신뢰성 간의 상충관계를 말한다. 기축통화가 국제 경제에 원활히 쓰이기 위해 많이 풀리면 기축통화 발행국의 적자가 늘어나고 반대로 기축통화 발행국이 무역 흑자를 보면 돈이 덜 풀려 국제 경제가 원활해지지 않는 역설을 말한다.

러화 조짐이 빨라지는 추세다.

트럼프 2기 'MAGA'의 실체와 경제학 4.0의 개막

제2차 세계대전 이후 지속돼 왔던 다자주의 체제가 약화되는 가운데 트럼프 대통령의 '마가(MAGA, 미국을 다시 위대하게)'의 실체가 속속 드러나고 있다. '강한 미국'과 '절대군주 야망'도 MAGA가 전 세계를 대상으로 해야 진정한 의미가 있다. EU 방식을 수용한다면 MAGA의 확대 단계를 세계 모든 국가를 대상으로 하고 심화 단계를 세계화폐통합(WMU), 세계정치통합(EPU), 세계사회통합(WSU) 순으로 추진하면 '세계통합국(United States of World)' 달성이 가능하다.

현재와 같이 글로벌화와 디지털화가 진전될수록 지역 통합보다 오히려 세계통합이 쉬울 수 있다. 세계가 하나의 운동장이 된 초연결 시대에 유럽통합 과정상 확대 단계와 심화 단계 중 최대 장애가 됐던 정치통합은 의미가 약해지기 때문이다. WMU와 WSU만 추진하면 세계를 대상으로 한 MAGA도 달성할 수 있다는 의미다.

WMU를 실현하기 위한 세계 중앙은행 구상도 마련돼 있다. 1913년에 창설된 미국 중앙은행(Fed)이 세계 중앙은행의 역할을 하기에는 어렵다는 것이 '프로젝트 2025'에 담긴 Fed의 개편안이다. 감세와 뉴딜정책으로 대변되는 '트럼프노믹스 2.0'을 추진하는 데도 Fed가 장애가 될 수 있다고 보고 있다.

오히려 집권 1기 일본은행을 대상으로 추진했던 것처럼 미국 국채를 강제로 매각시켜 각국 중앙은행을 연계(혹은 예속)시키는 것이 트럼프노믹스 2.0을 추진하고 WMU를 달성할 수 있다는 것이 신세계 중앙은행 구상안이다. WSU도 X, xAI, 스페이스X를 활용하면 충분히 가능하다는 것이 J. D. 밴스 부통령이 추천한 페이팔 마피아의 판단이다.

틀(Frame)에 해당하는 국제규범과 이를

SECTION 1 01 세계 경제 전망

토대로 한 세계 경제 질서가 흐트러지면 경제주체(시장 포함)는 혼란스러워질 수밖에 없다. 그 대신 트럼프 대통령과 같은 정치적인 포퓰리스트가 판치면서 이기주의와 국수주의가 기승을 부린다. 세계화 쇠퇴를 의미하는 탈글로벌라이제이션(De-globalization)이란 신조어가 나온 것도 이 때문이다.

트럼프 라운드 시대에 탈글로벌라이제이션으로 대변되는 경제학 4.0 시대에 있어서 한국처럼 대외 환경에 의존하는 국가일수록 불리하다. 대변화를 모색해야 할 때다. 갈라파고스 함정(Galapagos Trap)에 빠져 경제학 4.0 시대에 나타나는 변화를 읽지 못한다면 선진국 문턱에서 추락해 선진국 함정(HIT, High Income Trap)에 빠진다는 점을 명심해야 한다.

트럼프 라운드 시대가 본격 전개되나?

트럼프 정부의 경제정책인 '트럼프노믹스'의 최종 목표는 마가(MAGA)다. 금융위기 이후 버락 오바마, 조 바이든 민주당 집권 시절에 손상됐다고 본 국제 위상과 주도권 상실에 따른 반작용에서 나온 경제정책이다. 한마디로 글로벌 이익과 미국 국익 간 충돌될 때는 후자를 중시하겠다는 것이 핵심이다.

미국의 국익을 증대하려면 제2차 세계대전 이후 GATT(관세와 무역에 관한 일반협정)과 WTO를 기반으로 하는 자유무역 질서로는 한계가 있다. 오히려 트럼프 대통령은 자유무역 질서가 미국의 이익을 희생시켰다고 보고 있다. 희생당한 미국의 국익을 회복하고 증대시키려면 트럼

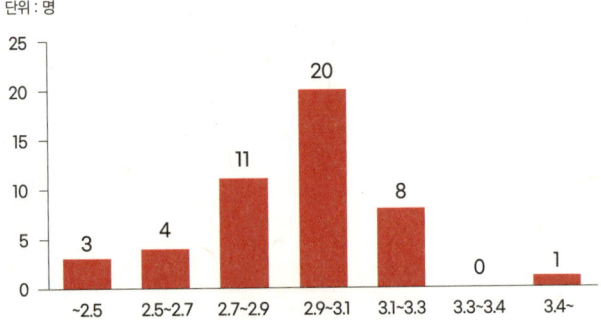

2006년 세계 경제 성장률
단위: 명

구간	응답자 수
~2.5	3
2.5~2.7	4
2.7~2.9	11
2.9~3.1	20
3.1~3.3	8
3.3~3.4	0
3.4~	1

자료: 대외경제정책연구원 ※설문 대상 47명 중 각 성장률 범위대별 응답자 수

프 라운드를 전개해야 한다고 보고 있다. 취임 이후 주요 교역국과의 관세 협상에서 태동하기 시작한 트럼프 라운드의 실체를 보면 다자주의와는 확실히 구별되는 몇 가지 특징이 눈에 들어온다. 종전의 '상향식(Down Up)'보다 트럼프 대통령의 의지가 확실하게 반영될 수 있는 '하향식(Top Down)'을 취하고 있는 점이다. 협상 기간을 단축하면서 미국의 국익을 최대한 반영할 수 있는 장점을 갖고 있다.

철저하게 '통합 거래(Package Deal)'로 임하고 있다. 국방, 상품 수입 시장 및 투자 후보지로서 미국처럼 협상력을 최대한 끌어올릴 수 있는 레버리지 카드가 있을 때 사용하는 방식이다. 무역적자, 재정적자, 국가채무, 경기부양, 인플레이션 등 해결해야 할 과제가 많은 트럼프 정부로서는 선택할 수밖에 없는 방식이기도 하다.

협상 파트너와 관련해 상대방이 먼저 최선의 대안을 내놓도록 하는 'A-게임' 방식을 취하고 있는 것도 눈에 들어온다. EU, 일본의 사례에서 보듯이 상대방이 제시하는 협상안에 대해 미국은 아무것도 내

> 글로벌 이익과 미국 국익 간 충돌될 때는 후자를 중시하겠다는 것이 핵심이다.

갈라파고스 함정

중남미 에콰도르령(領)인 갈라파고스제도가 아메리카 대륙으로부터 1000km 이상 떨어져 있는 것에 빗대 세계 흐름과 격리되는 현상을 말한다.

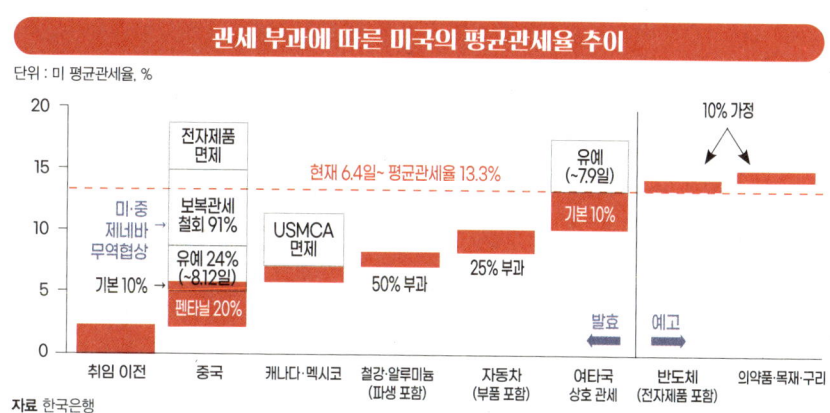

놓지 않고 있다. 선부과·후협상 원칙을 취하고 있는 트럼프 관세정책에서 후자에 기대를 거는 시각이 있으나 전자가 최선임을 암시하는 자세다.

미국 예일대 연구소에 따르면 트럼프 라운드가 본격 출범하기도 전에 지금까지 부과된 것만으로도 평균 실효 관세율이 18.4%에 달한다. 1930년대 대공황을 초래한 스무트-홀리 관세법 적용 이후 최고 수준이다. 2025년에 기반을 마련한 트럼프 정부는 2026년에는 네 가지 점에 중점을 두면서 트럼프 라운드를 구체화해 나갈 것으로 예상된다.

첫째, 미국에 직접적인 이익을 가져다주지 않으면서 부담만 지는 국제규범과 협상에 대한 우선순위가 뒷전으로 밀려날 것이라는 점이다. 파리 기후변화협정 재탈퇴, UN 탈퇴 시사, 30년 만에 WTO 종식 선언, 한미자유무역협정(FTA) 폐기 등이 대표적인 사례다. 2026년에는 어디까지 확대될 것인가가 관심사다.

둘째, 국가별로는 무역적자 확대 여부에 따라 이원적 전략(Two Track)을 추진하

는 움직임이 더 뚜렷해질 것으로 예상된다. 트럼프 대통령은 미국의 무역적자를 대미국 흑자국에 성장과 고용을 빼앗기는 것으로 인식해왔다. 이 때문에 무역적자 확대 국가에 통상 압력을 가해 시정하고, 다른 국가와는 공존을 모색하는 '차별적 보호주의' 정책을 추진해왔다. 특히 중국, 한국, 대만 등 동아시아 국가가 문제다. 트럼프 정부 출범 이전부터 미국과 중국 간 마찰이 심상치 않다. 무역, 통상, 환율 등 경제 분야뿐만 아니라 남중국해 등 경제 외적인 분야에 이르기까지 전방위에 걸쳐 나타나고 있다. 정도 차가 있지만 다른 동아시아 국가에도 마찬가지다.

셋째, 목적에 도달하기 위해서는 모든 통상 수단을 동원하는 것도 종전과 다른 점이다. WTO 규범이나 자국법을 의식했던 집권 1기와 달리 트럼프 행정명령에 전적으로 의존해 관세를 부과하고 있다. 무역적자 규모, 비관세 장벽, 관세 협상 협조 여부 등에 따라 국가별로 관세율을 차별적으로 가져가는 것도 구별된다.

넷째, 통상정책을 다른 목적과 결부시키

스무트-홀리 관세법
Smoot-Hawley Tariff Act

1930년 미국이 대공황 국면에서 도입한 초고율 관세법으로, 수입품 관세를 대폭 인상해 글로벌 무역 수축과 세계 경제 침체를 심화시킨 대표적 보호무역 정책이다.

SECTION 1 01 세계 경제 전망

는 움직임도 감지된다. 무역 확장법 232조에 근거해 통상을 안보와 연계시킨다든가, 대중국 정책을 관철하기 위해 한국을 비롯한 동맹국에 집중적으로 통상 압력을 가하고 있다. 한국 등 해당 국가가 트럼프 정부의 통상정책에 쉽게 대처하기 힘든 것도 이 때문이다.

코로나19 사태 이후 세계 경제와 국제금융시장이 '뉴노멀' 시대에 접어들었다. 규범과 이론이 통하는 '노멀' 시대에 대비되는 개념이다. 트럼프 집권 2기 이후에는 미래 예측까지 어려운 '뉴애브노멀' 시대가 닥치고 있다. 수시로 발동되는 행정명령 때문이다. 취임 2년 차에도 행정명령이 얼마나 발동되는지에 따라 트럼프 라운드의 진전 여부가 결정될 것으로 예상된다.

미·중 관계… '베이징 거버넌스'와 '트럼프 거버넌스' 대결로

1970년대 들어서자마자 '핑퐁외교'로 상징되는 미·중 간 관계는 '커플링(Coupling, 동조화)'에서 출발했다. 헨리 키신저 당시 미국 국가 안보보좌관은 리처드 닉슨 대통령의 중국 방문을 이끌어냈다. 닉슨의 방문 이후 베트남 종전이 선언된 데 이어 1979년에는 미·중 간 국교가 수립됐다.

국교 수립 이후 2012년 시진핑 주석이 취임하기 직전까지 미·중 간 관계는 '워싱턴 컨센서스'로 대변된다. 1989년 존 윌리엄슨 미국 정치경제학자에 의해 만들어진 이 개념은 중국을 포함한 비서구 국가를 글로벌화와 시장경제에 편입시켜 궁극적으로 미국의 세력을 확장하기 위한 전략을 뜻한다.

미국과의 국교 수립 이후 중국의 대외 경제정책 기조인 '도광양회(韜光養晦, 자신을 드러내지 않고 참고 기다린다)'는 워싱턴 컨센서스와 대립되지 않았다. 오히려 제2차 세계대전 이후 전범인 독일을 포함한 유럽 부흥에 기여했던 '마셜 플랜'이라 부를 정도로 중국이 성장하고 WTO에 가입하는 데 도움이 됐다.

WTO 가입은 세계 모든 국가와 기업에 이르기까지 중국 편향적으로 만들었다. 마치 중국이 없으면 대외 경제정책이나 기업 경영전략이 실패했다는 평가가 나올 정도였

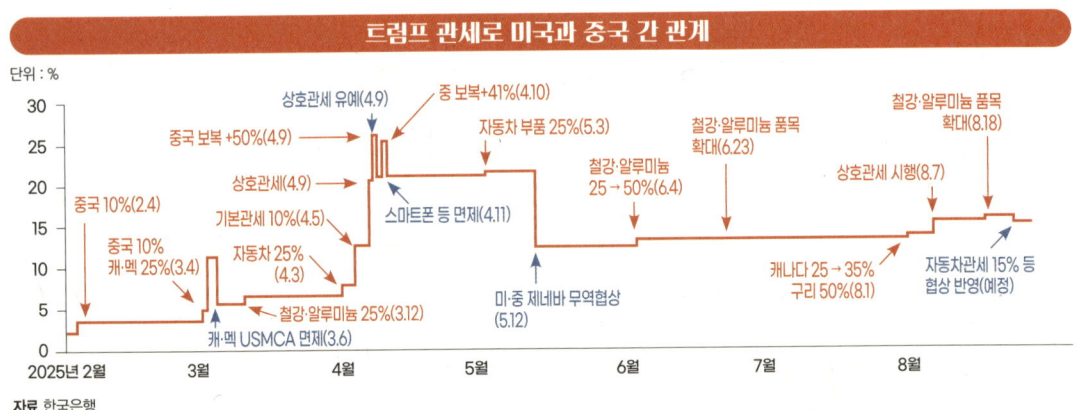

트럼프 관세로 미국과 중국 간 관계

자료 한국은행

미국 대비 중국 국민 총소득(GNI)

WTO 가입 직전 →
시진핑 주석 취임 직전

**17% → 55%
3배 이상 상승**

다. 중국 경제는 고도성장기에 접어들면서 국민 총소득(GNI)이 WTO 가입 직전 미국의 17% 수준에서 시진핑 주석이 취임하기 직전에는 55%로 3배 이상 높아졌다.

워싱턴 컨센서스에 대한 평가가 엇갈리는 것도 이 때문이다. 중국이 시장경제를 도입하고 글로벌 시대에 동참해 급성장한 것이 미국에 도움이 된 것은 분명하지만 그 이면에는 미국과의 경제패권 경쟁자로 키우지 않았느냐라는 비판도 만만치 않다. 미·중 간 관계가 커플링에서 디커플링으로 변해야 한다는 시각이 나오기 시작한 것도 이때부터였다.

중국 중심의 '팍스 시니카(Pax Sinica)'를 꿈꿨던 시진핑 주석은 취임하자마자 대외 경제정책 기조를 '주동작위(主動作爲, 적극적으로 자기 목소리를 낸다)'로 선회했다. 구체적인 행동 계획으로 중국의 세력 확장 전략인 베이징 컨센서스를 추진해 나가는 과정에서 워싱턴 컨센서스와 정면으로 충돌했다.

양국 간 충돌이 정점에 이른 것은 이슬람 율법의 '키사스 원칙(눈에는 눈, 이에는 이)'에 따라 강경한 중국 정책을 추진했던 트럼프 집권 1기 때다. 미·중 간 관계 개선에 다리를 놓았던 헨리 키신저(Henry Kissinger) 전 미국 국무장관마저 "제3차 세계대전이 우려될 정도다"라는 극단적인 비관론이 나오자 디커플링 전략의 한계를 반성하는 계기가 됐다.

먼저 손을 내민 쪽은 중국이다. 중앙아시아 정상회담을 계기로 '정랭경온(政冷經溫, 정치 군사적으로 냉랭한 관계 속 경제적으로 친밀한 관계)' 기류로 바뀌면서 미국 기업 최고경영자(CEO) 등을 잇달아 초청했다. 미국도 트럼프 집권 1기 때 뒷전으로 밀려났던 수정된 워싱턴 컨센서스인 '설러번 패러다임'이 고개를 들면서 샌프란시스코 정상회담이 성사됐다.

트럼프 대통령이 재집권했다. 집권 1기 때와 마찬가지로 디커플링으로 돌아갈 것이라는 예상을 깨고 전통적인 동맹국보다 더 유연한 관계를 유지하고 있다. 상대적으로 중국은 미국이 저버리는 민주주의 국가를 끌어안으면서 다자주의를 지향하고 있어 경제패권 다툼의 최종 승자가 누가 될 것인가 판가름하기가 더 어려운 국면으로 내몰리고 있다.

안보와 경제 간의 연계가 불가피한 지경학적 시대의 경제패권 경쟁은 첨단 기술 주도력에 의해 좌우된다. 지정학적 시대처럼 정치 군사력 주도권만으로는 한계가 있을 뿐만 아니라 세계가 하나인 디지털 시대에는 관세와 환율 등 국경을 전제로 한 수단은 뒷전으로 물러날 수밖에 없기 때문이다.

첨단 기술 패권 다툼의 혁신과 보안이라는 양면성을 동시에 달성할 수 있는 정책 수단은 경쟁 촉진적인 기업 규제 수단이 효과적이다. 엄격한 배출가스 기준이 자동차 기술을 한 단계 끌어올린 '캘리포니아 효과'와, 유럽연합(EU)의 까다로운 규칙이 글로벌 벤치마크를 제시한 '브뤼셀 효과'가 대표적인 예다.

2026년 미·중 간 첨단 기술 패권 다툼은 '베이징 거버넌스'와 '트럼프 거버넌스' 간 대결로 집약된다. 전자는 권위주의적 통제와 전략적 관용을 경합한 모델이다. 외

**팍스
시니카**

Pax Sinica

라틴어로 팍스(Pax)는 평화(Peace), 시니카(Sinica)는 중국(China)이라는 의미다. 중국 주도의 평화 시대를 뜻하는 말로, 경제대국이 된 중국이 자기 뜻대로 세계 질서를 재편하게 된다는 것이다.

SECTION 1   01 세계 경제 전망

부에서는 중국의 규제가 첨단 기술 발전을 저해하는 것처럼 보이지만 실제로는 첨단 기술 혁신을 촉진하는 기능을 수행한다.

반면 후자는 미국 첨단 기술 기업을 규제하는 국가에 징벌적 관세를 부과해 보호하는 모델이다. 개인의 권리를 지경학적 경쟁에 종속시킨다는 점에서는 두 모델이 같으나 그 희생의 대가로 전자는 첨단 기술 혁신을 택했고 후자는 첨단 기술 기득권을 지키는 쪽으로 민족주의를 택했다는 점이 다르다.

두 모델은 모든 영역을 재편하고 있는 가운데 아직은 인간의 존엄성을 섬기는지 아니면 훼손하는지 명확하지 않다. 미·중 간 첨단 기술 패권 경쟁은 인간의 번영을 저해하지 않고 증진할 수 있는지에 따라 결정될 것으로 예상된다. 인간의 존엄성을 무시하는 첨단 기술 전쟁은 양국 아니라 세계 모든 국가를 파멸로 몰아가기 때문이다.

시장경제는 저물고 국가자본주의가 뜨나?

체제상으로 미국의 상징은 정치적으로 '민주주의', 경제적으로 '자유시장경제'다. 전자는 2021년 1월 대선 결과에 불만을 품은 친 트럼프 키즈에 의해 의회 의사당이 점령당하는 사태를 계기로 무너졌다. 최근에는 후자마저 위협당하면서 국가자본주의로 대체되는 것이 아닌가 하는 우려가 빠르게 확산되고 있다.

문제의 발단은 바이든 정부 시절 반도체 지원법, 즉 칩스(CHIPS)에 따라 지원된 보조금을 지분으로 되돌려 받겠다는 트럼프 정부의 발상 때문이다. 주식 민주주의를 지향하는 미국 증시 정책의 기본 원칙상 지분을 확보한다는 것은 국가가 민간 기업 경영에 직접 참가하겠다는 의미와 같다. 자유시장경제의 최대 도전이다. 더 우려되는 것은 의회와 법원을 점령한 데 이어 미국 중앙은행(Fed)까지 본격적으로 흔들고 있다. 트럼프 정부가 민간기업 경영까지 손대기 시작하면 국가자본주의는 사회주의 체제로 수렴될 확률이 높다. 벌써부터 트럼프 대통령이 시진핑 중국 국가주석과 블라디미르 푸틴 러시아 대통령과 어떻게 다른지에 대한 시각이 고개를 들고 있다.

경제학적으로 자본주의 역사를 되짚어 보면 인간의 합리성을 바탕으로 자유시장경제 원리를 존중하는 고전학파를 자본주의 1.0 시대라 부른다. 공급은 스스로 수요를 창출한다는 '세이의 법칙(Say's Law)'을 굳게 믿은 고전학파에서는 시장에서 수급 불균형이 일어나면 궁극적으

시진핑 중국 국가주석.

2026년 미·중 간 첨단 기술 패권 다툼은 '베이징 거버넌스'와 '트럼프 거버넌스' 간 대결로 집약된다.

스태그플레이션
Stagflation

경기가 침체돼 수요가 감소함에도 오히려 물가가 오르는 현상. 일반적으로 성장률이 2분기 연속 마이너스를 기록하고 물가가 정부 관리 목표 범위를 벗어났을 때 스태그플레이션 상황이라고 정의한다.

로 균형점에 도달해 특정국 경기가 큰 어려움이 없을 것으로 봤다.

하지만 합리적이라는 인간이 탐욕을 부리고 각국이 관세장벽을 치면서 시장의 실패가 발생했다. 1927년 이후 강세장 속에서, 영국을 지원하기 위해 돈을 풀며 형성되기 시작한 증시 거품부터 붕괴됐다. 실물경제는 수요처를 찾지 못하는 과정에서 누적된 초과공급으로 대공황이 발생했다. 자본주의 1.0 시대의 종언이다.

고전학파가 좀처럼 해결책을 제시하지 못하는 상황에서 혜성처럼 존 메이너드 케인스(John Maynard Keynes)가 나타났다. 시장이 해결하지 못하는 초과공급은 국가가 수요를 창출해 해결해야 한다는 것이 그의 논리다. 시장과 국가 간 혼합 체제인 자본주의 2.0 시대의 시작으로 케인스 이론은 지금도 주류 경제학의 위상을 유지하고 있다.

화려한 꽃이 시들면 더욱 초라해지듯, 2차 오일쇼크 이후 스태그플레이션이 발생하자 케인스 이론은 맥을 못 췄다. 총수요 관리 면에서 침체된 경기를 살리면 물가가 더 오르고, 물가를 잡으면 경기가 더 침체되기 때문이다. 무력화된 고전학파와 케인스학파 이외의 획기적인 정책 처방이 필요했다.

제3의 방안으로 많은 이론이 제시됐다. 정책 목표와 수단 수를 같이 가져가자는 '틴버겐 정리', 감세로 경제 의욕을 고취시켜 스태그플레이션을 해결하자는 아서 래퍼의 '공급 중시 경제학', 시장 불균형은 가격(Price)이 아니라 수량(Quantity)에 의해 조정돼야 한다는 배로-그로스만의 '불균형 이론' 등이 대표적인 예다.

주류 경제학의 혼재로 대변되는 자본주의 3.0 시대의 돌파구를 찾은 것이 글로벌화다. 특정국이 자국이 해결하지 못하는 현안을 욕망의 일치 국가와의 교역을 통해 해결할 목적으로 여덟 차례에 걸친 GATT 협상 끝에 1995년에 WTO가 출범했다. 무려 50년에 걸친 산고의 고통 끝에 출범한 만큼 WTO 체제에 대해서는 기대가 높았지만 의외로 빨리 무기력해졌다. 오히려 중국이 급부상하는 가운데 미국은 금융위기, 유럽은 재정위기가 발생했다.

미국의 결단은 오래가지 않았다. 2017년에 출범한 트럼프 정부는 자국의 대외정책부터 국익을 강조하다가 집권 2기 들어서는 타국의 이익까지 빼앗는 돈로주의(Donroe Doctrine)를 지향하고 있다. 대내 정책은 시장과 통화정책보다 국가와 재정정책의 역할을 중시한다. 재정도 감세를 통한 공급 중시 경제학과 빚내서 더 쓰자는 현대 통화 이론을 결합한 독특한 형태다.

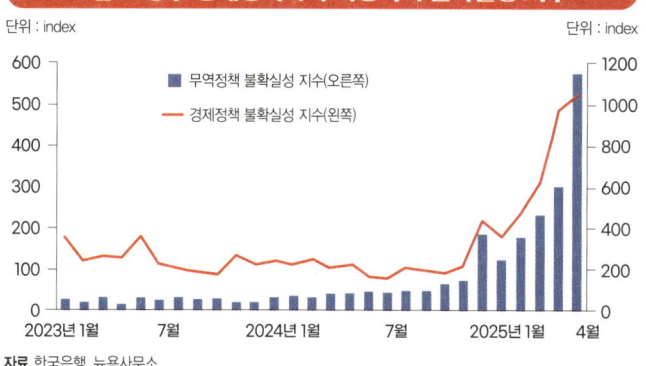

트럼프 정부 경제정책과 무역정책의 불확실성 지수

자료: 한국은행, 뉴욕사무소

SECTION 1   01 세계 경제 전망

미국은 속지주의 원칙을 취한다. 트럼프 정부가 미국에 진출한 삼성전자를 비롯한 한국 기업의 지분을 인수한다면 궁극적으로 지향하는 목표는 자국화이다. 국민경제 3면 등가 법칙상 미국에 진출한 해외 기업이 미국화된다면 생산, 분배, 지출 면에서 혜택이 모두 미국으로 귀착된다. 트럼프발 국가자본주의가 무서운 것도 이 때문이다.

트럼프노믹스 2.0을 지탱하고 있는 이론이 자본주의 4.0 시대로 이어질지는 좀 더 지켜봐야 한다. 경제이론으로 구분한 자본주의가 앞으로 상당 기간 혼돈의 시대를 겪을 것으로 보는 것도 이 때문이다. 특정국 경제정책의 최종 목표인 국민의 후생 증대를 위한 최선의 방안은 민주주의와 시장경제다. 트럼프발 국가자본주의도 결국 이 길로 돌아올 것으로 예상된다.

급진전되는 인공지능(AI)⋯ 어디까지 영향미치나?

제2차 세계대전 이후 논의되기 시작했던 인공지능(AI)이 2021년 챗GPT로 우리에게 다가오기까지 잠잠했다. 산업 발전 단계상 엄동설한에 푸른 싹이 돋기 시작한 단계(Green Shoot)인 챗GPT가 윤리적 문제에 봉착해 시든 잡초(Yellow Weed)가 될 것이라는 시각도 만만치 않았다. 하지만 챗GPT를 계기로 모든 산업 중 AI산업에 가장 빨리 화려한 꽃(Golden Goal)이 피고 있다.

최근처럼 세계 경제가 어려울 때는 신기술이 등장하면서 위기 극복의 기폭제 역할을 했다. 1990년대 들어 일본발 위기론이 확산됐을 당시 인터넷을 비롯한 정보기술(IT)이 꽃을 피우면서 세계 경제를 구해냈다. 수확 체증의 법칙이 적용되는 IT가 주도 산업으로 자리 잡으면서 종전 이론으로 설명할 수 없는 고성장·저물가의 신경제 신화를 낳았다.

AI발 변화를 가장 빨리 체감할 수 있는 곳이 고용시장이다. 코로나19 사태를 계기로 중국을 비롯한 저임·저개발국의 노동력 공급이 멈추는 루이스 전환점(Lewisian Turning Point)이 앞당겨져 주요국 노동시장에서 저소득층의 수요가 급증하고 있다. 이 상황에서 코로나19 지원금에 따른 자발적 실업인 코브라 효과까지 겹쳐 저소득층의 임금은 빠르게 상승했.

2026년에는 디지털 고도화까지 이뤄지면서 구조조정 대상이 바뀔 것으로 예상된다. 2025년까지 디지털화는 블루칼라를 대신할 수 있는 방향에 초점이 맞춰졌다. 하지만 AI 등이 급진전되면서 화이트칼라가 개인의 의지와 무관하게 사라지는 시대가 오면서, 저소득층(혹은 블루칼라)의 역습 시대가 올 것으로 예상된다.

저소득층의 역습은 성장과 고용 간의 정형화된 사실도 깨고 있다. 코로나19 사태 이전에는 저소득층이 내몰리면서 '고용 창출 없는 경기회복(Jobless Recovery)'을 낳았지만 최근에는 저성장 시대가 정착되는 속에서도 실업률이 좀처럼 올라가지 않는 '고용 풍부한 경기둔화(Job Full Downturn)'라는 새로운 수수께끼 현상이 발생하고 있다.

주목해야 할 것은 이런 현상이 일시적이냐 하는 점이다. 결론부터 말한다면 앞으

돈로주의
Donroe Doctrine

도널드 트럼프 미국 대통령의 외교 정책을 제임스 먼로의 먼로 독트린에서 착안해 만든 신조어로, 미국의 이익을 최우선으로 삼는 **고립주의·보호무역· 일방주의적 전략을 의미한다.**

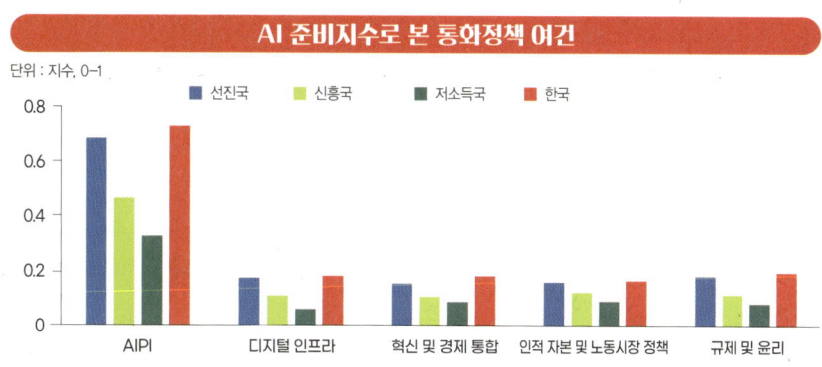

코브라 효과

문제 해결을 위한 정책이나 인센티브가 의도치 않게 문제를 악화시키는 현상을 말한다. 영국령 인도 델리에서 코브라를 잡아오면 보상금을 주자, 사람들이 코브라를 사육해 보상금을 타기 시작하는 폐단이 발생했다. 정책 폐단 이후에는 사육 코브라를 풀어 개체수가 급증하는 문제가 발생했다.

AI 시대가 전개되면서 종전의 정형화된 사실이 흐트러짐에 따라 각국 중앙은행은 '어떻게 통화정책을 수행할 것인가' 하는 또 하나의 과제를 해결해야 한다.

로 더 강화되는 추세로 자리를 잡을 확률이 높다. 중국, 한국 등 주요국은 인구절벽으로 생산 가능 인구가 급속히 줄어들고 있다. AI, 양자컴퓨터 등으로 이어지는 디지털의 고도화는 이들의 노출도가 심한 화이트칼라와 고소득층을 더 빨리 대체해나갈 것으로 예상된다.

AI가 진전되는 시대에는 경기순환 진폭이 커지는 '순응성(Procyclicality)'과 주기가 짧아지는 '단축화(Shortening)' 현상이 심화되는 반면 기준금리 변경 방식이 효과를 보기까지 너무 시간이 오래 걸린다. 통화정책의 시차가 길 때는 기준금리를 변경할 때와 효과가 나타나는 시점의 경제 상황이 달라 각국 중앙은행이 실수를 저지를 확률이 높아진다.

통화 표준(Monetary Standard)의 생명으로 '선제성(Preemptive)'을 유지하기는 더 어려워졌다. 통화 표준이란 로버트 헤첼(Robert L. Hetzel) 전 리치먼드 연방준비은행 수석 이코노미스트가 주장해 통화 정책의 틀(Frame)이자 체제(Regime)로 기준금리 변경과 같은 통화 정책은 일정 기간 지속돼야 효과를 볼 수 있어 선제성을 더 중시한다.

각국 중앙은행은 통화 표적 경로상 최종 목표인 물가 안정이 제대로 되고 있는지를 중간에 확인해보고 싶은 표적 변수(Proxy)가 필요하다. 중간 표적 변수는 그 특성상 기준금리와 인과관계가 명확하고 최종 목표와의 연계성이 높아야 한다. 이 조건이 충족되지 않는 중간 표적 변수를 설정해 운용하면 최종 목표 달성이 더 어려워지는 실수를 저지를 확률이 높다.

AI 시대가 전개되면서 종전의 정형화된 사실이 흐트러짐에 따라 각국 중앙은행은 '어떻게 통화정책을 수행할 것인가' 하는 또 하나의 과제를 해결해야 한다. 분명한 것은 네트워킹 효과와 수확 체증의 법칙이 적용되는 AI 시대에 있어서는 중앙은행의 목표를 '물가 안정'에만 둘 수는 없다. 기준금리 변경, 유동성 조절 등과 같은 종전의 통화정책 수단도 무력화까지는 아니더라도 그 효과는 반감된다.

통화와 관련된 모든 정보를 다른 경제주체도 공유가 가능해짐에 따라 '정보의 비대칭성'을 전제로 한 중앙은행의 시장 선

SECTION 1　01 세계 경제 전망

도 기능도 약화될 수밖에 없다. 즉, 중앙은행과 시장 참여자 간 관계가 '수직적'이 아니라 '동반자적'으로 변한다는 의미다. 이 과정에서 중앙은행과 중앙은행 총재의 위상, 기준금리와 시장금리 간 체계는 약화가 불가피하다.

특히 우려되는 대목은 각국 국민이 적응할 수 없을 정도로 환경이 급변함에 따라 '새로움과 복잡성'에 따른 위험이 증대되고, 화폐개혁 논의도 지속될 것으로 예상된다. 유사 금융 행위도 판치게 된다. 이런 환경에 맞춰 금융 기관이 새로운 옴니버스 방식 등으로 접근하지 못할 경우, 각국 국민의 화폐 생활에 있어서는 일대 혼란이 초래될 확률이 높다.

디스토피아…
"우리 모두가 Z세대(We all are Gen Z)"

2025년에는 대폭염, 대가뭄, 대홍수 등 이른바 '디스토피아(Dystopia)' 문제로 지구촌과 전 세계인을 흔들어놓았다. 디스토피아란 유토피아(Utopia)의 반대되는 개념인 반(反) 이상향으로, 예측할 수 없는 지구상의 가장 어두운, 특히 극단적으로 어려운 상황을 말한다.

2015년부터 이 과제를 다뤄왔던 세계경제포럼(WEF)은 앞으로 세계 경제에 미칠 위험 요인으로 경제·환경·지정학·사회·기술 등 5개 분야에 걸쳐 총 28개의 디스토피아 우선 과제를 발표했다. 발생 확률과 파급력을 기준으로 각각의 순위를 매겨 정책 당국자와 기업인, 그리고 개인이 쉽게 대응할 수 있도록 배려한 것이 특징이다.

WEF는 발생 확률이 높은 다섯 가지 위험으로 ①국가 간 분쟁 ②극단적 기상이변 ③사이버 테러 ④국가 거버넌스 실패 ⑤구조적 실업과 불완전 고용을 꼽았다. 파급력이 클 다섯 가지 위험으로는 ①수자원 위기 ②급속한 전염병 확산 ③대량 살상 무기 ④국가 간 분쟁 ⑤기후변화 대응 실패 순이다. 주목해야 할 것은 2025년부터는 모든 것이 동시다발적으로 닥치고 있는 점이다.

발생 확률과 파급력을 고려할 때 최우선 디스토피아 과제인 '기상이변'은 1990년대 이후 교토의정서 등을 통해 각국이 노력해왔지만 뚜렷한 성과가 없어 환경 디스토피아는 날로 악화되는 추세다. 더 우려되는 것은 트럼프 대통령이 취임하자마자 신파리협약을 탈퇴해 이 문제는 앞으로 더 악화될 것으로 예상된다.

냉전 시대가 종료된 지 30년이 넘은 시점에서 지정학적 위험이 상위권에 머무르고 있는 점도 우려된다. 미·중 간 경제패권 다툼과 맞물려 △국가 거버넌스 실패 △국가 간 분쟁 △대규모 사이버 테러 공격 △국가 붕괴 위기 △대량 살상 무기 등으로 촉발된 국민감정이 각국의 이기주의

'We all are Gen Z' 운동

네팔 〈카트만두 포스트〉에 실린 칼럼의 제목으로 기성세대의 반성을 촉구했다. 2025년 스리랑카, 네팔, 인도네시아를 중심으로 포퓰리스트 최고통수권자와 기득권에 강력하게 저항하는 Z세대의 운동을 의미한다.

세계 경제를 위협할 디스토피아 상위 5대 위험 요인

발생 확률	파급력
국가 간 분쟁	수자원 위기
극단적 기상이변	급속한 전염병 확산
사이버 테러	대량 살상 무기
국가 거버넌스 실패	국가 간 분쟁
구조적 실업·불완전 고용	기후변화 대응 실패

자료: 세계경제포럼(WEF)

스리랑카 정부 부채 추이

자료: 스리랑카 중앙은행, 대외경제정책연구원(KIEP)

> 모든 경제주체가 생존하기 위해서는 위기관리 능력이 최고 덕목으로 떠오를 것으로 예상된다.

와 군축 경쟁으로 치닫고 있기 때문이다. 기술적인 위험의 경우 대규모 사이버 공격은 발생 확률과 파급력 면에서 해가 지날수록 상위권으로 치고 올라오고 있는 점도 눈여겨봐야 한다. 일상생활에서 인터넷과 SNS 환경은 혁신을 가져왔지만 해킹, 정보 유출 등에 따른 피해도 눈덩이처럼 불어나고 있다. 코로나19 사태를 계기로 디지털 콘택트 시대가 앞당겨지며 노동시장 파괴 등 새로운 위험도 높아지는 추세다.

사회적 위험의 경우 경제적·사회적·환경적 발전으로 인해 시스템상 취약성이 높아지고 있는 점을 우려한 것도 주목된다. 특히 개도국에서는 빠른 기술 변화로 만성적인 대규모 실업이 발생될 것으로 예상됨에 따라 그대로 방치하면 2011년에 발생했던 '아랍의 봄', '월가를 점령하라(Occupy Wall Street)' 운동과 같은 폭등 사태가 재현될 가능성이 높다.

2025년에 스리랑카, 네팔, 인도네시아를 중심으로 권력욕이 강한 포퓰리스트 최고통수권자와 기득권에 강력하게 저항하는 '우리 모두가 Z세대(We all are Gen Z)' 운동이 발생했다. 이러한 흐름은 2026년 세계 경제와 국제금융시장에 더 큰 변화를 예고한다. 트럼프 대통령에 의해 촉발된 뉴애브노멀 시대에 스트롱맨 체제는 더 복잡한 양상으로 전개될 것으로 예상된다.

경제적 불평등과 실업은 사회적 안정을 저해하고 평등과 고용에 부정적인 영향을 미치는 악순환 고리가 형성돼 사회적 위험에 대한 논의와 해결책 마련을 어렵게 한다. 사회 구성원은 안정감을 찾기 위해 국가 전체에 속하기보다 동료 의식을 동시에 느낄 수 있는 다양한 커뮤니티에 속하려는 경향이 높아지고 있는 점도 사회적 디스토피아 해결을 복잡하게 만들고 있다.

디스토피아 시대에는 종전의 규범과 제도보다 정의와 도덕 등과 같은 행동주의 가치와 기본이 더 중시될 가능성이 높다. 디스토피아, 그 자체가 불확실성을 내포해 위험이 상수항(함수 y=a+bx에서 'a')이 되는 시대에 모든 경제주체가 생존하기 위해서는 위기관리 능력이 최고 덕목으로 떠오를 것으로 예상된다.

SECTION 1 | 02 주요국 핵심 이슈

주요국 경제 2026년에는 어떤 길을 걷나

트럼프 정부 출범 첫해에 나타난 미국 경제는 한마디로 포퓰리즘과 근린궁핍화정책으로 대변된다. 표심과 직결되는 소득세와 법인세는 감면해 미국의 부담을 최소화하는 대신 대미 상품 거래는 관세, 대미 투자는 준조세에 해당하는 수탈적 성과 배분, 사람의 이동은 높은 비자 수수료 등으로 다른 국가에 전가해 보전하겠다는 의도가 뚜렷했다.

상품, 기업, 사람, 자본 등 4대 개방 분야 중 마지막 남은 자본거래는 2026년에 어떤 조치를 강구할 것인가가 벌써부터 궁금하다. 최근 미국 증시에서는 한국인 등 외국인 주식투자가 늘면서 '코리아파잉(Koreafying)' 현상이 나타나고 있다. 단체 투기와 음모 등으로 미국 증시 건전도가 떨어진다는 평계로 달러 예치제나 토빈세 등을 부과할 수 있다.

모든 근린궁핍화정책은 단기적으로 상대국에 피해를 줄 수 있어도 궁극적으로는 부과국이 더 큰 피해를 받는다. 미국과 같은 수입국은 관세 부과에 따라 '자국

선거 슬로건이었던 '마가(MAGA, 미국을 다시 위대하게)' 모자를 착용한 미국 도널드 트럼프 대통령.

트럼프 관세가 미국 경제에 미치는 영향

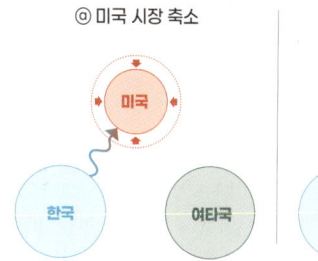
ⓐ 미국 시장 축소

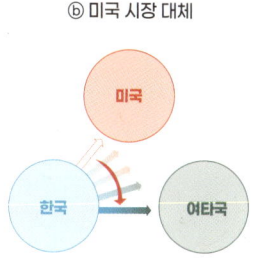
ⓑ 미국 시장 대체

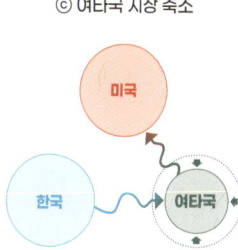
ⓒ 여타국 시장 축소

자료: 한국은행

코리아파잉
Koreafying

오웬 라몬트 미국 자산운용사 아카디언 수석 부사장이 처음 사용한 표현.
한국 증시에서 관찰됐던 비이성적 투자 행태, 정치·테마주 급등락, 개인 투자자 중심의 투기적 문화 등 여러 가지 부정적 모습이 미국 증시에서도 나타나기 시작했다는 점을 문제 삼는 부정적인 표현이다.

워블링 장세
Wobbling Market

정책과 경기, 그리고 시장 흐름이 바뀌는 변곡점에 놓여 있을 때 그때그때 발생하는 호재와 악재에 따라 주가가 비교적 큰 폭으로 오르내리는 현상을 말한다. 전문가 사이에서도 경기에 대한 의견이 정반대로 엇갈릴 만큼 방향성을 찾지 못할 때 발생한다.

으로의 대체효과'보다 '타국으로의 다변화 효과'가 크게 나타나기 때문이다. 자본거래에 있어 토빈세 부과도 '나비효과'보다 '잔물결 효과'가 크게 나타나 미국 금융시장이 충격을 받을 확률이 높다.

돈로주의로 상징되는 극단적인 폐쇄 정치로 4개 개방 부문에 빗장을 걸어 잠그면 트럼프 정부가 구상 중인 마가(MAGA) 달성은 더 멀어질 수 있다. 제2차 세계대전 이후 미국 경제는 GATT와 WTO를 기반으로 하는 자유무역 질서, IMF와 WB를 양대 축으로 하는 브레턴우즈 체제에 의해 지탱해왔기 때문이다.

미국 경제 자체적으로는 트럼프 대통령처럼 자신의 이익을 우선하는 예산안을 추진하면 '재정적자-포퓰리즘 악순환 고리(Deficit-Populism Doom Loop)'에 처할 확률이 높다. 2012년부터 세계 3대 평가사는 미국의 신용등급을 강등시켜왔다. 트럼프 정부가 구상 중인 예산안을 원안대로 추진하면 신용등급을 추가 강등시킬 수 있다고 경고한 상황이다.

한동안 지칠 줄 모르고 오르던 미국 증시도 2026년을 앞두고 갑작스럽게 변동성이 극에 달하는 전형적인 '워블링 장세(Wobbling Market)'로 바뀌고 있다. 과거 미국 증시 흐름을 보면 최근과 같은 장세 이후 주가 흐름은 크게 두 가지로 예상된다. 하나는 조정을 거친 이후 재차 뛰어오르는 급등장(Skyrocketing)과, 다른 하나는 추락하는 폭락장(Flash Crash)이다.

두 흐름 중 어느 쪽으로 갈 것인가는 주가가 흔들리는 원인부터 따져볼 필요가 있다. 가장 큰 것은 미국 주가가 고평가돼 있어 시간이 문제지 언젠가는 조정이 필요하다는 시각이 계속해서 제기돼왔다. 주가수익비율(PER), 주가순자산비율(PBR)을 비롯한 모든 평가 잣대로 미국 증시는 거품이 낀 것으로 나온다.

관세에 따른 불확실성이 주가의 변동성을 키우는 가장 큰 요인이다. 국제법에 의존하지 않고 '미친 광인과 홍수 전략(Madman & Flood Strategy)'에 의해 쏟아내는 관세는 주식 투자자가 가장 싫어하는 롱테일 리스크다. CNN의 공포-탐욕 지수(FGI) 등과 같은 주식투자 심리지표는 극단적인 공포 단계로 떨

SECTION 1
02 주요국 핵심 이슈

어진 지 오래됐다.

주도주도 흔들리고 있다. 2023년부터 미국 증시를 이끌어왔던 M7(Magnificent 7)은 L7(Lagnificent 7)이라 불릴 정도로 상승세가 둔화되고 있다. 2026년을 앞두고 '비상장 미래 M7'이 부상하는 가운데 미국 증시에서 떠나 시진핑 주석이 아낌없이 지원해주고 있는 '레드 테크 M7'이나 '테리픽 10'으로 바꿔 타야 한다는 시각이 힘을 얻고 있다.

펀더멘털도 전환점을 맞고 있다. 2025년 2분기 이후 미국 경제는 근린궁핍화정책에 따른 허니문 효과로 물가가 안정된 가운데 성장률이 잠재 수준을 웃도는 골디락스 국면이 나타났다. 하지만 2026년에는 근린궁핍화정책에 따른 다른 국가로의 다변화 효과가 나타나면서 뒤늦게 스태그플레이션이 발생할 것으로 보는 예측 기관이 의외로 많다.

중국, 고질적인 성장통을 극복하고 재도약 기틀 잡나

2025년 중국 경제는 외부적으로 트럼프 정부의 충돌보다 내부적으로 시련을 겪은 한 해였다. 그 누구보다 시진핑 주석이 실각설에 시달렸다. 같은 해 여름 휴가철 베이다허 회의를 계기로 실각설에서 벗어나면서 같은 해 10월에 열렸던 4중 전회에서 후계자 지정 없이 네 번째 연임이 확정됐다. 실각설이 오히려 전화위복이 된 셈이다.

4중 전회에 앞서 열렸던 전승절을 계기로 러시아, 북한 등 전통적인 사회주의 국가 간의 연대 체계도 재구축됐다. 언제든지 이반될 수 있는 연대 체제지만 지난 1990년 베를린 장벽 이후 사회주의 주도권이 구소련에서 중국으로 넘어간 이후 처음 있는 일이다. 2026년에는 이 흐름이 더 강화될지, 다시 균열될지의 갈림길에 설 것으로 예상된다.

제2차 세계대전 이후 다자주의의 공공재를 누린 국가가 세계 경제 패권 다툼에 유리한 위치를 점해왔다. 중국은 트럼프 대통령 취임 이후 미국을 떠나는 민주주의 국가에 커다란 비용을 치르지 않고 속속 무임승차하고 있다. 트럼프 대통령의 마가 목표보다 시진핑 주석이 구상하는 팍스 시니카 목표를 더 빨리 달성할 수 있는 의외의 상황을 예고한다.

중국 내부적으로는 7년째를 맞는 부동산 위기를 어떻게 극복할 것인가가 2026년에도 최대 난제가 될 것으로 예상된다. 단일 위기는 아무리 길어도 2년이 지나면 마무리된다. 하지만 중국의 부동산 위기는 여전히 깊은 수렁에서 헤매고 있다.

1억 채
중국 미분양 아파트 수
(2025년 말 기준)

M7
Magnificent 7

Apple, Alphabet, Microsoft, Amazon, Meta Platforms, Tesla, Nvidia

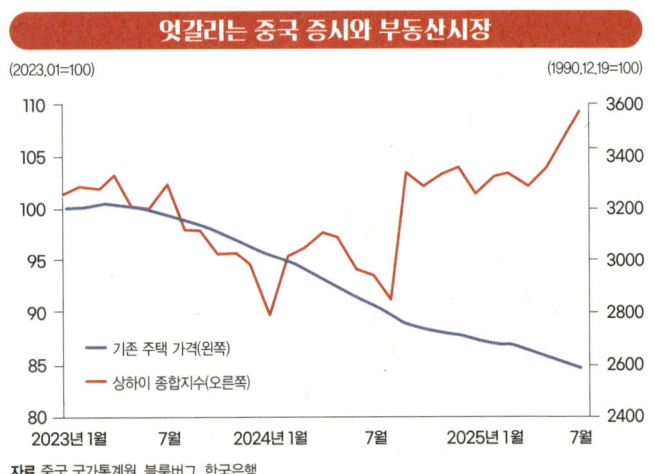

엇갈리는 중국 증시와 부동산시장

자료: 중국 국가통계원, 블룸버그, 한국은행

헝다 사태를 불러온 중국 2위 부동산 개발업체 헝다(에버그란데).

헝다 사태
중국 2위 부동산 개발업체 헝다(에버그란데)의 대규모 채무불이행 위기와 이로 인한 부동산시장 침체, 금융 불안정을 의미한다. 2021년 이후 헝다의 이자 지급 실패와 디폴트(채무불이행) 가능성, 그리고 중국 정부의 부동산 규제 강화가 맞물리며 중국 경제 전반에 큰 충격을 안겼다.

2025년 말 기준으로 미분양 아파트가 무려 1억채에 도달했다. 한국 국민 한 사람당 두 채씩 줄 수 있는 물량이다.

문제는 부동산 위기가 장기화되는 주요인이 시진핑 정부의 정책 실수 때문이라는 점이다. 요즘 많이 거론되는 중립 금리를 적용해보면 시 정부의 부동산 대책은 r^*를 낮추는 데 초점을 맞췄어야 했다. 하지만 r^{**}를 낮춘 게 결정적인 실수다. 실물경제 침체 혹은 과열을 시키지 않는 r^*가 금융 건전성을 훼손시키지 않는 r^{**}보다 높을수록 부동산 위기는 악화되기 때문이다.

모든 경기와 증시 부양책은 위기를 낳은 본질 해결에 얼마나 접근했는가에 따라 효과가 달라진다. 부양책 규모가 클수록 더 그렇다. 제2차 세계대전 이후 위기 경험국의 실증적 사례를 점검해보면 기득권의 고통이 따르는 위기 본질 해결을 외면하고 순간을 모면하기 위한 캠플 주사형 대중요법을 추진해 결과가 더 나빠졌다.

중국 경제와 증시가 당면한 위기의 본질을 단순 생산함수($Y=f(L,K,A)$, L=노동, K=자본, A=총요소생산성)로 평가하면 초기 외연적 단계에 강점이었던 노동력은 절대 인구가 감소하는 인구절벽에 직면해 있다. 저출산·고령화의 급진전으로 생산 가능 인구의 감소세는 더 빠르다. 외국인을 받아들이는 글로벌 해법으로 풀어야 하지만 이민정책은 역행하고 있다.

자본은 외국인 기업의 이탈과 정부 주도의 불균형 투자로 노동장 비율(K/L)과 토빈 q 비율이 빠르게 떨어지고 있다. 전자는 성장 경로가 제대로 이행되지 못함을,

SECTION 1　02 주요국 핵심 이슈

후자는 자본생산성이 미국의 3분의 1에도 못 미치고 있는 점을 뒷받침해준다. '리쇼어링'이 최선책이지만 '오프쇼어링'을 추진해 좀처럼 풀지 못하는 상태다.

총요소생산성은 사회간접자본(SOC) 투자가 제때 이뤄지지 않음에 따라 외부 불경제 효과가 크게 나타나고 있다. 헝다 사태가 장기화되면서 경기가 무너지고 GDP 대비 300%가 넘는 국가채무로 중앙정부의 지원이 끊기면서 지방일수록 SOC의 노후화 정도는 더 심하다. 중앙과 지방, 지방과 지방 간 SOC의 불균형이 심해지는 것도 문제다.

절체절명 위기 상황에서 시진핑 주석이 전통적인 재정정책과 통화정책에서 벗어나 획기적인 부양책을 발표했다. 부동산에서 증시에 초점을 맞춘 인민 재산 증식 수단과 기업 정책도 '국진민퇴(國進民退, 국영기업은 우대하고 민간기업은 억제)'에서 '국진민진(國進民進, 국영과 민간기업 동시 우대)'로 전환했다.

증시정책도 2022년 10월 공산당 대회 이후 외국인 자금 유입을 억제하고 중국 대탈출(GCE, Great China Exodus)의 직접적인 원인이 됐던 반간첩죄를 철회했다. 트럼프 정부의 대중국 정책에 대해서도 강온 전략을 병행하는 '이원적 전략(Two Track Strategy)'으로 대응해 나가겠다는 방침도 확정했다.

정책 타이밍도 좋다. 증시도 오랜만에 반등하고 있다. 과연 중국 경제가 살아날 수 있을까? 아직까지는 '50 대 50'이다. 중국 경제가 미국으로부터의 압력과 내부적 고질병을 극복하고 성장 국면에 재진입할 수 있을지는 2026년 한 해 더 지켜봐야 판가름 날 것으로 예상된다.

첫 여성 총리가 이끄는 다카이치노믹스… 日 경제 살릴까

2025년 일본 경제의 가장 큰 관심사는 '아오키 법칙'에 걸려 있는 이시바 시게루 총리가 교체될 것인가 하는 점이었다. 아오키 법칙이란 내각과 집권당을 합한 국민 지지도가 50%를 밑돌아 좀비 국면에 처한 것을 뜻한다. 결국 낮은 국민 지지도를 극복하지 못한 이시바 총리는 자진사퇴하고 다카이치 사나에가 바통을 이어받았다.

일본 정치 역사상 첫 여성 총리가 이끄는 다카이치 정부가 일본 경제를 살릴 수 있을까를 알아보기 위해서는 장기 저성장 원인부터 따져볼 필요가 있다. 1990년 이후 일본 경제 잠재 성장률은 지속적으로 하락해 0.5% 내외까지 떨어졌다. 실제 성장률도 이 수준에서 맴돌아 오히려 디플레 갭이 발생한 해가 많다. 총공급과 총수요 간의 길항작용이 없다는 의미다.

총공급 면에서 단순 생산함수(Y=f(L,K,A), L=노동, K=자본, A=총요소생산성)를 이용해 복원력을 따져보면 노동 섹터는 인구절벽과 저출산·고령화가, 자본 섹터는 토빈 q 비율이 1을 밑돌아 생산성이 여전히 낮다. 총요소생산성도 정치권의 부정부패 등으로 SOC 제도가 확충되지 않아 획기적인 구조개혁이 없으면 복원력은 더 떨어질 수 있는 여건이다.

총수요 면에서 항목별 소득 기여도(Y=C+I+G+(X-M), Y:국민소득, C:민간 소비, I:

아베노믹스

유동성 확대를 통해 디플레이션에서 벗어나겠다는 아베 신조 일본 총리의 경기부양책을 말한다.

리쇼어링
Reshoring

해외에 진출했던 기업들이 다시 본국으로 돌아오는 현상. 싼 인건비나 판매시장을 찾아 해외로 생산기지를 옮기는 오프쇼어링(Off-Shoring)의 반대 개념이다.

국민경제 3면 등가 법칙

생산=분배=지출 이 세 항목이 같다는 거시경제 기본 원리.

다카이치 사나에 일본 총리.

절약의 역설
Paradox of Thrift

개인이나 가계가 저축을 늘리면 단기적으로는 합리적인 선택처럼 보이지만, 전체 경제 차원에서는 소비가 줄어 총수요가 감소하고 경기침체가 심화되는 현상을 말한다.

설비투자, G:정부 지출, X-M:순수출)로 저성장의 원인을 살펴보면 일본 경제를 지탱해왔던 양대 항목인 민간 소비와 순수출의 기여도가 회복되지 못하고 있는 것으로 나타났다. 최대 항목인 민간 소비는 통화유통속도, 통화승수 등이 떨어지고 있어 쉽게 회복되기는 어렵다.

국민경제 3면 등가 법칙(생산=분배=지출)으로 총공급과 총수요를 연결하는 각 부문에도 병목 현상이 심하다. 생산과 분배 간에는 SOC 미확충에 따른 전후방 연관 효과가 떨어져 소득 불균형을 심화시키고 있다. 분배와 지출 간에는 일본 국민의 높은 저축률에 따라 절약의 역설에 걸린 지 오래됐다. 지출과 생산 면에서는 해외 누수 현상이 의외로 심각하다.

실질적인 출범 첫해인 2026년에 다카이치 정부가 이 난제를 풀어낼 수 있을까. 지금까지 알려진 다카이치노믹스의 핵심은 아베노믹스를 재추진할 것이라는 점이다. 결론부터 말한다면 일본의 수출입 구조가 '마셜-러너 조건((외화 표시 수출 수요 가격탄력성+자국 통화 표시 수입 수요 가격탄력성)>1)'을 충족시키지 않아 큰 기대를 걸기는 힘들다.

재추진 여건도 녹록지 않다. 추진 기관인 일본은행(BOJ)은 구로다 하루히코 전 BOJ 총재가 이끌었던 아베 정부 때와 달리 우에다 총재는 출구전략을 모색하고 있다. 더 우려되는 것은 저금리를 통한 달러 약세를 추진하는 트럼프 정부와의 충돌도 우려된다. 1985년 플라자 협정처럼 인위적으로 조정되지 않으면 환율전쟁이 발생할 경우도 배제할 수 없다.
재정정책에 있어서는 소득세 감면과 성장률(g)이 이자율(r)보다 높으면 빚내서 더 써도 된다는 현대 통화 이론을 받아들이고 있다. 얼핏 보면 트럼프노믹스 2.0과 비슷하다. 하지만 일본의 국가채무 비율이 270%에 달하는 데다 국제 기채 여건 등에서 세계 제1의 기축통화국인 미국과 비교할 수는 없다.
일본 경제처럼 저량(Stock)과 유량(Flow) 변수에서 성장 장애 요인을 안고 있을 때는 모든 경제정책은 긴축과 부양의 성격과 관계없이 반짝 효과에 내는 캠플 주사에 그친다. 주체적인 면에서 재무성과 BOJ, 스펙트럼 면에서 재정과 통화뿐만 아니라 환율정책에 이르기까지 모두 해당한다.
오히려 이런 상황에서 섣불리 정책 기조를 변경하거나 같은 정책이라도 자주 내놓으면 부작용은 더 심하게 나타난다. 현재 일본은 국가채무 비율이 270%가 넘어 재정정책 여지가 거의 없다. 장기간 지속된 아베노믹스로 통화와 환율정책에서도 이러지도 저러지도 못하는 상황이다. BOJ가 금리 인상 등과 같은 출구전략을 신속하게 밀어붙이지 못하는 것도 이 때문이다.
다카이치 정부가 가장 시급한 것은 기득권을 끊어 국민 지지도를 끌어올려 아오키 법칙에서 벗어나는 일이다. 정책 신호에 대한 정책 수용층의 반응을 끌어올리지 않으면 어떤 정책을 추진하더라도 효과를 기대하는 것은 불가능하기 때문이

다. 인기 영합적인 정책을 반복하다간 수명만 단축시킬 뿐이다.
구조개혁을 포함한 제3의 정책을 모색해야 한다. 최대 병목 변수인 높은 저축을 소비로 유도하기 위해 '부(負)의 저축세' 도입을 더는 미뤄서는 안 된다. 케인지언(Keynesian)의 균형재정승수가 1이라는 점을 착안한 간지언 정책도 고려해야 할 때다. 산업연관표(I/O)상 병목 현상은 풀기가 어려운 점을 고려하면 주식 대중화와 주주 환원율 제고가 대안이 될 수 있다.

유럽 국채 시장이 심상치 않다…
제2 재정위기, 2026년에 재현되나?

2025년 유럽 경제는 14년 만에 불거진 재정위기 우려로 시달렸던 한 해였다. 발단은 권력욕이 강한 통수권자의 '재정 지배(Fiscal Dominance)'와 복지비에 취한 국민의 국가 마비 운동이 복합적으로 작용해 풀기도 쉽지 않다. 재정 지배란 한번 쓰면 줄이기가 어려운 재정에 대

일본 국가채무 비율
270%

간지언 정책

2010년 총리로 지명된 간 나오토가 이끄는 내각이 일본 경제 부활을 목표로 의욕적으로 구상한 경제정책으로 총리의 성(姓) '간(Kan)'과 '케인지언(Keynesian)'을 합성한 용어다. 세금과 재정지출을 동일한 규모로 늘리면 균형재정 승수효과로 부양효과가 더 크게 나타나고 재정수입도 늘어 재정적자까지 줄일 수 있다는게 골자다.

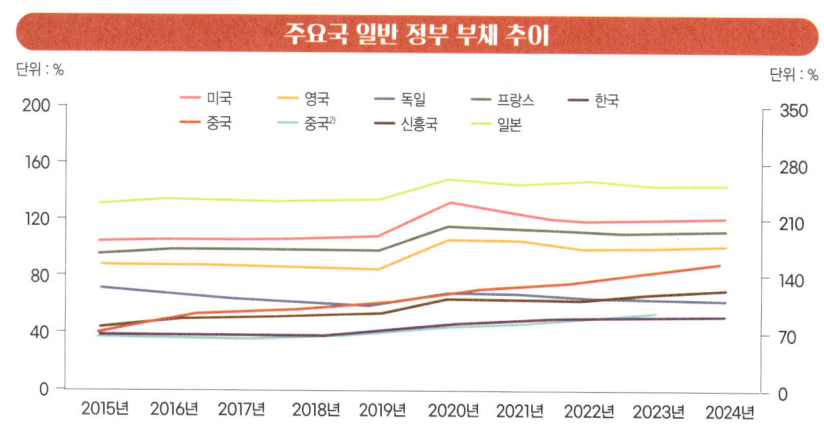

주요국 일반 정부 부채 추이

자료: 한국은행

해 각종 규제와 의회 등의 견제를 무시하고 압도한다는 차원에서 붙여진 용어다. 재정 지배로 가장 우려되는 것이 '부채의 화폐화(Bond Monetization)' 방안이다. 최근처럼 국채금리가 상승하는 여건에서 국채가 민간에서 소화되기 어려우

유럽중앙은행(ECB).

면 중앙은행이 사줘야 한다. 유럽의 재정 사정이 갈수록 악화되는 점을 고려하면 포퓰리즘 성향이 강한 통수권자일수록 이 방안에 대한 유혹이 강해질 것으로 예상된다.

중요한 것은 통수권자가 해결하고자 하는 목적은 달성할 수 있을까 하는 점이다. 결론부터 말한다면 'No'다. 오히려 영국의 경제 전문지인 〈이코노미스트〉는 자신의 목적을 달성하지 못하면 더 강하게 중앙은행 등을 밀어붙이는 '재정적자와 포퓰리즘 간 죽임의 악순환 고리(Deficit Populism Doom Loop)'가 형성될 것으로 우려했다.

재정이 각종 규제를 무시하고 중앙은행까지 지배하면 물가는 누가 책임질 것인가 하는 점이다. 2025년 5월 이후 선진국의 기대 물가가 단기보다 장기에서 더 높게 나타나는 것도 이 때문이다. 재정지출을 늘리고 중앙은행이 금리를 내리면 물가가 말이 뛰는 식으로 올라갈 것이라는 갤로핑 인플레이션을 우려하는 시각이 부쩍

SECTION 1 02 주요국 핵심 이슈

많아지고 있다.

경기에 미치는 효과도 의문시된다. 케인지언의 재정지출승수 효과는 1930년대 대공황 당시에는 3배를 웃돌았으나 최근에는 1배 내외까지 떨어졌다. 유럽 국가처럼 국채부채가 위험 수위를 넘은 여건에서는 국채 발행에 따른 구축 효과로 오히려 물가상승 속에 경기가 침체되는 '재정긴축(Fiscal Stagnation)'이 나타날 가능성이 높다.

정책 수용층인 국민은 더 어렵게 된다. 재정 지배로 물가가 올라가고 경기가 침체돼 소득이 줄고 실업자가 늘어나면 일상생활에서 느끼는 경제 고통은 심해질 수밖에 없다. 국가가 마비될 위기에 몰리는 데도 유럽 국민이 허리띠를 졸라매지 않고 오히려 복지비 등을 더 요구하는 것도 이 때문이다.

유럽을 비롯한 선진국 국채 투자자도 곤혹스러운 상황에 놓일 수 있다. 최근처럼 기준금리 인하가 기대되는 상황에서 국채 투자를 늘리지만 재정 지배로 국채금리가 올라가면 오히려 손실이 난다. 국채 투자 성과는 보이지 않는 정책금리가 아니라 시장에서 형성된 보이는 국채금리에 의해 결정되기 때문이다.

재정 지배의 궁극적 모습은 어떻게 될 것인가. 케네스 로고프 미국 하버드대 교수는 〈포린 어페어스〉에 기고한 칼럼에서 △재정이 불안하고 △금리가 높으며 △정치가 마비돼 있고 △충격이 오는데 위정자가 느끼지 못할 때 부채 위기가 온다는 4단계론을 제시하면서 지금 선진국은 마지막 단계에 와 있다고 경고했다.

유럽 국가가 절실한 것은 재정의 지배가 아니라 콘솔리데이션, 즉 재정의 건전화(Fiscal Consolidation)다. 재정 건전화는 단순히 긴축(Austerity)이 아니라 공공기관과 공무원 수 대폭 축소, 각종 위원회 폐지, 경직성 항목을 투자성 항목으로 조정하는 페이 고(Pay Go) 등으로 재정수지를 획기적으로 개선하는 방안을 말한다.

유럽의 위기… 한국재정은 안전한가

한국도 40년 뒤에는 국가채무가 국내총생산(GDP) 대비 173%에 달할 것이라는 기획재정부의 충격적인 보고서가 나왔다. 저출산·고령화로 잠재 성장 기반이 약화되면 성장률이 떨어지는 반면 재정지출은 계속 늘어날 것이라는 근거에서다. 앞으로 국가부도 문제가 선진국만의 문제가 아니라는 점이다.

국가채무 문제는 경제단위로서 재정이 민간과 다른 점부터 짚고 넘어가야 한다. '양출제입(量出制入)의 원칙'을 취하는 재정은 '양입제출(量入制出)의 원칙'을 취하는 민간과 건전성 판정 기준이 달라야 하기 때문이다. 민간은 흑자를 내야 하지만 재정은 적자를 내는 것이 반드시 나쁜 것이 아니라 오히려 바람직할 수 있다.

공권력이 받쳐주고 있는 재정이 흑자를 내려면 증세를 도모하거나 재정지출을 줄이면 된다. 하지만 세금을 올리면 국민으로부터 조세 저항이 심하고 이미 세율이 부담되는 '비표준 지대(래퍼 곡선상 세율과 세수 간 역비례 구역)'에서는 경기를 침체시켜 재정수입이 감소하는 악순환 국

갤로핑 인플레이션
Galloping Inflation

급격한 인플레이션 현상이 수년에 걸쳐 지속되면서, 경제 일체의 생산 활동이 저해되고 혼란에 빠지는 경우를 말한다. 매년 인플레이션이 5~7% 이상의 높은 수치를 기록하는 악성 인플레이션 현상이다.

173%
약 2065년 국내총생산(GDP) 대비 한국 국가채무 비율 예상치

> 국가채무가 일단 위험수위를 넘으면 국가신인도 추락 등의 부작용이 큰 만큼 관리 시기도 '사후'보다 '사전'적인 방안이 더 바람직하다.

면에 처할 수 있다.

재정이 적자를 내는 것이 일반적이라면 국가채무가 늘어나는 것이 나쁘다는 선입견과 반드시 줄여야 한다는 생각도 잘못됐다. 국가채무가 늘어나더라도 관리만 가능하면 큰 문제가 없다는 의미다. 국가채무가 일단 위험수위를 넘으면 국가신인도 추락 등의 부작용이 큰 만큼 관리 시기도 '사후'보다 '사전'적인 방안이 더 바람직하다.

국가채무를 관리하는 사전 방안은 통화 준칙의 필요성과 실행 방법을 살펴보면 그 답이 나온다. 국민경제생활에 가장 보편적인 영향을 주는 금리 변경을 보드 멤버(우리의 경우 금융·통화위원) 몇 명의 재량적 판단에 맡겨서는 안 된다. 목표선을 정해 물가가 그보다 높으면 금리를 올리고 낮으면 내려야 한다는 것이 근대 통화론자의 견해다.

같은 맥락에서 재정 준칙은 재정적자와 국가채무를 GDP의 일정 범위 내에서 관리하는 방안을 말한다. 통화 준칙보다 경합성과 배제성 원칙이 적용되지 않아 공공성이 강한 재정 준칙은 더 엄격하게 관리돼야 한다. 이 때문에 법적 근거는 가능한 최상위법에 두되, 관리 기준은 엄격히 규정하고 적용해야 하며 위반할 때는 강력한 제재가 뒤따라야 한다.

신흥국 재편 움직임이 지속된다···
글로벌 사우스 그다음은

2026년 신흥국 경제 앞날은 두 가지 당면 현안에 달려 있다. 가장 큰 문제는 2020년부터 돌아오고 있는 달러 부채를 어떻게 정리하는지에 따라 신흥국의 명암이 갈릴 것으로 예상된다. 국제금융협회(IIF)에 따르면 신흥국은 2026년에도 4000억 달러 이상의 부채 만기가 돌아오는 것으로 나타났다.

희망이 없는 것은 아니다. 미국이 금리를 어디까지 내릴 것인가 하는 점이다. 하지만 미국 경제가 여전히 강한 점을 고려하면 신흥국 원리금 부담을 좌우하는 국채금리는 크게 내리지 않거나 오히려 올라가는 수수께끼 현상이 나타날 확률이 높다. 2025년 9월 이후 9개월 만에 재개된 금리 인하 국면 속에서도 Fed는 이 문제에 시달려왔다.

달러 부채 부담으로 '금융위기가 어느 국가에서 발생할 것인가'도 관심사가 될 것으로 예상된다. IMF의 모리스 골드스타인 지표와 글로벌 투자은행(IB)의 외채 상환계수로 판단해보면 서남아시아와 중

SECTION 1　02 주요국 핵심 이슈

나렌드라 모디 인도 총리.

남미 지역에 속한 국가 대부분이 높게 나온다. 파키스탄, 스리랑카 등 일대일로에 참가한 국가는 사실상 국가부도에 직면해 있다.

2026년에는 아르헨티나, 엘살바도르 등 친트럼프 국가가 어떻게 될 것인가가 신흥국 금융위기의 뇌관이 될 것으로 예상된다. 하비에르 밀레이 정부 출범 이후 전기톱 공약이 개혁정책 3년 증후군에 시달리면서 트럼프 대통령의 압력으로 IMF로부터 구제금융을 받는 동시에 Fed와 통화스와프 협정을 체결했다.

문제는 2026년에도 쉽게 개선될 확률이 적어 보인다는 점이다. 집권 초기에 넘어야 할 중앙은행 폐지, 달러라이제이션 등의 개혁 과제가 기득권층으로부터 강한 저항에 부딪치고 있기 때문이다. IMF 구제금융 등으로 금융위기를 극복하지 못하면 밀레이 대통령은 단임에 그칠 확률도 높다.

2026년에 신흥국이 2025년 예상과 달리 확실하게 자리 잡지 못한 '글로벌 사우스(Global South)'에 속하는 국가가 어떻게 될 것인지도 관심사다. 미국, 유럽 국가, 일본 등 선진국이 속해 있는 '글로벌 노스(Global North)'에 대비해 인도, 인도네시아 등 동남아와 남부 아시아에 속하는 국가를 통칭하는 새로운 용어다.

글로벌 사우스 국가 중에서는 2026년에도 단연 인도가 관심이다. 집권 3기를 맞아 나렌드라 모디 정부는 로스토우(W. W. Rostow) 교수의 경제발전 5단계 동

글로벌 사우스
Global South

미국·유럽·일본 등 선진국(글로벌 노스)에 대비되는 개념으로, 인도·인도네시아·동남아·남아시아·중남미 일부 등 신흥국·개도국을 통칭하는 용어다.

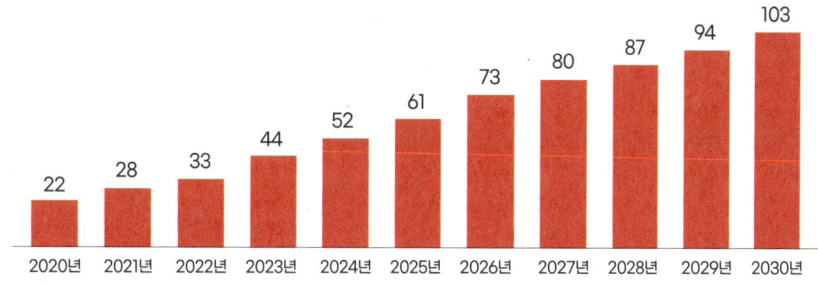

인도 반도체 시장 전망
단위: 10억 달러

- 2020년: 22
- 2021년: 28
- 2022년: 33
- 2023년: 44
- 2024년: 52
- 2025년: 61
- 2026년: 73
- 2027년: 80
- 2028년: 87
- 2029년: 94
- 2030년: 103

자료: IESA, 대외경제정책연구원(KIEP)

네루-간디 가문

자와할랄 네루와 그의 딸인 인디라 간디, 외손자인 라지브 간디 등 총 3명을 배출한 인도의 명문가로 꼽힌다.

경제연령(중위연령) 비교
인도: 25세
중국: 37세
한국: 47세

→ 인도의 인구구조가 4차 산업혁명 환경에 가장 유리하다는 근거.

태 이론에 따라 '도약 단계'에서 '성숙 단계'로 이행해 고성장의 후유증을 극복하고 지속 가능한 성장 기반을 마련할 수 있느냐가 경제대국으로 우뚝 설 수 있는 관건이 될 것으로 예상된다.

모디 정부의 경제정책의 이론적 토대이자 경제정책 운용의 근간은 '모디노믹스'다. 집권 1기부터 중장기 성장 기반을 확충하기 위해 제조업을 중심으로 설비투자와 인프라 확충에 나서고 있는 가운데 성과도 예상보다 높게 거뒀다. 집권 2기에는 고성장에 따른 후유증이 나타나고 있지만 집권 3기에는 이 문제를 해결해 제2의 도약을 한다는 계획이다.

저항 세력이 없는 것은 아니다. 정치적으로 인도가 영국에서 독립한 직후 오랫동안 집권하는 과정에서 뿌리가 깊은 네루-간디 가문을 중심으로 한 기득권층의 영향력이 높다. 사회적으로는 '카스트'와 사상적으로 '간다라' 이념을 극복하는 과정에서 이전의 정부처럼 상당한 어려움에 봉착해 개혁과 구조조정이 정체될 상황을 배제할 수 없다.

대외적으로는 미국과 중국 간에 어느 편에 설 것인가도 주요한 변수다. 2025년에는 러시아의 원유를 수입하고 브릭스 주도권을 쥐고자 중국 편향적으로 가는 과정에서 트럼프 정부로부터 50%의 보복관세를 맞았다. 2026년에도 모디 정부가 어느 한편에 일방적으로 손을 들어주기는 어려울 것으로 예상된다.

인도 경제의 성장 잠재력은 여전히 크다. 공식적으로 인도 인구가 중국을 초월했다. 내수 비중도 75%에 달해 미·중 간 마찰 등 대외변수로부터 충격을 완충할 수 있다. 경제연령도 25세(중국 37세, 한국 47세) 전후로 창의적이고 유연한 사고를 요구하는 4차산업혁명에 맞는 인구구조를 갖고 있다.

정보기술(IT)과 인공지능(AI)의 잠재 능력도 뛰어나다. 이 때문에 예측 기관은 2026년에도 쉽지 않은 여건 속에서 5% 이상의 성장세가 지속될 것으로 내다보고 있다.

SECTION 1 | 03 통화정책

통화정책 프레임워크 개편과
미·중 환율·코인 전쟁

미국 중앙은행(Fed).

2025년 5월 미국 중앙은행(Fed)은 역사상 가장 공로가 컸던 토마스 라우바흐 전 국장을 기리는 콘퍼런스가 열렸다. 5년마다 통화정책 프레임워크를 재점검하는 자리라 그 어느 때보다 관심을 끌었다. 라우바흐 콘퍼런스에서 논의됐던 내용은 같은 해 8월에 열렸던 잭슨홀 미팅에서 핵심 의제로 다뤄졌다.

앞으로 5년 동안 통화정책 프레임워크가 어떻게 바뀔 것인가를 알아보기 위해서는 통화정책 목표부터 살펴봐야 한다. 1913년 설립 이후 Fed는 물가 안정을 1선 목표로 통화정책을 운용해왔다. 1930년대 대공황, 1980년대 초 2차 오일쇼크 이후 들이닥친 스태그플레이션 등으로 고비를 맞았지만 금융위기 이전까지는 1선 목표를 잘 지켜왔다.

하지만 1990년대 후반 이후 수확 체증의 법칙이 적용되는 네트워크 산업의 부상으로 통화정책의 프레임워크가 변하기 시작했다. 생산할수록 물가가 떨어지는 고성장·저물가의 신경제 국면에서는 가만히 있어도 1선 목표가 달성된 것처럼 착시 현상이 발생했다. 통화정책 목표와 프레임워크 간 불일치는 2008년 이후 금융위기로 귀결됐다.

금융위기 극복이 어느 정도 마무리되는 2012년에 착시현상을 제거하기 위해 통화정책 목표부터 바뀌었다. 양대 책무(Dual Mandate)로 물가안정에 고용창

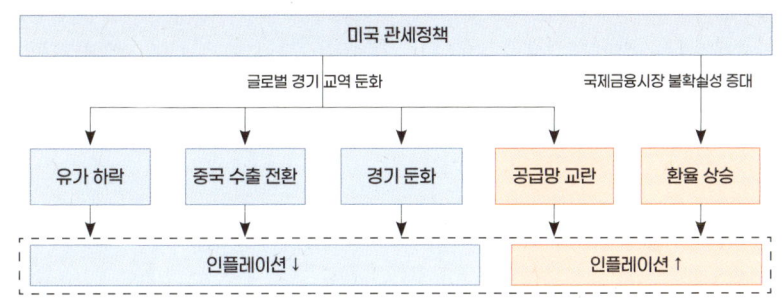

유연한 평균 물가목표제 (FAIT)
Flexible Average Inflation Targeting

과거 일정 기간의 인플레이션 실적을 반영해 평균 2%p 내외의 물가 상승률을 목표로 삼고, 단기적으로 2%p를 일시적으로 넘더라도 용인하는 통화정책 방식이다.

빅컷
Big Cut

빅컷은 중앙은행이 기준금리를 한 번에 0.5%p 이상 대폭 인하하는 조치를 뜻한다.

출 목표를 추가했다. Fed 역사상 100년 만에 가장 큰 변화였다. 그 이후 코로나19 사태가 발생하기 이전까지 통화정책을 되돌아보면 전자보다 후자에 더 주력해서 운용해왔다.

종전의 금융 시스템과 시장이 작동되지 않는 코로나19 사태로 통화정책 목표와 프레임워크 간 불일치를 더 이상 끌고 갈 수 없는 상황까지 내몰렸다. 인플레이션이 경기와 같은 총수요 요인이 아니라 공급망 붕괴와 같은 총공급 요인으로 바뀌었기 때문이다. 이때 도입됐던 것이 '유연한 평균 물가목표제(FAIT, Flexible Average Inflation Targeting)'다.

코로나19가 끝난 지도 어느덧 4년이 지나간다. 무너졌던 금융 시스템(특히 통화정책 전달 경로)과 시장도 어느 정도 복원됐다. 과도기 성격을 띠던 FAIT를 어떻게 개편해야 할 것인가를 놓고 자연스럽게 논의할 때가 됐다. 2026년에는 통화정책 프레임워크를 둘러싼 여덟 가지 현안이 논의될 것으로 예상된다.

첫째, 1913년 설립 이후 생명처럼 여겨왔던 Fed의 독립성을 어떻게 지켜나갈 수 있을 것인가 하는 점이다. 예고도 없었던 트럼프 대통령의 방문, 인사 개편, 금리 인하 요구 등으로 Fed 흔들기가 본격화되고 있다. 2025년 9월 연방공개시장위원회(FOMC) 회의에서 극적으로 참가했던 스티븐 마이런 연방준비제도 이사는 트럼프 대통령 요구대로 빅컷을 주장했다.

둘째, Fed 목표에 대한 재설정이 필요하다. 물가 안정을 1선 목표로 여겨왔던 Fed가 2012년부터는 고용창출을 2선 목표로 첨가했다. 하지만 양대 책무의 근간이 됐던 물가와 고용 간 필립스 관계 약화 등으로 금리 변경에 혼선을 빚어왔다. 최근에는 통계 작성 여건 변화 등으로 고용 지표에 대한 신뢰마저 떨어지는 상황이다.

셋째, 경제지표 방식에 대한 재점검이다. 이 방식에 따라 통화정책이 운용되려면 경제지표는 현실을 신속하게 반영해야 한다. 예측 지표도 최소한 추세는 맞아야 하고 예상치에서 실적치를 빼 백분화한 절대 오차율이 30% 이내여야 하지만 그 어느 하나 충족시키지 못하고 있다. 트럼프 대통령은 Fed를 무능력하다고까지 평가절하했다.

넷째, Fed 내 계량경제팀(Ferbus, FRB+US)의 예측력 제고도 시급한 과제다. 뉴애브노멀 시대에는 모델에 의한 경제전망(SEP)은 예측력이 떨어질 수밖에 없다. 시계열 자료의 연속성이 약화돼 가변수(Dummy)를 많이 써야 하기 때문이다. 코로나19 사태 이후 예측력이 가장 높다는 경기 사이클연구소(ECRI)의 큐브 방식 도입 등과 같은 발상의 전환이 필요한 때다.

다섯째, '점도표(Dot Plot)' 유용성에 대한 검토다. 트럼프 집권 1기부터 논란이 됐던 FOMC 위원의 정치화는 집권 2기 들어 더 심해졌다. 시장과 경제주체를 안내하기 위해 자신의 전문적인 지식과 경륜을 바탕으로 자유롭게 금리 변경 의향을 나타나는 점도표가 트럼프 대통령의 의향을 반영하면 그 의미가 없어지기 때문이다.

여섯째, 도입 때부터 한시적인 성격을 띠었던 FAIT를 폐지해야 한다. 인플레이션 발생 주요인이 총수요에서 총공급으로 바뀌는 과도기에는 특정 시기의 물가를 잣대로 금리를 변경하는 것은 위험하다. 오히려 일정 기간 평균 물가를 기준으로 하는 것이 안정적이라는 인식에 따라 도입된 것이 FAIT다. 코로나19 사태 끝난 지도 4년이 돼 간다. 자연스럽게 FAIT를 폐지해야 할 때도 됐다.

일곱째, 중장기적으로 검토해왔던 기준금리도 이제는 변경돼야 한다. Fed가 기준금리로 삼아왔던 FFR(연방기금금리)이 시장금리 간의 체계가 약화돼 수수께끼 현상이 자주 발생하고 있기 때문이다.

2024년 9월 이후 기준금리를 낮췄는데 10년물 국채금리는 상승했다. 이제는 2015년부터 보조 지표로 활용됐던 on RRP(익일 환매 금리)를 채택하는 방안을 결정할 때가 됐다.

여덟째, 지니어스법 통과에 따른 고민 사항도 결정해야 한다. 디파이(DeFi)를 전제로 한 스테이블코인이 통용되면 디지털 법정화폐(CBDC)를 폐지할 것인가 아니면 병행해 나갈 것인가를 확정해야 한다. 결과에 따라 시뇨리지(Seigniorage)를 누가 가져갈 것인지가 결정될 것으로 예상된다. 트럼프 대통령과 갈등이 의외로 크게 발생할 가능성도 높다.

2026년에는 Fed를 비롯한 각국 중앙은행의 통화정책 프레임워크가 의외로 크게 변화될 것으로 보는 것도 위와 같은 여덟 가지 근거에서다. 가장 우려되는 것은 중앙은행과 법정화폐에 대한 신뢰가 떨어지고 독립성이 크게 훼손당할 가능성이다. 각국 국민은 인플레이션이 2025년보다 높아 경제 고통이 높아질 것으로 예상된다.

관세에 이어 환율전쟁⋯ 얼마나 뜨겁게 전개될까

중국 위안화 가치는 미·중 간 무역마찰의 바로미터다. 마찰이 심화되면 '절하', 진전되면 '절상'되기 때문이다. 미국과 중국 간 마찰이 새로운 국면으로 진입하고 있다. 2025년 무역에서 시작된 마찰이 2026년에는 금융과 연계될 움직임이다. 앞으로 미·중 간 마찰은 세계 경제에 이어 국제금융시장에서도 커다란 변수가 될 것으로 예상된다.

점도표
Dot Plot

점도표는 미국 연방준비제도 이사회(FED)가 매 분기 발표하는 도표로, Fed 18명의 위원들이 FOMC 회의에 들어가기 전에 각자 생각하는 금리인상 시기와 인상폭을 취합한 것으로 향후 Fed의 금리 조정을 예측할 수 있는 중요한 지표로 평가받고 있다.

> 가장 우려되는 것은 중앙은행과 법정화폐에 대한 신뢰가 떨어지고 독립성이 크게 훼손당할 가능성이다.

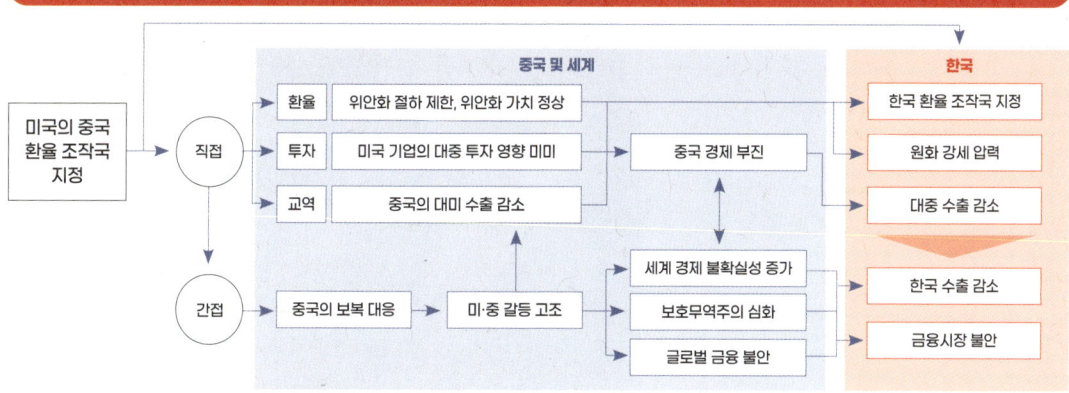

시뇨리지
Seigniorage

화폐 발행 차익으로 화폐에 대한 독점적 발권력을 갖는 중앙은행이나 국가가 화폐 발행을 통해 획득하는 이득을 의미한다.

2020년대 진입을 목전에 둔 2019년 이후 숨 가쁘게 벌어졌던 미·중 간 마찰 과정을 살펴보면 직접적인 발단은 중국의 태도다. 2017년 트럼프 정부 출범 이후 2년 동안 '수세적' 입장을 보였던 중국이 미국의 기대와는 달리 '공세적'으로 변했다. 당황한 미국은 같은 해 9월 1일부터 중국 수출 상품에 대해 보복관세를 부과하는 방침을 발표했다.

더 이상 보복관세 부과로 맞대응할 수 있는 대상이 없었던 중국으로서는 '1달러=7위안', 즉 포치(破七)선 진입을 허용했다. 국제금융시장에서는 어떤 경우라도 포치선 진입은 안 될 것으로 봤다. 중국으로서도 실익이 크지 않았다. 금융위기 이후 다섯 차례 붕괴될 위험을 맞을 때도 중국 인민은행은 적극적으로 방어했다.

막상 뚫리자 충격이 컸던 국가는 미국이었다. 중국이 위안화 절하로 맞서면 보복관세 효과가 무력화될 수밖에 없기 때문이다. 재정적자를 메워줄 관세 수입도 줄어들게 된다. 2020년 대선을 앞두고 치명타를 입게 되는 트럼프 대통령은 곧바로 중국을 환율 조작국으로 지정했다. 역(逆)플라자 합의 이후 사라졌던 '환율 조작의 악몽'이 되살아나 중국 이외 다른 교역국에도 충격을 줬다.

2019년 8월 트럼프 대통령이 중국을 환율 조작국으로 지정한 조치는 두 가지 점에서 미국의 전통을 지키지 않는 파격적인 조치로 평가된다. 하나는 예정된 '시기'를 지키지 않은 점과, 다른 하나는 정해진 '규칙'을 어겼다는 점이다. 정치적 욕망에서 보복성이 강한 트럼프 대통령의 독단적인 조치라는 비판이 나오는 것도 이 때문이다.

미국 재무부는 매년 4월과 10월에 주요 교역국을 상대로 환율 보고서를 발표한다. 2019년 상반기 환율 보고서는 예정일보다 한 달 이상 늦어진 5월 말에 발표했던 것도 중국을 환율 조작국으로 지정할 것인가를 놓고 마지막까지 고민했기 때문이다. 같은 해 8월 중국에 대한 환율 조작국 지정 조치는 이때부터 어느 정도 예견

SECTION 1   03 통화정책

됐다고 볼 수 있다.

'2015 교역 촉진법'에 따라 새롭게 적용된 BHC(베넷-해치-카퍼) 요건으로 환율 조작국에 해당하는 환율 심층 대상국으로 지정되려면 △대(對)미 무역흑자 200억 달러 이상 △국내총생산(GDP) 대비 경상수지 흑자 3% 이상 △외환시장 개입이 지속적이며 그 비용이 GDP의 2% 넘는 세 가지 요건을 충족해야 한다. 중국은 첫 번째 요건만 걸려 있다. 오히려 환율 조작국으로 지정되기 이전의 중국 지위인 '환율 관찰 대상국'에서도 빠졌어야 한다.

BHC 요건대로라면 트럼프 대통령은 2016년 대통령 선거 당시 중국을 환율 조작국으로 지정하는 공약은 어떤 경우든 지킬 수 없어 지정 요건을 완화하는 작업을 검토해왔다. 중국을 환율 조작국으로 지정한 근거는 '1988년 종합무역법'이다. 동 법에서는 △대규모 경상수지 흑자 △유의미한 대미 무역수지 흑자 중 한 가지 요건만 걸려도 환율 조작국으로 지정할 수 있도록 돼 있다. 한마디로 미국 마음대로 환율 조작국에 지정할 수 있다는 의미다. 1990년 전후로 한국, 중국 등 대미 흑자국이 집중적으로 환율 조작국에 걸렸던 것도 이 근거에서다.

중국이 환율 조작국으로 지정됨에 따라 미국은 첫 번째 제재 수단으로 '위안화 절하' 대응 수단으로 찾아낸 것이 상계관세다. 상계관세란 교역 상대국의 보조금으로부터 피해를 받는 자국 산업을 보호하기 위해 WTO 체제에서도 반덤핑 관세와 함께 인정하는 제재 수단이다. 최악의 경우 중국이 위안화 대폭 절하 등과 같은 수단으로 적극적으로 대응하면 트럼프 대통령은 슈퍼 301조를 동원할 수 있다.

이제 트럼프 집권 2기를 맞았다. 2026년에 본격화될 환율전쟁에 집권 1기와 마찬가지로 중국이 어떤 식으로 나올 것인가에 따라 그 정도가 결정될 것으로 예상된다. 중국이 위안화 가치를 절하하고 미국도 달러 약세로 맞대응하면 글로벌 환율전쟁이 일어나는 것은 불 보듯 뻔한 일이다. 세계 경제도 1930년대에 겪었던 대공황을 재차 겪을 확률이 높다.

이번에도 중국은 무역과 환율과의 비연계성을 강조해 나갈 것으로 예상된다. 경기 대응적 요소 등을 고려한 현행 환율제도에서는 전일 경제지표가 부진하면 '절하', 개선되면 '절상'해 고시할 뿐이라고 주장을 되풀이할 확률이 높다. 하지만 미국과의 관계가 중국 경제에 커다란 영향을 주고 있어 그 자체가 마찰과 오해의 소지를 안고 있다.

미국의 공분을 일으키는 것은 중국이 불

미국 트럼프 대통령과 시진핑 중국 국가주석.

환율 조작국 심층 대상국으로 지정되는 3가지 기준

- 대미 무역흑자 200억 달러 이상
- GDP 대비 경상수지 흑자 3% 이상
- 외환시장 개입 규모가 GDP의 2% 초과 & 지속적 개입

슈퍼 301조

미국 무역법 301조를 강화한 조항으로, 불공정무역관행을 보이는 국가를 미국이 일방적으로 제재할 수 있도록 한 특수 조치다.

> 중국이 위안화 가치를 절하하고 미국도 달러 약세로 맞대응하면 글로벌 환율전쟁이 일어나는 것은 불 보듯 뻔한 일이다.

리한 점이 많은 데도 위안화 가치를 절하하고 있기 때문이다. 위안화 절하고 경상거래 면에서 수출을 증대시키는 효과가 있지만 자본거래 면에서는 자본유출을 초래해 금융위기 우려가 높아질 수밖에 없다. 위안화 국제화 등을 통해 중국의 대외 위상을 높이는 계획에도 차질이 빚을 확률이 높다.

미국이 위안화 절하에 가장 명료하게 대응할 수 있는 수단은 달러 약세다. 하지만 초기에 나타나는 'J 커브 효과'로 중국과 무역적자가 오히려 확대돼 자충수가 될 확률이 높아 쉽게 쓸 수 있는 카드는 아니다. 글로벌 시뇨리지가 줄어들고 달러 자산의 평가손실이 커지는 부담도 있다.

한국 경제 입장에서 또 하나의 관심사는 중국에 이어 어떤 국가가 환율 조작국으로 지정될 것인가 하는 점이다. 후보국을 꼽는다면 고질적인 환율 관찰 대상국 가운데 이미 지정된 중국과 역학 관계상 지정이 불가능한 독일을 제외한다면 한국과 일본뿐이다. BHC 요건대로라면 경상수지 흑자 요건만 걸려 있는 한국이 대미 무역흑자, 경상수지 흑자 두 가지 요건이 걸려 있는 일본보다 환율 조작국으로 지정될 가능성이 낮다.

하지만 중국을 환율 조작국으로 지정할 때부터 적용된 1988년 종합무역법 요건대로라면 사정은 달라진다. 미국과의 관계를 고려하면 환율 조작국에 지정될 가능성을 완전히 배제할 수는 없다. 중국도 한 가지 요건만 걸렸다가 지정됐다. 사전에 얼마나 트럼프 정부와 신뢰 관계를 구축해놓느냐가 중요하다. 일단 상처가 나

면 사후적으로 어떤 치료법을 동원하더라도 잘 아물지 않는 것이 뉴노멀 시대에 냉혹한 국제관계의 현실이다. 특히 트럼프가 마가 구상을 펼치는 최근과 같은 상황에서는 더욱 그렇다. 하루 빨리 미국과 관계 개선이 필요한 때다.

미·중 간 마러라고 밀약…
2026년에는 체결할 수 있나

2025년 미국 증시는 고성장·저물가의 신경제 신화로 주가가 크게 올랐던 1990년대 후반의 골디락스 장세를 뛰어넘어 '불꽃 장세(Fire Market)'라는 신조어까지 등장했다. 트럼프 대통령이 취임한 이후에는 테슬라, 팔란티어와 같은 관련주를 중심으로 주가가 한 단계 더 뛰어오르는 '폭등 장세(Sky Rocketing Market)'까지 나타났다.

성장률과 기준금리가 각각 5~6%대였던 1990년대 후반에 훨씬 못 미치는 2%대, 4% 내외인데도 미국 주가가 당시에 비해 더 오른 것은 글로벌 자금이 미국 증시로 집중적으로 유입됐기 때문이다. 조 바이든 정부에서 60% 정도에 머물렀던 글로벌 자금의 미국 증시 유입 비율이 트럼프 취임 이후에는 70%까지 높아지기도 했다.

제2차 세계대전 이후 글로벌 자금이 미국으로 집중적으로 유입됐던 때는 국제금리 간 '대발산(GD, Great Divergence)'이 나타났던 시기와 맞물린다. GD가 처음 나타났던 1990년대 후반 이후 상황을 보면 Fed는 1995년 이후 불과 1년 만에 기준금리를 3.75%에서 6%까지 올렸다. 같은 기간 중 독일의 분데스방크는 기준금

> **J 커브 효과**
> 특정국의 통화 가치가 평가절하될 경우 수출입 가격 변화는 즉시 일어나나 이에 따른 수출입 물량이 변화하는 데에는 시간이 걸리기 때문에 일정 시점까지는 무역수지가 더 악화된다는 이론이다.

SECTION 1   03 통화정책

리를 5%에서 4.5로 내렸다.

기준금리 간 GD로 '루빈 독트린 시대'라 불릴 만큼 강달러 시대가 전개됐다. 1995년 4월 달러 가치 부양을 위한 역플라자 합의 이후 엔·달러 환율은 79엔에서 148엔까지 급등했다. 고금리·강달러로 자금 이탈이 집중됐던 신흥국은 1994년 중남미 외채위기, 1997년 아시아 외환위기, 1998년 러시아 국가부도까지 이어지는 '그린스펀·루빈 쇼크'로 시달렸다.

하지만 2024년 하반기 이후 각국 중앙은행은 기준금리를 내리는 피벗을 추진했다. 1990년대 후반 상황이라면 기준금리 간 GD로 미국으로 자금이 유입될 수 있는 여건이 아니다. 꼬리(신흥국 중앙은행)가 몸통(선진국 중앙은행)을 뒤흔드는 웩더독 피벗 추진 과정에서 Fed가 뒤늦게 참여한 시기까지 기준금리 간 차이로 미국으로 자금이 유입될 수 있는 정도였다.

문제는 Fed가 피벗을 추진한 이후 나타나고 있는 '수수께끼(Conundrum)' 현상이다. 2024년 9월 FOMC 회의 이후 기준금리를 내렸지만 10년물 국채금리는 상승했다. 같은 기간 중 미국을 제외한 대부분 국가의 국채금리는 하락했다. 1990년대와 달리 시장금리 간 GD가 발생하고 있다.

경제주체 입장에서 기준금리는 '보이지 않는 금리'이지만 국채금리는 '보이는 금리'다. 영국 파운드화 위기 이후 국제 간 자금이동을 주도하고 있는 캐리 트레이드를 보면 기준금리보다 시장금리에 더 민감한 반응을 보였다. 1990년대 후반과 달리 미국이 글로벌 자금의 70%까지 빨

M7과 대체 M7 종목

주도주 명칭	해당 종목
M7 공식 도입	애플, 아마존, 알파벳, 엔비디아, 마이크로소프트, 메타, 테슬라
미래의 M7	스페이스X, 오픈AI, 스케일AI, 데이터브릭스, 패너틱스, 스트라이프, 리플링 등 비상장 기업
차이나 M7	알리바바, 텐센트, BYD, 샤오미, SMIC, 레노버, 메이투안
테리픽 10	알리바바, 텐센트, BYD, 샤오미, SMIC, 메이투안, 지리차, 바이두, 넷이즈, 징동닷컴

자료 Bloomberg

아들이는 것도 이 이유에서다.

트럼프 정부가 출범하면 시장금리 간 GD는 지속될 확률이 높다. 감세와 뉴딜정책, 고관세와 불법 이민 색출 등으로 총수요와 총공급 양면에서 물가가 더 오를 것으로 예상되기 때문이다. 국채 수급 면에서 연방 부채 상한 폐지를 놓고 이미 의회와 격돌을 벌일 만큼 재정적자와 디폴트 우려로 국채 발행이 불가피하다.

펀더멘털과 기준금리를 뛰어넘는 과도한 글로벌 자금 유입으로 주가가 오르는 것은 거품으로 이어질 수밖에 없다. 미국 증시를 이끌어왔던 빅테크 주가는 주가수익비율(PER), 주가순자산비율(PBR)과 같은 종전의 주가 평가 잣대로 고평가된 지 오래다. 매출액 대비 주가비율(PSR), 무형자산 대비 주가비율(PPR)과 같은 새로운 주가 평가 잣대로 미래 잠재 가치가 높게 평가되면서 빅테크 주가 상승세가 연장되고 있다.

트럼프 정부 출범 첫해 미국 증시는 '헤로드-도마의 칼날 성장 이론'에 비유된다. 작두를 타는 무속인이 칼날 위에서 떨어지면 큰 상처가 나듯이 '불꽃 장세'와 '거

피벗
Pivot

경제 분야에서는 중앙은행의 금리 인상과 인하 등 통화정책 방향을 전환하는 것을 의미한다.

엔 캐리 트레이드
Yen Carry Trade

금리가 낮은 일본의 엔화를 빌려 상대적으로 금리가 높은 국가의 주식이나 채권 등에 투자한 뒤 환차익과 금리차를 얻는 투자 방법이다.

플라자 협정(합의)
Plaza Accord

1985년 미국, 프랑스, 독일, 일본, 영국(G5) 재무장관이 뉴욕 플라자 호텔에서 외환시장에 개입해 미 달러를 일본 엔과 독일 마르크에 대해 절하시키기로 합의한 것을 말한다.

품 붕괴' 간 균형을 잘 유지해야 한다. 2026년에도 미국 증시가 불꽃 장세를 지속할 수 있을 것인가? 분명한 것은 2025년보다 주가 상승률은 크게 둔화될 것이라는 점이다.

일본은행 추가 금리인상과 엔 캐리 자금의 행방은?

특정국의 통화가치는 머큐리(Mecury, 펀더멘털) 요인과 마스(Mars, 정책) 요인에 의해 결정된다. 하지만 엔화 가치는 금리차와 환차익을 노리는 엔 캐리 트레이드 자금 여건도 고려해야 한다. 저금리와 엔저를 바탕으로 경기회복을 모색하는 아베노믹스를 10년 이상 추진해 엔화 가치의 결정 요인으로 자리 잡았기 때문이다.

2025년에도 엔·달러 환율이 마지노선으로 여겼던 150엔 선이 뚫린 이후 일본 정부가 엔화 가치를 강세로 돌려놓기 위한 환시 개입에 실패했다. 일본 재무성이 주관한 달러 매도 개입은 캐리 자금 여건에 직접적으로 영향을 미치는 개입 수단은 아니기 때문이다. 일본 외환시장 역사상 최대 규모인 외화만 낭비했을 뿐이다.

문제는 아베 신조 전 총리 계파의 지원으로 취임한 다카이치 정부가 엔저를 바탕으로 한 아베노믹스를 지속적으로 추진할 방침을 밝힌 점이다. 우에다 총재도 다카이치의 엔저 요구를 저버릴 수는 없다. 2023년부터 지속되고 있는 스네이크 국면이 2년 이상 지났는데도 확실하게 벗어나지 못하고 있기 때문이다. 그나마 일본 경제를 지탱하고 있는 수출과 한국인의 관광 수입이 엔화 가치마저 강세로 돌아서면 더 깊은 나락으로 추락할 확률이 높다.

대외적으로는 중국, 일본과 같은 대미국 무역 흑자국의 통화가치가 지나치게 약세라고 하는 트럼프 대통령과 정면으로 충돌할 확률도 높다. 저금리를 통한 달러 약세 정책을 추구하는 트럼프 2.0 시대에는 일본과 제2 플라자 협정을 체결할 것이란 시각이 나오는 것도 이 때문이다.

하지만 제2 플라자 협정을 체결할 것이라는 시각도 지금은 1차 플라자 협정을 체결할 1985년과는 다르다. 플라자 협정 체결을 주도해야 할 미국 입장에서 경제패권

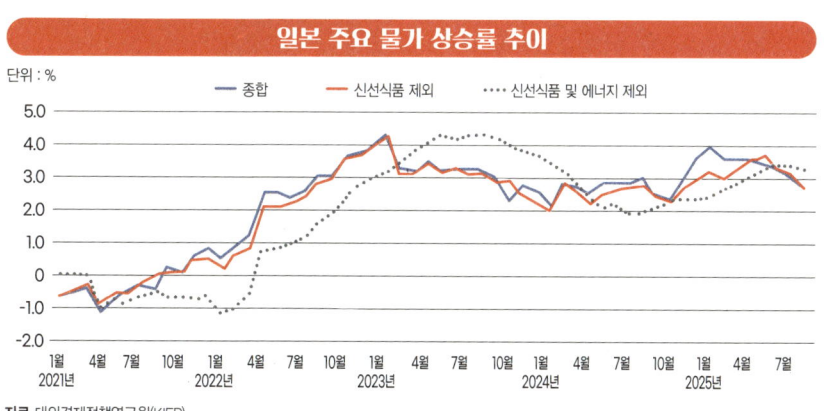

자료: 대외경제정책연구원(KIEP)

을 다투는 국가와 최대 무역 적자국이 일본에서 중국으로 넘어왔기 때문이다. 설령 제2 플라자 협정을 체결하더라도 펀더멘털 여건이 받쳐주지 않아 1차 플라자 협정처럼 효과를 보기도 어렵다.

결국 일본 경제가 처한 대내외 여건을 고려하면 2026년에도 일부 시각대로 엔화 가치가 근본적으로 강세로 돌아설 확률은 낮다. 2025년과 마찬가지로 엔 캐리 자금의 회수 우려는 지속될 것으로 보이나 실행에 옮기기에는 금리차와 환차익 매력이 커 보이지 않는다. 환차익을 목적으로 엔고에 베팅하기에는 불안하고 엔화 이외에 수익을 낼 수 있는 투자수단이 많다.

스테이블코인 시대 열린다…
달러라이제이션과 리디노미네이션

2025년에 확정됐던 지니어스법, 즉 스테이블코인법이 2026년 들어 본격적으로 추진되면서 각국 중앙은행의 통화정책과 화폐 생활에 지대한 영향을 미칠 것으로 예상된다.

스테이블코인의 골격은 이렇다. 대상 코인의 가치는 미국의 국채를 담보로 하되 달러화와 1 대 1로 태환을 보장해 안정시킬 수 있도록 설계돼 있다. 제2차 세계대전 이후 브레튼 우즈 체제의 금본위제와 비슷하다. 금이 코인으로 바뀔 뿐이다. 트럼프 대통령도 금융위기 이후 쌍둥이 적자가 확대되고 달러 가치가 흔들리자 그 대안으로 금본위제를 주장해왔다.

한동안 전략 자산 비축안을 검토하다가 이 안을 선택한 것은 트럼프 정부가 당면한 대내외 현안이 워낙 급했기 때문이다. 취임 이후 시달려온 X-date(국가부도 예정일)로 국채 텐트럼이 발생하고 국채금리가 올라가는 것을 좀처럼 잡지 못하는 상황이다. 달러 가치도 떨어져 기축통화 지위를 잃어버리지 않을까 하는 위기감마저 돌고 있다.

지니어스 법과 함께 시행에 들어갈 신시아 루이스 시나리오대로 라면 현재 20만개 내외인 비트코인 보유 수량을 100만개 이상으로 늘릴 계획이다. 실행만 들어가더라도 가장 시급한 국채 수요를 늘려 국채 발작을 방지하고 국채금리를 안정시킬 수 있다. 중국 국채 매각과 앞으로 더 늘어날 국채 발행에도 대처가 가능하다.

Fed가 구상하는 디지털 달러화(CBDC)와 별도로 스테이블코인이 활성화되면 디지털 달러라이제이션이 빠르게 진전될 확률이 높다. 중국이 디지털 위안화를 통한 기축통화 야망을 법정화폐 단계에 왔

지니어스법
GENIUS Act

지니어스법은 미국 내 스테이블코인 발행과 운영에 관한 최초의 연방 포괄 규제법이다. 정식 명칭은 '미국 스테이블코인을 위한 국가 혁신 지도 및 설립법'이다. 이 법은 스테이블코인 시장의 안정성과 투명성을 높이고, 소비자 보호와 불법행위 방지를 핵심 목표로 한다.

2026년에도 엔 캐리 자금 회수 우려가 지속될 전망이다.

주요국의 CDDC 도입 상황

구분	해당 국가
공식 도입	바하마, 동카리브, 나이지리아, 중국 등
시범 운용	우크라이나(러시아와 전쟁으로 중단), 우루과이 등
모의 실험	한국, 대다수 유럽연합 회원국, 일본, 스웨덴, 러시아, 터키 등
기초 연구	미국(트럼프 당선 이후 사실상 중단), 영국, 캐나다, 호주, 노르웨이, 태국 등

자료: 한국은행

> 우리도 원화의 스테이블코인 대응 방안이 도입될 예정이다. 달러 스테이블코인과 마찬가지로 우리 국채를 담보로 원화와 태환성이 보장되는 방안이 유력하다.

리디노미네이션
Redenomination

화폐의 액면가(디노미네이션, Denomination)를 동일한 비율로 낮은 숫자로 변경하는 조치를 뜻한다. 보통 극심한 인플레이션 등으로 거래·회계·지급 과정에서 지나치게 큰 숫자가 사용됨으로써 발생하는 불편을 해소하기 위한 목적으로 시행된다.

더라도 무력화시킬 수 있다. 보유량 증대 과정에서 가격이 높아진 비트코인으로 차익을 실현하면 재정적자와 국채 채무를 줄일 수 있는 효과도 기대된다.

부작용이 없는 것은 아니다. 스테이블코인 발행을 민간에게 맡기면 물가안정은 어떻게 도모하고 시뇨리지는 누가 가져갈 것인가 하는 문제가 따른다. 투기, 불법거래가 일정 수준을 넘으면 금융 시스템도 불안해진다. 최악의 경우 권력층 부정부패의 수단으로 전락할 수 있다.

스테이블코인과 함께 '준비자산(Reserve Asset)'과 '전략비축(Strategic Stockpile)'으로 코인을 설정하는 문제도 계속 검토될 것으로 예상된다. 전자는 기존 외화 보유 자산인 금 등으로 가상화폐를 대체하는 방안이지만 Fed가 허락하기는 쉽지 않다. 트럼프노믹스 2.0의 근간인 '프로젝트 2025'에서 Fed의 폐지 혹은 개편안이 담긴 것도 이 때문이다.

후자는 트럼프 대통령이 단독으로 추진할 수 있다. 전략비축이란 국가안보와 국민 경제생활에 직결되는 핵심 자산을 보유하는 것을 말한다. 경제협력개발기구(OECD)는 회원국에 3개월치 원유를 전략비축 자산으로 보유할 것을 권하고 있다. 가상화폐가 중국 견제 수단으로 가장 효과적으로 판단되면 얼마든지 전략비축 자산에 포함할 수 있다. 가상화폐가 전략비축 자산으로 포함되면 법정통화인 달러를 담보로 하는 스테이블코인과 비슷한 가치를 보장받을 수 있다.

우리도 원화의 스테이블코인 대응 방안이 도입될 예정이다. 달러 스테이블코인과 마찬가지로 우리 국채를 담보로 원화와 태환성이 보장되는 방안이 유력하다. 국채의 담보력, 중심 통화 위상 등을 고려하면 달러 스테이블코인이 더 선호될 확률이 높아 리디노미네이션 논의도 재개될 것으로 예상된다.

한국은행의 통화정책도 변해야 한다. 앞으로 전개될 디지털 화폐 시대에 맞게 물가안정 목표만 둘 것인지 검토하고 통화정책의 생명인 '선제성(Preemptive)'을 잃지 않는 방안도 마련해야 한다. 경기순환 주가의 '단축화(Shortening)'와 진폭의 '순응성(Procyclicality)'에 통화정책 수단도 검토할 필요가 있다. 시장과의 교감 차원에서 우리도 점도표 등을 공식적으로 도입하는 방안도 검토해야 한다.

이 밖에 디지털 시대에 통화정책의 유용성을 높이기 위해 경제 예측력 제고, 새로운 통화지표 개발, 코인 등 대안화폐 활성화에 따른 법화의 통화유통속도와 통화승수 무력화 방지, 통화정책 전달 경로상 중간 표적 변수 개발, 통화정책 관할 범위 확대, 리디노미네이션 단행 여부, 중앙은행 독립성과 중립성 유지 등 다양한 과제를 사전에 준비해놓아야 한다.

삶은 개구리 신드롬에 빠진 한국 경제 마라도나 효과가 필요한 때

경착륙, 중진국 함정, 샌드위치 위기, 제2 외환위기, 삶은 개구리 신드롬(Boiled Frog Syndrome), 일본형 복합불황…. 2020년대에 진입하면서 한국 경제 앞날과 관련해 쏟아져 나오는 위기론이었다. 5년이 지난 지금 시점에서 가장 와닿는 것은 복합불황에 빠지는 것인가 하는 우려다.

한국은 경제개발 추진 이후 주력 산업이었던 제조업의 생산 여건이 갈수록 악화되고 있다. 낮은 출산율과 고령화로 생산 가능 인구, 특히 청년층이 감소하고 있는 것이 가장 큰 요인이다. 인력 수요와 공급 간의 불일치가 해결되지 않으면서 만성적인 '고비용–저효율' 구조가 개선되지 않고 있다.

노동력에 이어 생산에 필요한 자본도 저축률 하락 등으로 갈수록 성장률을 제약하는 요인으로 작용하고 있어 우려된다. 저축률이 하락하는 요인으로 정치권의 포퓰리즘적인 사회보장 지출 확대, 사회 안전망 강화에 따른 가계의 예비적 저축

삶은 개구리 신드롬

찬물에 개구리를 넣고 천천히 물을 데우면, 개구리는 뜨거움을 인지하지 못해 결국 끓는 물에 삶아져 죽는다는 이야기에서 유래. 점진적으로 변화하는 환경에 즉각적으로 대응하지 못해 위기를 놓치고, 결국 큰 피해를 입는 현상을 의미한다.

감소와 소비 여건 개선 등이 지적되고 있다. 한국 기업의 현금 보유는 사상 최대 규모다.

부패와 뇌물 사건도 좀처럼 줄지 않고 있다. 한 나라의 뇌물과 부패 정도는 정치적 영향력과 행정 규제에 비례한다. 독점적 이윤인 경제적 지대(Rent)가 발생하기 때문이다. 이를 얻어내기 위해 사회 구성원은 치열한 로비 활동을 전개하고 이 과정에서 뇌물과 부패가 만연되는 소위 '지대 추구형 사회(Rent Oriented Society)'가 정착된다.

정책당국이나 정책에 대한 국민의 신뢰도 종전만 못하다. 특히 정치권에 대해 그

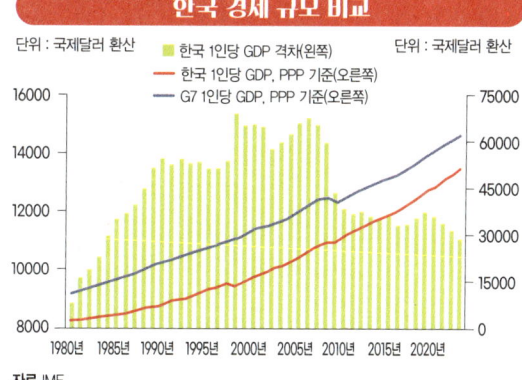

좀비 국면
Zombie Phase

정책당국이 각종 경기 부양책이나 긍정적 신호를 내더라도, 경제 주체(가계·기업·시장)가 거의 반응하지 않는 비활성 상태를 의미한다. 이는 일본이 1990년대 이후 장기 침체 속에서 경험했던 현상과 유사하며, 한국 경제도 비슷한 단계에 진입하고 있다는 해석이 나온다.

렇다. 당리당략에 국민과 경제의 앞날은 뒷전이다. 신뢰 회복의 골든타임까지 놓쳐 이제는 한국 경제도 1990년대 이후 일본 경제처럼 아무리 좋은 정책 신호를 주더라도 정책 수용층은 정작 반응하지 않는 좀비 국면에 빠져들고 있다.

통화승수, 통화유통속도, 예금회전율 등 각종 경제 활력 지표가 눈에 띄게 회복되지 못하고 있는 것이 그 증거다. 가장 종합적인 경제 활력 지표인 소비자물가 상승률은 마이너스 국면으로 떨어져 디플레이션 논쟁이 거세다. '한번 해보자(Can Do)' 하는 심리가 살아나지 않는 상황에서 경기부양 대책을 추진하더라도 경기회복에 별다른 도움이 안 된다는 것은 1990년대 이후 일본의 경험에서 그대로 보여준다.

대외적으로는 한국 경제 규모가 커지면서 높아진 국제 위상에 맞게 내수 시장이 발전되지 않음에 따라 통상마찰도 잦아지고 있다. 기업 간 불균형이 심화된 상황에서 삼성전자 등 특정 기업의 경우 세계 최고의 반열에 올랐다는 착시 현상까지 겹치면서 미국 등 주요 교역국으로부터 통상마찰의 표적이 되는 점도 한국 경제 앞날을 어둡게 하는 요인이다.

왜 이런 현상이 발생하는 것인가. 1990년대 후반에 발생했던 외환위기가 위기 극복 3단계론으로 볼 때 유동성 위기를 해결한 후 시스템 위기를 극복하는 단계로 순조롭게 이행되지 못했다. 외화 유동성을 확보한 이후 잦은 정책 변경, 정부 혹은 정책에 대한 신뢰 부족 등으로 시스템 위기 극복이 지연되는 과정에서 실물경기 회복이 온전히 이뤄지지 못한 채 30년이 지났다는 평가가 지배적이다.

더 우려되는 것은 시스템 위기와 실물경기 위기 극복이 지연되면 될수록 각종 착시현상에 따른 투기 요인이 커지는 대신 위기 불감증에 따라 대처 능력이 떨어지는 점이다. 이때 투기 요인이 차익 실현으로 연결되면 극복했다고 봤던 유동성 위기가 다시 발생한다는 것이 '위기 재귀론'이다.

외환위기 이후 들어선 각 정부가 경제 안정성이 흔들리고 위기론이 가시지 않는

SECTION 1   04 한국 경제

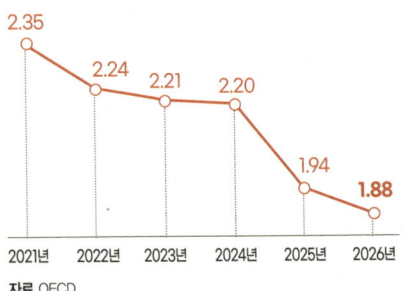

한국 잠재성장률 추정치 (단위: %)
자료: OECD

한국 경제 성장 속도 (단위: 전년 동기 대비, %)
자료: 한국은행, 경제전망 보고서

것은 '통계 수치의 위기'가 아니라 경제 입법과 정책 운용 체제를 중심으로 한 '사회 시스템의 위기'에 연유된다고 볼 수 있다. 이 때문에 한국 경제 안정성을 제고하기 위해서는 경제 현실에 대한 정확한 진단부터 선행돼야 한다.

정확한 현실 진단을 토대로 경제 시스템을 안정시킬 수 있는 대책을 마련해 나가야 한다. 성장의 견인 역할을 담당하는 수출이 세계 경제 환경이나 환율이 조금만 불리하게 되면 급감해 곧바로 위기감이 닥치는 소위 천수답 구조를 수리안전답 구조로 전환하기 위해서는 땜질식 단기 처방은 금물이다.

어떤 정부가 들어서든 간에 경제 우선 정책을 예산 조기 집행과 같은 단기 처방에 의존하면 고질병인 '고비용-저효율' 문제를 개선하는 일은 요원해진다. 성장률(g)이 수익률(r)보다 높으면 빚내서 더 쓰자는 토마 피케티(Thomas Piketty) 공식에 근거한 확장적 재정지출 정책은 더 위험하다. 오히려 구조조정 노력을 지연시킴으로써 후손이 부담해야 할 사회적 비용은 엄청나게 늘어날 것으로 예상된다.

우리 기업이 자국 내에서 안정된 경영활동을 보장하고, 해외 진출한 기업도 국적을 잊어버리지 않기 위해서는 그것이 개혁 정치이든 산업정책이든 간에 정책의 일관성과 명확한 기준이 전제돼 시행해야 한다. 규제 완화를 추진하면서 기득권 때문에 핵심 규제 사항을 풀지 못하거나, 특정 기업에 막대한 이권이 보장되는 신규 사업을 허가해주면서 뒷거래가 오가는 식의 뒷맛이 가시지 않는 정책이 계속되면 위기감만 키울 확률이 높다.

이것은 우리 기업의 무국적화를 촉진하고 산업공동화와 실업 증대 등의 엄청난 부작용을 낳을 수 있다. 기업도 경기가 좋을 때는 한탕하고 경기가 나쁠 때는 정부의 지원을 바라는 화전인식 경영은 지양해야 한다. 정치권과 정책당국이 실망스럽더라도 지속 가능한 성장 기반을 마련하기 위한 투자는 생존을 위한 의무다. 국민에게도 경제 현실을 올바르게 바라볼 수 있는 시각과 안정된 경제생활을 영위할 수 있는 시스템을 마련해주는 것도 시급하다. 법규이든 사회규범이든 간에 정책당국이 마련하는 대로 쫓아가더라도

> 한국 경제 안정성을 제고하기 위해서는 경제 현실에 대한 정확한 진단부터 선행돼야 한다.

토마 피케티 공식

프랑스 경제학자 토마 피케티가 제시한 개념으로, 경제성장률(g)이 자본수익률(r)보다 높을 경우, 국가가 부채를 늘려 재정을 확대해도 지속 가능하다는 원리를 말한다. 반대로 r이 g보다 높으면 부채가 누적되며 재정 건전성 악화 위험이 커진다.

한국의 혁신 역량 평가 결과

- 2017년 순위
- 2018년 순위

항목	순위
인력의 다양성	82(신규)
클러스터 개별 현황	28(▼)
국제 공동 발명	15(신규)
이해당사자 간 협력	31(신규)
과학 논문 기재	18(신규)
특허 출원	3(신규)
R&D 부문 지출	2(신규)
연구기관 역량	11(신규)
구매자의 성숙도	2(-)
상표 수	23(신규)

자료 World Economic Forum Global Competitiveness Report 2018

글로벌 해법

간단한 생산함수(Y=f(K,L,A), K=자본, L=노동, A=총요소생산)는 함수 형태를 통해 알아보면 쉽게 이해된다. 생산함수의 적용 대상이 세계로 확대된 경우 외국인과 한국인, 외국 기업과 한국 기업, 외국 자본과 한국 자본이 잘 보완돼야 성장할 수 있다.

공공선
Pro Bono Publico

'공동의 이익을 위한 행동'이라는 의미로, 개인이나 집단의 이해보다 사회 전체의 이익을 우선하는 가치관을 말한다.

고위층에서 뇌물이다 떡값이다 해 부정부패가 발생하면 국민은 상대적인 박탈감과 허탈감에 휩싸여 각종 위기론을 낳게 하고 국민이 쉽게 공감하는 원인이 된다. 정책당국이 추진하는 정책에 대해 적극적으로 지원해주는 발상의 대전환도 필요하다. 갈수록 국민이 정부의 정책에 대해 무조건 냉소적인 반응을 보이는 것은 정책당국(국회의원 등 정치권의 책임이 크다)이 국민에게 신뢰감을 줄 수 있을 정도로 올바르게 국정을 운영하지 못한 측면이 많았기 때문이다.

하지만 정책당국이 아무리 좋은 정책을 추진하더라도 국민이 부응하지 않으면 또다시 정책을 내놓아야 하는 정책의 악순환만 되풀이될 가능성이 높다. 나 자신을 다소 희생한다는 인식을 전제로 정책 결정 과정에 있어서는 여론이 반영될 수 있도록 노력하는 동시에, 일단 정책이 추진되면 소기의 효과가 나타날 수 있도록 적극 후원해야 한다.

한국 경제 전망은 밝지 못하다. 앞으로 남은 2020년대 5년 동안 연평균 성장률은 3%대 초반을 기록했던 2010년대에 비해 1% 포인트 이상 크게 떨어진 1%대가 될 것으로 예상된다. 특히 한국 경제의 최대 장애요인으로 꼽히는 저출산·고령화 문제를 해결하지 않으면 0%대로 추락할 것으로 보는 예측 기관도 있어 주목된다.

최소한 잠재 수준 정도의 성장률을 유지하기 위해서는 제레미 시겔 펜실베이니아대 와튼 스쿨 교수가 세계는 하나인 시대에 성장전략으로 제시했던 '글로벌 해법(Global Solutions)'을 통해 인구 문제를 해결하고 친기업 정책으로 6차 산업 등에 대한 투자를 대폭 늘려야 한다. 각 분야에 걸쳐 개혁을 통해 기득권을 놓고 벌이는 가치와 이념 대결을 해소해 나가는 과제는 가장 중요하다.

모두 쉽지 않은 과제다. 현 정부는 많은 정책을 내놓기보다 정치권과 정책당국의 '마라도나 효과(축구 신동 마라도나에 대한 믿음이 강해 수비수가 미리 행동하면 다른 쪽에 공간이 생겨 골 넣기가 쉽다는 의미)'가 절실하다. 이를 바탕으로 정책 수용층이 '공공선(公共善, Pro Bono Publico)' 정신을 발휘한다면 각종 위기론을 해소할 수 있을 것으로 예상된다.

SECTION 2 | 2026 INDUSTRY TREND

2026 INDUSTRY TREND BIG 5

삼전과 하이닉스가 이끄는 코스피 반도체

반도체는 코스피 이익 성장의 엔진이다. 전례 없는 호황 사이클에 진입했으며, 메모리 공급 확대는 2028년부터 가능할 전망이다. 2026년 삼성전자와 SK하이닉스의 합산 영업이익은 156조원으로 전년 대비 89% 증가할 전망이다. 양사 합산 영업이익은 전년보다 74조원 증가해 2026년 코스피 전체 이익 성장을 견인할 것으로 보인다.

꿈을 넘어 실전으로 제약·바이오

국내 제약·바이오는 매년 FDA 승인을 기대할 수 있는 섹터로 변모 중이다. 머크·알테오젠의 키트루다SC FDA 승인과 10조원대 M&A 경쟁이 맞물리며 업계 전반의 기대감이 커지고 있다. 2026년엔 산업적으로 중요한 임상 결과도 다수 발표된다. 국내 제약 바이오는 더 이상 꿈에 의존하는 산업이 아니다. 저평가 기회 구간으로 판단하며 제약·바이오 섹터 비중 확대 의견을 유지한다.

유통
출생아 수와 유통의 주가 연관성

0.72

인구 감소 폭이 줄어든다는 점은 유통 산업과 섹터에 매우 긍정적이다. 출생아 수와 유통 섹터의 주가 연관성(2015년 1월~2025년 8월)은 0.72 수준. 혼인 건수와 출생아 수의 증가는 유통 기업의 실적 개선과 밸류에이션 회복에 중요한 요인 중 하나이다. 이러한 우호적인 환경 덕분에 오랜 기간 소외됐던 유통 섹터가 2026년 투자자의 관심을 받을 수 있을 것으로 전망한다.

정유·화학
열위에서 우위로

4년

2026년에는 제반 여건이 변화하며 석유화학 업황 회복의 완만한 회복을 기대할 수 있을 듯하다. 지난 4년간 고물가·고금리 때문에 위축됐던 수요의 개선 가능성이 보이기 시작했다. 경쟁국 대비 열위였던 한국 화학업체들의 원가경쟁력도 회복될 것이다. 한국 석유화학 업체는 삼중고를 탈피하고 상대적인 원가경쟁력 열위 국면을 탈피해나갈 가능성이 높다.

인터넷
AI 상용화가 불러올 포털의 가치

5%

AI 적용이 검색의 효용을 높여주면서 플랫폼 기업들의 체류시간 상승세가 나타날 전망이다. 특히 네이버의 총 체류시간은 전년 동기 대비 5% 이상 상승할 전망이다. 새롭게 등장하는 원화 스테이블코인 시장에서 인터넷 업체가 핵심 역할을 담당하게 될 예정이다. 유통 측면에서 압도적인 힘을 갖춘 네이버-업비트 컨소시엄이 원화 스테이블코인 시장의 과점 사업자가 될 가능성이 높다.

SECTION 2

01
반도체·전기전자

코스피 이익 성장의 엔진

반도체 슈퍼사이클 본격화··· DDR5 수익성 역전과 HBM4 시대의 개막
코스피 이익 성장의 70% 이상이 반도체에서 나와

반도체는 코스피 이익 성장의 엔진이다. 2026~2027년 D램 시장은 신규 생산능력(Capa) 확충 여력이 부족해 심각한 공급 부족에 직면할 것으로 예상된다. 의미 있는 D램 공급 증가는 삼성전자 평택 P5 공장과 용인 반도체 클러스터의 가동이 본격화되는 2028년부터 가능할 것으로 보인다. 특히 2028년 가동 예정인 126만 평 규모의 용인 반도체 클러스터는 현재 세계 최대 반도체 공장인 삼성전자 평택 캠퍼스(87만 평) 대비 약 1.4배 큰 규모로, 총 16GW의 전력이 필요할 것으로 추정된다. 이에 따라 초기 안정적인 가동을 위해서는 전력 인프라 확보가 관건이 될 전망이다.

한편 이번 반도체 사이클은 모바일 중심의 소비자(B2C) 수요와 AI·서버 중심의 기업(B2B) 수요가 동시에 확대되는, 과거에 없던 복합 호황 구간으로 판단된다. 이에 따라 반도체 업체들은 새로운 장기 성장 국면에 진입할 것으로 기대된다.

뒤바뀌는 수익성 판도

내년에는 범용 D램의 마진이 HBM을 추월하며 수익성이 역전될 전망이다. 2026년 DDR5의 수익성은 HBM3E를 상회할 것으로 예상되는데, 이는 서버 수요의 견조한 성장과 모바일 D램 탑재량 확대, 그리고 DDR5와 HBM3E 간 가격 격차 축소에 기인한다.

DDR5와 HBM3E의 가격 차이는 2025년 상반기 약 5배 수준에서 2026년 하반기에는 약 2배까지 줄어들 것으로 전망된다. 특히 글로벌 클라우드 서비스 제공 업체(CSP)들의 대규모 연산 지원 모델 도입이 확대되면서 2026년 서버당 평균 D램 탑재 용량은 전년 대비 15% 증가할 것으로 예상된다. 이에 따라 내년 서버 D램 수요는 전년 대비 20% 늘어나 생산 증가율을 크게 웃돌 것으로 추정된다.

2026년 삼성전자와 SK하이닉스의 합산 영업이익은 156조원으로 전년 대비 89% 증가할 전망이다. 양사 합산 영업이익은 전년보다 74조원 증가해 2026년 코스피 전체 이익 성장을 견인할 것으로 보인다. 삼성전자의 경우 D램 평균판매단가(ASP) 상승에 따른 수익성 개선과 파운드리 가동률 상승효과로 영업이익이 82조원(전년 대비 108% 증가)에 이를 것으로 예상된다. 이는 2018년(58조8000억원) 이후 8년 만에 최대 실적이다.

SK하이닉스는 고부가가치 HBM 출하 비중 확대와 서버용 D램·낸드(NAND) 출하 증가로 영업이익이 74조원(전년 대비 72% 증가)에 달할 것으로 보인다. 특히 2026년에는 HBM, D램, 낸드(NAND) 등 메모리 전 제품이 완판될 것으로 예상된다. 이에 따라 평균판매단가(ASP) 상승과 출하량 증가가 맞물리며 영업이익 증가율이 2025년 84%, 2026년 72% 수준으로 높은 성장세를 이어갈 전망이다. 또한 범용 D램 가격 상승으로 HBM과의 수익성 격차가 축소되고, HBM4 공급망이 다변화되는 상황에서도 향후 HBM 가격 협상력이 강화될 것으로 예상된다.

**반도체 최선호주:
삼성전자 "HBM4 선두권 진입 기대"**

2026년 삼성전자 반도체(DS) 부문 영업이익은 출하량과 가격이 동시에 상승하면서 전년 대비 3배 증가한 61조8000억

SAMSUNG
삼성전자 반도체(DS) 부문 2026년 예상 영업이익
61조 8000억원
역대 최대 실적

영업이익
82조원
(+108% YoY)

SK hynix
SK하이닉스 2026년 예상 영업이익
74조원
(+72% YoY)

LG이노텍
LG이노텍 AI 매출 비중
2025년 2%
↓
2030년 22%
5년간 17배 성장 전망

SECTION 2

01 반도체·전기전자

삼성전자 DS 부문 직원들이 경기 화성 반도체공장 클린룸에서 반도체 생산 장비를 점검하고 있다.

엔비디아의 차세대 GPU '루빈(Rubin)'에 탑재될 HBM4는 삼성전자가 경쟁사 대비 기술적 우위를 보일 것으로 예상된다.

원으로 추정된다. 이는 2018년 반도체 부문 영업이익(44조5000억원)을 넘어서는 최대 실적이다.

특히 2026년 삼성전자는 엔비디아(Nvidia)를 비롯한 글로벌 빅테크 기업들의 HBM3E와 HBM4 수요 급증, 그리고 범용 D램·낸드의 공급 초과 상황으로 사실상 전 제품이 '솔드아웃(Sold Out)' 상태다.

엔비디아의 차세대 GPU '루빈(Rubin)'에 탑재될 HBM4는 삼성전자가 경쟁사 대비 기술적 우위를 보일 것으로 예상된다.

삼성전자는 이미 엔비디아에 HBM4 샘플을 제출해 재설계 없이 양산이 가능할 것으로 보이며, 이는 엔비디아가 요구하는 스펙 상향과 물량 확대를 모두 충족할 수 있는 구조이다.

2026년 삼성전자 HBM 출하량은 HBM3E와 HBM4 물량 증가로 전년 대비 2.5배 확대될 전망이다.

이에 따라 2026년 삼성전자 실적은 매출액 376조원(전년 대비 15% 증가), 영업이익 82조원(전년 대비 108% 증가, 영업이익률 21.8%)으로 예상돼 2018년 대비 40% 이상 높은 사상 최대 실적을 기록할 것으로 전망된다. 삼성전자는 반도체 슈퍼 사이클의 최대 수혜주로 꼽힌다.

전기전자 최선호주: LG이노텍 "AI 매출 성장 가속화"

KB증권은 LG이노텍 목표주가를 30만원으로 제시하며 매수 의견을 유지했다. 전기·전자 업종 내 최선호주로 꼽는다.
① 기판소재 사업은 반도체 기판 및 AI 기판 출하 확대에 힘입어 향후 5년간 수익성 개선 국면에 진입할 것으로 예상된다.
② 신사업인 인공지능(AI) 관련 부문(휴머노이드 로봇, 자율주행 솔루션, AI 기판 등)은 2025년 전체 매출의 2%에서 2030년 22%까지 비중이 확대될 전망이

다. 이로 인해 AI 매출 증가가 밸류에이션 상승으로 이어질 가능성이 높다.

기존 주력 사업인 광학솔루션 부문 역시 2027년까지 북미 전략 고객의 모바일 카메라 업그레이드에 따른 판가 상승과 출하 증가로 실적 개선세를 유지할 것으로 보인다.

2026년 LG이노텍 매출은 23조1000억원(전년 대비 6% 증가), 영업이익은 8184억원(전년 대비 22% 증가)으로 추정된다. 이는 2021년 이후 5년 만에 본격적인 실적 개선 국면에 진입함을 의미한다.

LG이노텍의 AI 신사업 매출은 2025년 4000억원에서 2030년 7조원까지 17배 이상 증가할 것으로 예상된다. 이에 따라 AI 매출 비중은 올해 2%에서 2030년 22%로 확대돼 전체 매출의 5분의 1을 넘을 전망이다.

기판소재 부문 매출 역시 2024년 9000억원에서 2030년 1조8000억원으로 2배 성장할 것으로 예상된다.

휴머노이드 로봇 카메라 매출은 2025년 51억원에서 2026년 540억원으로 10배 이상 급증할 것으로 보인다.

특히 AI 기판 기업들의 평균 시가총액이 약 10조원인 반면, LG이노텍의 시가총액은 약 5조원으로 절반 수준에 불과하다. 이에 따라 AI 매출 확대로 인한 기업가치 재평가가 예상된다.

최근 미국의 피지컬 AI(휴머노이드 로봇, 자율주행) 기업들이 미·중 기술 패권 경쟁 속 보안 이슈로 인해 중국 중심의 카메라 모듈 공급망을 재편하는 움직임을 보이고 있어, LG이노텍은 이에 따른 반사이익이 기대된다.

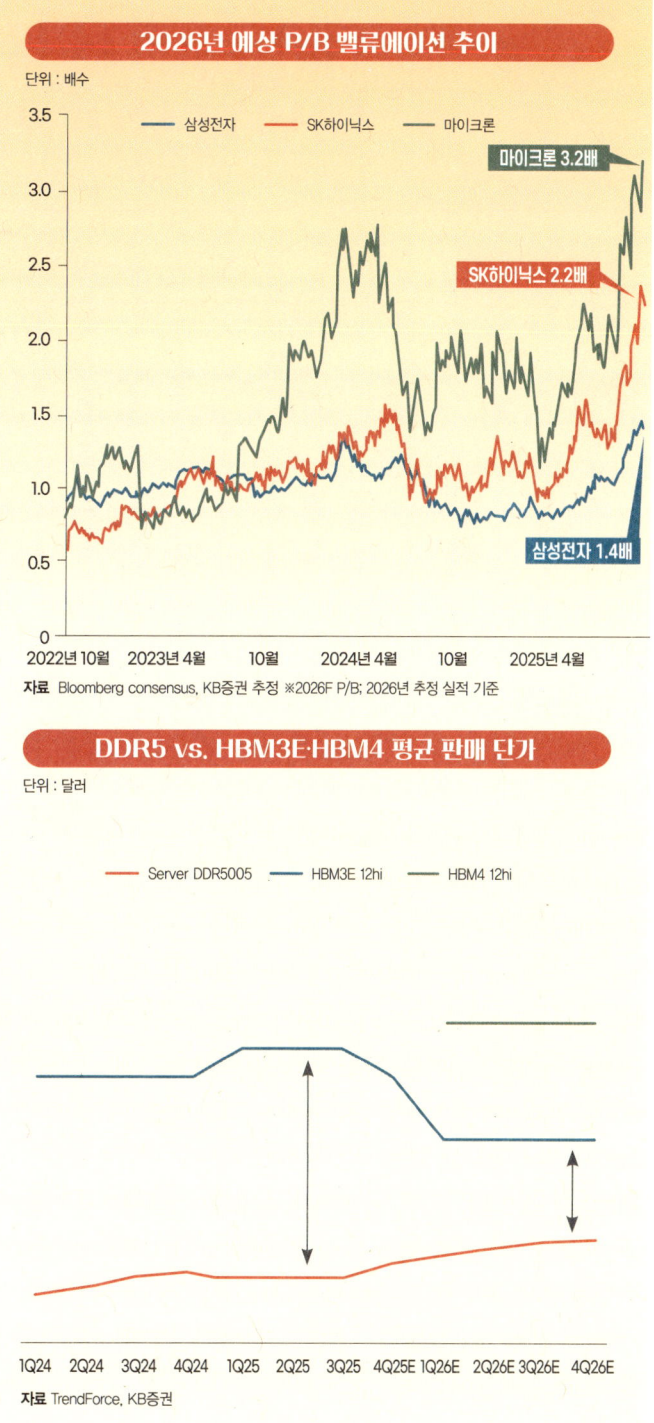

SECTION 2

02 2차전지

데이터에서 배터리까지, 안보자산의 확장

데이터센터 확산이 불러온 새로운 전략 자원
배터리, 전력, 데이터가 패권의 삼각축으로 떠올라

미국이 국방부의 명칭을 전쟁부로 교체했다. JP모건은 국가 안보를 위한 산업에 10년간 1조 5000억 달러 투자를 발표했다.

패권 경쟁 속 '안보자산'의 재정의

트럼프 행정부는 소련 해체 이후 30년간 이어진 미국 주도의 단극(Unipolar)체제를 '비정상'으로 규정하고, 중국, 러시아 등과 경쟁하는 다극(Multipolar)체제로의 전환을 준비하고 있다.

단극체제에서 다극체제로의 패권 구도 전환, 그리고 패권 경쟁 시대에 돌입하며 '안보자산(National Security Asset)'의 중요성이 크게 부각되고 있다. 안보자산이란 '통제 여부에 따라 패권국의 지위가 결정되는 자산', '국가 공동체의 번영을 지키기 위해 비용을 치르더라도 확보해야 하는 핵심자원'으로 정의된다. 산업혁명 이후 지난 200여 년간 일상생활을 영위하고 전쟁을 수행하는 데 핵심 역할을 해온 석탄과 석유가 대표적이다. 그리고 이제는 같은 목적, 즉 일상생활 영위와 전쟁 수행을 위해 데이터의 역할이 매우 중요해졌다. 국가 안보를 사명으로 삼아 설립된 팔란티어는 데이터가 안보자산화됐음을 상징하는 대표적 사례다. 안보 관점에서 데이터가 중요해지고 패권 경쟁이 데이터센터 확보 경쟁으로 치환되는 가운데, 데이터센터 수요 증가 과정에서 배터리 역시 안보자산으로서의 지위를 획득해가고 있다.

배터리, 친환경을 넘어 안보의 영역으로

데이터센터 설치 증가로 인한 배터리 수요 연결 논리는 두 가지를 통해 도출된다. 첫째, 전력망 부족이다. AI 데이터센터 확산으로 인한 전력 부족이 심각해지면서 기초공사 시작부터 전력 공급까지의 건설 기간이 짧은 재생에너지 설치 수요가 증가하고 있다. 태양광 등 재생에너지의 안정적 발전을 위해서는 ESS 배터리가 필수적이므로, 결과적으로 안보자산으로서의 데이터센터 확장 과정에서 배터리 역시 전략물자로서 다뤄지고 있는 상황이다.

둘째, 데이터센터 서버랙의 부하 증가다. GPU 서버랙 전력이 기존 10kW 급에서 1MW(1000kW) 급으로 증가하며, 수천 개의 GPU가 밀리초 단위로 변동할 때의 부담이 커지고 있다. GPU 부하가 매 순간 30%에서 100% 수준을 오고 가면서 전력망에 미치는 부담이 커지게 되고, 이러한 부하를 조정하기 위해 에너지 저장 수요가 새롭게 창출되고 있다.

이처럼 배터리가 단순히 전기차를 위한 에너지 저장 물질이 아니라, 데이터센터 구동을 위한 안보자산으로 다뤄지게 되면서 배터리 공급망 교란 및 내재화 전략이 동시에 구사될 것으로 판단한다. 중국은 배터리·흑연·양극 등에 대한 수출 통제를 지속 강화해나갈 전망이다. 미국을 중심으로 한 서구 진영은 자유주의 진영 내 국가들 간의 프렌드쇼어링을 통해 공급망 동맹을 구축할 것으로 판단한다. 특히 LFP 중심의 ESS는 중국 의존도가 높아 공급망 리스크가 매우 크기 때문에 원재료-전구체-흑연까지 추적·인증을 포함한 안보형 공급망 구축이 요구된다. 미국을 중심으로 한 자유주의 진영의 자원·안보 동맹은 '데이터—전력—배터리' 삼각축을 중심으로 재편되고, 한국 배터리 산업은 한미군사동맹에 기반해 향후 구조적인

ESS
Energy Storage System

생산된 전력을 저장했다가 필요할 때 공급하는 에너지 저장 시스템으로, 전력계통의 효율성과 신뢰성을 높이는 핵심 기술이다. 데이터센터 및 재생에너지용 배터리로 수요가 확대되고 있다.

GPU 서버랙 전력 증가폭

10kW → 1MW

100배 증가

프렌드 쇼어링
Friend-Shoring

미국에서 생산 시설을 운영하기 어려운 기업이 우방국(Friend)을 생산기지로 낙점하고 이전하는 것. 가까운(Near) 우방국인 경우엔 니어쇼어링(Near-shoring)이라고 표현하기도 한다.

SECTION 2 　 02 2차전지

삼성SDI ESS 메가팩.

국가 안보를 사명으로 삼아 설립된 팔란티어는 데이터가 안보자산화됐음을 상징하는 대표적 사례다.

기회가 확대될 것으로 전망된다.

결론적으로, 데이터가 안보자산이 된 시대를 맞이해 이를 저장·연산·가동하는 전력 인프라와 ESS 배터리까지 안보자산으로 다뤄지고 있다. 패권 경쟁의 장기화, 전력망 병목, DC 부하 고도화, DC 백본화 등의 추세가 ESS의 상시·대용량·장주기화를 견인하고 있다. 배터리의 수요 성장 논리는 과거의 친환경 담론을 넘어서고 있다. 미·중 간 패권 경쟁 속 각자의 정치 경제적 이익 추구 행위가 ESS 배터리의 구조적 성장을 담보하고 있다. 한국 ESS 배터리산업의 기회 요인은 지속적으로 확대될 전망이다.

이제 배터리산업이 탈탄소, 지구온난화 해소와 같은 당위적 논리가 아니라 패권 경쟁에서 파생된 이익 추구 논리에 기초하게 되었다는 점에서 중요한 변곡점에 진입했다. 환경보호라는 우아한 위선이 아니라 이익 추구라는 정직한 야만에 기초하기에 ESS 배터리 산업의 향후 성장성은 확고하다고 판단한다. 제이미 다이먼의 국가 안보 관련 투자 발표에 에너지 저장 기술이 포함된 것, 녹색 사기(Green Scam)를 주장하는 트럼프 행정부가 리튬 투자에 나선 것은 이러한 흐름에 기초한다. 데이터라는 안보자산 확보를 위해 ESS 배터리 역시 안보자산화됐다. 이미 미국은 배터리를 에너지 안보 관점에서 다루기 시작했다. 중국은 배터리 공급망 교란 전략을, 미국은 자유주의 진영 및 동맹국들을 중심으로 한 프렌드쇼어링을 강화할 것이다.

미국의 군사동맹국 중 미국 내 ESS LFP 배터리 생산 기업을 보유한 국가는 한국이 유일하다. 실제 관세 및 각종 보조금 정책을 통해 한국 기업들의 미국 ESS 점유율이 크게 상승하고 있다. 여기에 미국의 제조업 리쇼어링 기조를 상징하는 AMPC(생산보조금)는, 오바마의 IRA가 트럼프의 OBB로 대체되는 과정에서도 생존하며 한국 셀 메이커들의 수익성을 크게 높여줄 것으로 판단한다. 자율주행 전기차가 본격화되기 전까지 안정적인 현금 창출원을 확보했다는 점에서 최선호주로 LG에너지솔루션을 유지한다.

LG에너지솔루션, 미국 ESS 호황 수혜 본격화

LG에너지솔루션은 현재 미국 내에서 유일하게 LFP(리튬인산철) ESS 배터리를 현지 생산하는 기업이다. 이를 기반으로 최근 테슬라로부터 연평균 15GWh 규모의 물량을 수주했으며, 향후 추가 수주 가능성도 남아 있다. 현재 전기차 배터리 부문에서는 연간 약 8000억원 수준의 적자가 발생하고 있는 것으로 추정되지만, ESS 부문에서 2026년 이후 연간 2조원 이상의 이익이 발생할 것으로 예상되어 전기차 부문의 부진을 충분히 상쇄할 전망이다.

이익 정상화와 함께 설비투자(CAPEX)가 대폭 축소되면서 잉여현금흐름(Free Cash Flow)은 2026년부터 플러스로 전환될 것으로 보인다.

ESS 매출 비중은 2024년 10% 초반에서 2026~2027년 약 30% 수준으로 상승할 전망이며, 생산보조금(AMPC)을 포함할 경우 이익 비중은 50%까지 확대될 것으로 예상된다.

바이든 행정부의 인플레이션 감축법(IRA)이 트럼프 행정부의 OBB 정책으로 대체되는 과정에서도 AMPC는 유일하게 수정 없이 유지되었다. 이는 미국의 제조업 재육성 기조가 확고하다는 점을 보여주며, 향후에도 지속될 가능성이 높다.

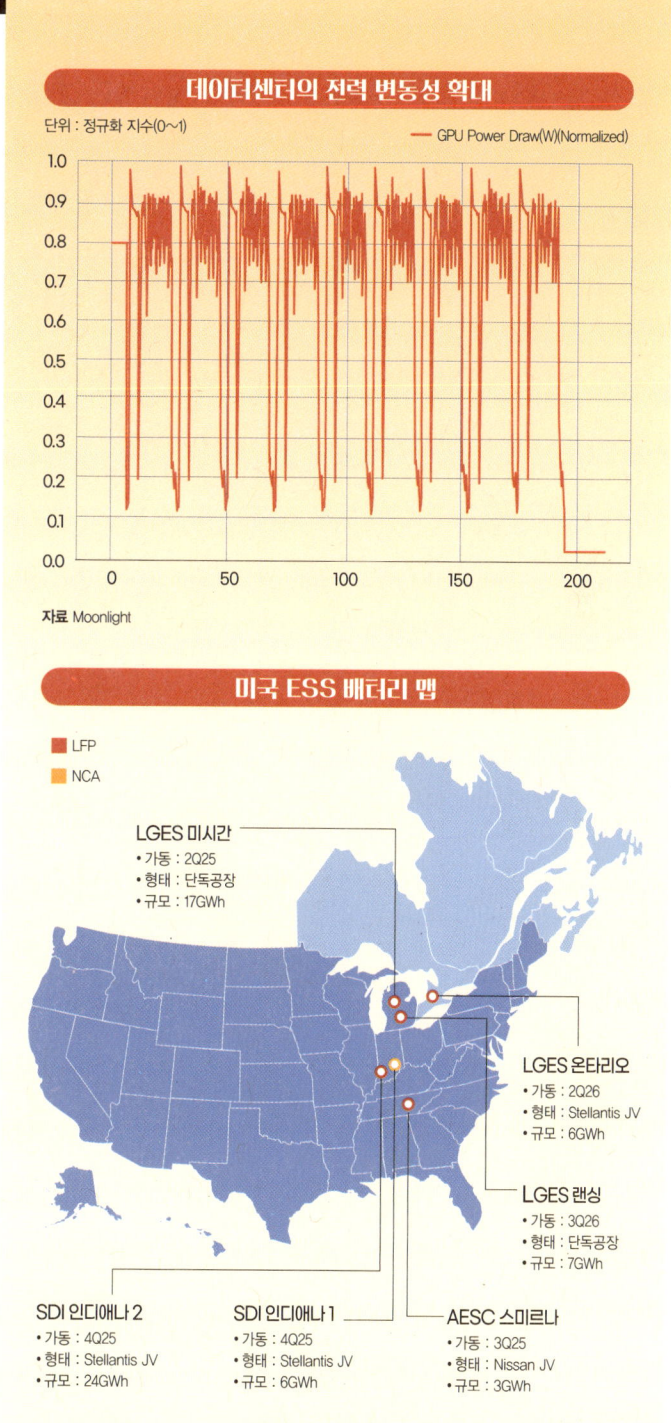

SECTION 2

03 통신

2026년 통신 3사 영업이익 3% 성장에 그칠 듯

단기 실적은 정체, 장기 성장 열쇠는 'AI·양자암호통신'
요금 인상 대신 기술 내재화로 새 수익원 찾는다

2026년 국내 통신사 매출액 전망은 밝지 않다. 5G 순증 가입자 수, 휴대폰 가입자 5G 보급률, 트래픽 동향, 요금제 채택 동향을 감안하면 그렇다.

수익 성장 둔화, 마케팅 완화로 방어

주력인 이동전화 매출액은 전년 대비 1% 성장이 예상된다. 그나마 SKT 8월 통신비 50% 감면에 따른 기저효과 때문이며 이를 제외하면 사실상 0%대 성장이 예상된다. 투자가들의 기대가 큰 유선 부문도 크게 다르지 않다. 2026년에도 클라우드·AIDC, 기업 부문을 중심으로 완만한 매출 증가 추세가 이어질 전망이다. 그러나 초고속 인터넷·IPTV 가입자 증가세가 주춤한 가운데 OTT와의 경쟁 심화로 ARPU 정체가 불가피해 보인다. 매출 증가 추세는 이어지겠지만 성장률 하락이 예상되며 매출 비중도 크지 않다. 금액적인 측면에서 유의미한 매출 증가를 기대하긴 어려울 전망이다.

다행히 영업비용 역시 2026년에는 정체가 예상된다. 2026년 통신 3사 연간 마케팅 비용 합계는 2025년 대비 3% 증가에 그칠 전망이다. 2025년 대비 특별히 사업자 간 마케팅 경쟁 강도가 높지 않을 것으로 판단되기 때문이다. 물론 2025년 2분기 높아진 마케팅 경쟁 강도 및 SAC 수준은 2026년 통신사 마케팅 비용이 감소하지 못하게 만들 것이다. IFRS 15 마케팅 비용 회계 처리 방식을 보면 높아진 보조금이 향후 8개 분기에 안분 처리되기 때문이다.

하지만 이미 높아진 가입자 유치비용이 유지되는 수준이지 추가적인 증가를 이끌 가능성은 낮다. 2025년의 경우 SKT 영업정지로 KT·LG U+의 가입자 유치 강도가 높게 진행된 바 있지만 2026년은 가을까지 사실상 마케팅 비용 증가 이슈가 없어서 그렇다.

투자·비용 구조 안정화에도 매출 성장 한계

감가상각비 증가 부담도 없다. LTE 주파수 재할당 및 5G 신규 주파수 경매가 2026년 여름에나 이뤄질 것이며 실제 투자는 연말에나 개시될 전망이기 때문이다. 최근의 감가상각비 증가 추세가 이어질 전망이나 2026년 통신 3사 CapEx 합계는 2025년 대비 9% 증가한 7조6000억원에 그칠 것으로 판단된다.

2026년엔 인건비 및 제반 경비 역시 정체가 예상된다. 통신 3사 모두 희망퇴직이 진행된 데다가 물가상승률이 둔화되고 있기 때문이다. 대규모 인원 감축이 있었던 KT 인건비 감소 흐름이 지속되는 가운데 SKT와 LG U+ 역시 인건비 정체 양상이 예상된다. 더불어 인원 축소로 제반 경비 정체 흐름이 지속되는 가운데 물가상승 폭 둔화 양상이 뚜렷해지고 있다. 제반 경비 정체 양상이 2026년에 이어질 것이란 판단이다.

결국 2026년 통신 3사 연결 영업이익 합계는 전년 대비 8% 증가한 5조2218억원이 예상된다. 앞서 언급한 서비스 매출액, 마케팅 비용, 유·무형 감가상각비, 인건비, 제반 경비 추정치를 감안할 때 그렇다. 2025년 연결 영업이익 추정치가 KT의 해킹 관련 비용 반영 전 기준이므로 3사 합산 기준으론 최소 8% 이상의 이익 성장이 유력해 보인다.

2025년과는 반대로 2026년엔 통신사 일

ARPU
Average Revenue Per User

가입자 1인당 평균 매출액을 의미한다. 방송 또는 통신서비스 가입자 1인당 매출액으로 통신사업자의 영업실적 판단 기준으로 활용한다.

3%
2026년 통신 3사 연간 마케팅 비용 증가율

SAC
Subscriber Acquisition Cost

가입자 1인당 확보 비용으로 신규 가입자를 확보하기 위해 통신사가 부담하는 평균 비용을 뜻한다.

SECTION 2
03 통신

LG전자가 5G 특화망 솔루션을 시험 운영한 미국 테네시 공장 전경

> 통신사들은 이제 장기 이익 성장을 위해 AI와 양자암호통신을 활용해 요금제를 개편하고 매출 증가를 시도할 가능성이 높아 보인다.

회성 비용 감소 효과가 크지 않을 전망이다. 2026년 SKT와 LG U+의 일회성 비용 감소 효과가 각각 6700억원과 1600억원에 달할 전망이지만 KT의 일회성 이익 감소 효과 역시 6000억원에 달할 것으로 판단되기 때문이다. KT 해킹 관련 비용이 없다고 가정 시 대략 2300억원에 달하는 이익 증가 효과가 예상된다. 따라서 일회성 손익 반영 효과를 제거한다면 2026년 통신 3사 연결 영업이익은 전년 대비 3% 증가에 그칠 전망이다.

AI와 양자암호가 장기 이익 성장 이끌어

결국 통신사들은 이제 장기 이익 성장을 위해 AI와 양자암호통신을 활용해 요금제를 개편하고 매출 증가를 시도할 가능성이 높아 보인다. 아마도 차세대 네트워크에 AI와 양자암호통신이 탑재된 형태가 될 터인데 속도 향상을 위한 신규 주파수 투자에 돈을 쓰는 대신 요금을 인상하는 형태가 될 것이 유력하다.

AI와 양자암호통신까지 합쳐졌으니 빨라진 속도와 네트워크 품질을 감안하면 소비자들의 요금 인상에 대한 반감은 크지 않을 것이다. 규제 기관은 CapEx 증가에 따른 보상으로 요금 인상을 용인할 가능성이 높다.

현재 AI 서비스를 단독 서비스로 유료화하거나 일부 프리미엄 요금제 형태로 개발하는 것이 쉽지 않은 상황이다. 따라서 서서히 AI를 IoT·5G Advanced와 연계해 서비스하는 방식이 시도될 가능성이 높다. 가입자 모집뿐만 아니라 서비스 활성화 측면에서도 유리하기 때문이다. 디바이스 확산과 트래픽 증가 측면에서 시너지가 발생할 수 있어 긍정적이다. 결국 AI로 인한 트래픽 증가는 통신사 5G Advanced·6G 조기 도입을 촉진할 것이다. 동시에 통신사들은 트래픽 증가를 유발하기 위해 AI 서비스를 육성할 가능성이 높다. 현재

AI만큼 트래픽 증가에 탁월한 서비스가 없기 때문이다. AI는 통신사 트래픽을 증가시키는 역할을 수행하는 동시에 통신사 매출 정체를 타파할 주체가 될 가능성이 높다는 판단이다.

양자암호통신 역시 차세대 네트워크 서비스에 탑재될 가능성이 높다. 결합 요금제 형태라기보단 프리미엄 서비스로 기본 탑재될 가능성이 높아 보인다. 이미 국내 통신 3사는 양자암호통신에 대한 준비를 철저히 진행 중이다. SKT는 퀀텀팀을 중심으로 전용회선에서의 양자암호통신 채택은 물론 삼성전자 휴대폰에 양자암호통신 칩을 내장했다. KT는 양자암호통신 전송 거리 확장 및 무선 서비스 구현 확장에 본격적이다. 현재 네트워크상에서도 차별화 포인트가 될 수 있지만 향후 5G·6G에서의 양자암호통신의 역할에 큰 의미를 두고 있는 것으로 해석된다. 양자암호통신을 장착한 5G·6G 서비스가 사업 확장에 나선다면 IoT·블록체인을 중심으로 큰 파장을 일으킬 공산이 크다. B2B에선 전용회선, B2C의 경우 5G·6G가 크게 주목받을 전망이다. 당연히 5G·6G 과금제 변경이 이슈화될 것이다.

한편, SK텔레콤은 전략상 새로운 경영진이 2026년 밸류업 정책을 발표하고 1분기 DPS가 공시될 2026년 4월까지는 보수적인 투자 자세를 견지할 것을 권고한다. 2025년 실적이 부진함에 따른 상대적 2026년 호실적이 예상되며, 2025년 일시적 배당 감소 후 2026년 배당금 재상승이 기대되지만 투자가들의 신뢰를 회복하는 데 생각보다 많은 시간이 소요될 가능성이 높기 때문이다.

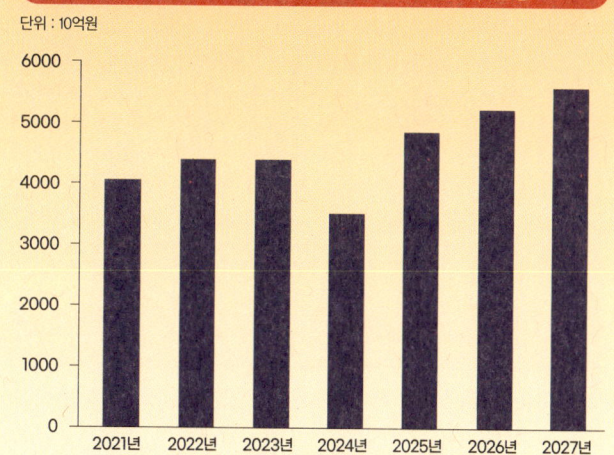

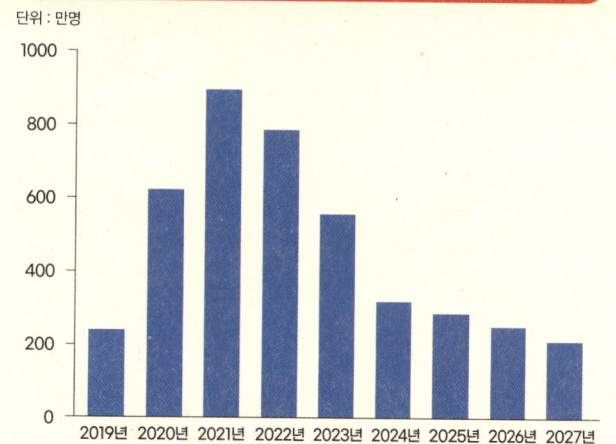

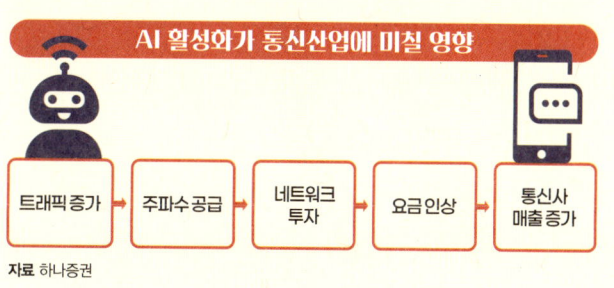

SECTION 2

04
인터넷·게임

AI와 스테이블코인이 여는 인터넷·게임의 제2막

인터넷·게임… 신사업 등장 가능성에 주목
AI와 스테이블코인이 바꾸는 플랫폼 생태계

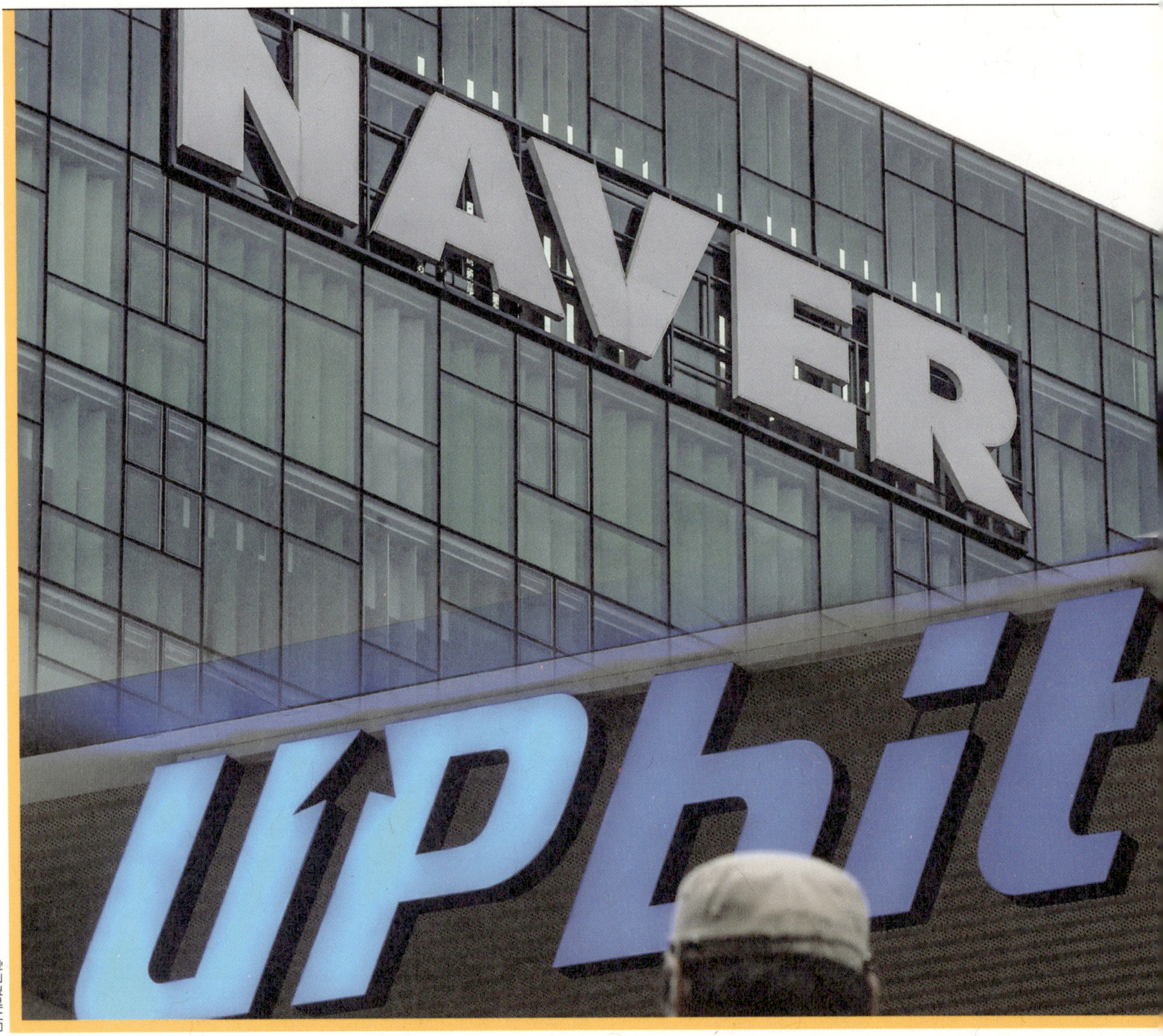

AI와 스테이블코인이 기존 플랫폼의 성장 한계를 넘어섰다. 기술 융합이 인터넷·게임 산업의 체류시간과 수익모델을 새롭게 재편하고 있다.

AI 상용화가 불러오는 변화

AI 적용이 검색의 효용을 높여주면서 플랫폼 기업들의 체류시간 상승세가 나타날 전망이다. 네이버는 AI 브리핑 도입 이후 트래픽 전반에서 가파른 상승 흐름이 이어지고 있다. 플레이스 영역은 리뷰를 요약해주는 AI 브리핑 도입 이후 더 보기 탭 클릭률이 2배 넘게 상승했다. 네이버 지도의 총 체류시간도 전년 대비 2배 수준까지 상승했다. AI 브리핑 비중이 2026년 과반 수준까지 올라올 것으로 예상하며, 네이버 총 체류시간은 전년 동기 대비 5% 이상 상승할 전망이다.

카카오는 챗GPT의 도입과 자체 AI 에이전트 상용화에 따른 체류시간 반등이 예상된다. 국내에는 챗GPT를 사용하지 않고 있는 3000만 명의 유저가 존재한다. 카카오톡 내 챗GPT를 통해 생성형 AI 서비스를 처음 접하는 사람의 경우 카카오톡 내에서 유료 구독자로 전환될 가능성이 높다고 판단한다. 자체 AI 에이전트의 출시도 카카오톡 체류시간 증대에 긍정적인 영향을 줄 것이다. 2026년 카카오톡 체류시간은 전년 동기 대비 10% 수준의 반등이 예상된다.

원화 스테이블코인 사업의 등장

새롭게 등장하는 원화 스테이블코인 시장에서 인터넷 업체가 핵심 역할을 담당하게 될 예정이다. 유통 측면에서 압도적인 힘을 갖춘 네이버-업비트 컨소시엄이 원화 스테이블코인 시장의 과점 사업자가 될 가능성이 높다. 스테이블코인 법안이 입안된 이후 컨소시엄들의 2026년 이후 원화 스테이블코인 발행 계획에 대한 구체적인 발표가 있을 것이다.

NAVER-업비트 스테이블코인 사업은 2030년에는 3000억원, 2035년에는 1조원 규모의 수익 창출이 가능한 사업으로 성장할 전망이다. 발행된 스테이블코인에 대응하는 준비자산을 국채·MMF 등 안전자산에 투자해 얻는 리저브 운용 수익이 메인 비즈니스 모델이 될 것이다. 발행된 원화 스테이블코인의 회전율이 상승할 경우 결제·정산 과정에서 발생하는 수수료 수익과 발행 및 환매 과정에서 발생하는 수수료 수익도 유의미한 규모가 될 수 있다.

경쟁이 격화되는 게임 시장

게임산업의 성장세 둔화가 관찰되고 있으며 2026년에도 전년 동기 대비 성장률은 3%대에 그칠 것으로 예상한다. 2021년 이후 숏폼이 본격적으로 유행하면서 게임과 동영상 플랫폼과의 경쟁이 격화되고 있다. 도파민을 추구하는 행태가 심화됨에 따라 하드코어 게임에 대한 유저 이탈이 이어지고 있는 것으로 추정된다. 산업 성장 둔화 속에서 중국 게임사와의 경쟁은 격화되고 있다.

다만 2026년 앱 수수료 인하가 현실화될 경우에는 업황 반전이 가능할 전망이다. 앱 수수료가 현재 30%에서 17% 수준까지 감소할 경우 공헌이익률 증대에 따른 게임사들의 즉각적인 수익성 개선이 이어질 것

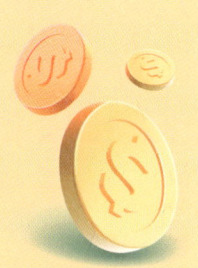

스테이블코인
Stablecoin

가격 변동성을 최소화하도록 설계된 암호화폐. 주로 미국 달러나 유로화 등 법정 화폐와 1 대 1로 가치가 고정돼 있는데, 보통 1코인이 1달러의 가치를 갖도록 설계된다. 일부는 금과 같은 실물 자산이나 다른 암호화폐에 연동되기도 한다.

NAVER UPbit

네이버-업비트 원화 스테이블코인 수익 전망

2030년 약 3000억원

2035년 약 1조원

앱 수수료 인하 시나리오

30%(현재) → 17% 인하 시
국내 주요 게임사 영업이익률
평균 +7%p 상승

SECTION 2　04 인터넷·게임

2026년 넷마블 기대작 '일곱 개의 대죄: Origin'.

게임산업의 성장세 둔화가 관찰되고 있으며 전년 동기 대비 성장률은 3%대에 그칠 것으로 예상한다.

으로 보인다. 국내 주요 게임사들의 영업이익률은 평균 7%p 상승할 전망이다. 특히 모바일 비중이 높은 게임사의 개선 폭이 클 것이다.

신성장 스토리가 기대되는 NAVER

네이버는 스테이블코인 시장 고속 성장에 따른 수혜가 예상된다. 스테이블코인 결제 비중 확대에 따른 네이버 파이낸셜의 지급수수료 절감액은 30년 1500억원 수준에 달할 전망이다. 지급수수료 매출액 대비 비중은 현재 54%에서 30년 50% 미만으로 하락할 것이다. 현재 TPV의 1.2%가 지급수수료로 빠져나가고 있으나 이는 30년 0.95%까지 감소할 전망이다.

웹툰 부문은 다시금 글로벌 성장 동력이 되어줄 전망이다. 1) 디즈니 작품 공급과 2) 신규 플랫폼 출시로 글로벌 성장세가 가속화될 것이다. 애니까지 즐길 수 있는 종합 콘텐츠 플랫폼으로 변모할 경우 구독 비즈니스 모델을 통한 이용 수요가 높아질 것이다. 구독 침투율 15% 수준만 가정해도 현재 매출의 두 배 수준이 예상된다. 구독 플랫폼으로 변모할 시 광고가 핵심 비즈니스 모델로 등장한다. 네이버 웹툰의 글로벌 총 체류시간은 국내 NAVER 총 체류시간에 필적하나 분기 광고 매출 규모는 5% 수준에 불과하다. 광고 단가 상승에 따른 폭발적인 성장 잠재력이 존재한다.

2025년 11월 기준으로 광고, 커머스, 콘텐츠 부문 호조를 반영해 2026년 실적 전망을 조정하면서 목표주가를 기존 34만원에서 40만원으로 18% 상향한다. 인터넷 업종 내 톱픽 의견을 유지하며 강력한 매수시점으로 추천한다. 2026년 예상 P/E 19배 수준으로 밸류에이션 매력도 역시 높은 상황이다.

두나무 합병 양상이 단기 업사이드를 결정 지을 것이다. 추가적인 현금이나 자사주 투입 없이 딜이 진행될 경우 멀티플 리레이팅이 일어나긴 어려울 것이나 2026년 주당순이익(EPS) 증가가 9월 이후 주가 상승을 정당화할 수 있다. 또한 추가적인 재원 활용을 통해 50% 이상의 지분을 확보하는 방식으로 전개될 경우 P/E 멀티플은 30배 수준까지 리레이팅, 2026년 EPS는 20% 이상 상승이 가능할 전망이다.

2026년에도 성장을 이어갈 넷마블

넷마블은 2026년에도 견조한 톱라인 성장이 예상되며 다변화된 장르에서 입증하고 있는 개발력은 동사의 리레이팅으로 이어질 전망이다. 2024년 이후 동사가 출시한 대부분의 작품에서 시장 기대치를 뛰어넘는 흥행 성과를 입증하고 있다. 2022년 이후 가장 큰 기대작인 '일곱 개의 대죄: Origin'은 1월 출시될 예정이며 2026년 3000억원 이상의 매출 기여가 가능할 전망이다. '일곱 개의 대죄: Origin' 외에도 5종 이상의 신작이 2026년 출시될 것으로 예상한다.

비용 구조에서도 지속적으로 개선되고 있는 점이 긍정적이다. 세븐나이츠 등 자체 IP 게임의 흥행으로 인해 IP 지급수수료 부담이 감소하고 있다. 또한 자체 PC 런처를 도입한 멀티플랫폼 게임 비중이 늘어남에 따라 앱 수수료 부담이 감소하고 있다. 30%에 달하는 앱 수수료와 달리 자체 런처를 이용할 경우 수수료는 10% 미만에 불과하다. 또한 동사는 앱 수수료 인하 시나리오가 현실화될 경우에도 국내에서 가장 큰 수혜가 예상되는 게임사이기도 하다. 동사는 모바일 게임 매출 비중이 90% 이상으로 압도적인 회사이기 때문이다.

국내 스테이블코인 시장 규모

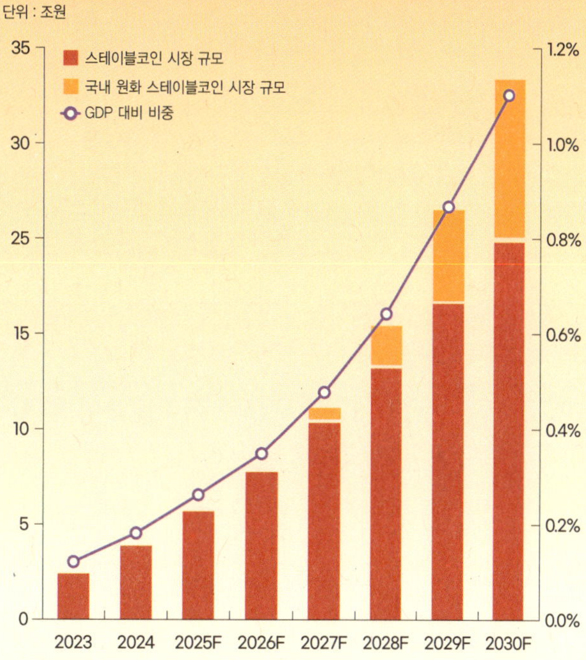

단위: 조원

자료: 미래에셋증권 리서치센터

네이버 파이낸셜 스테이블코인 도입에 따른 지급수수료 절감액 전망

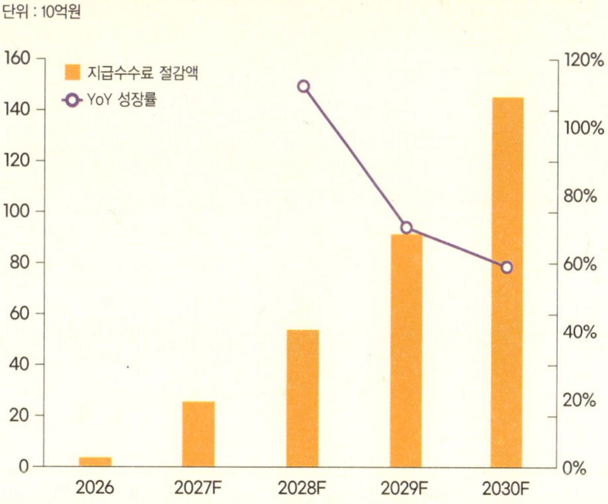

단위: 10억원

자료: 미래에셋증권 리서치센터

SECTION 2

05 엔터테인먼트·미디어

트리토노믹스에 따른 안정적 수요

트리토노믹스가 견인하는 감정 소비 시대…
고비용 보상 구조의 중심, 하이브로 수익 모멘텀 집중

2026년 역시 미디어·엔터 산업은 견조한 수요 기반의 안정적 성장세를 이어갈 것으로 기대된다. 견조한 수요를 뒷받침하는 것은 '트리토노믹스(Treatonomics)' 트렌드다.

트리토노믹스 기반 소비 확산

최근 경기 불확실성의 장기화로 2030세대의 소비가 단순 지출에서 감정 보상의 형태로 전환되고 있다. 이를 트리토노믹스라 한다. 미디어·엔터 산업의 주요 상품이 바로 이러한 감정적 보상을 제공하기 때문에 해당 트렌드의 핵심 수혜 영역이 될 것으로 판단한다.

다만 동일한 트리토노믹스 기반 소비라도 추구하는 보상의 강도에 따라 수반되는 비용도 상이하다. 확실하고 즉각적인 만족이 보장되는 보상은 고비용이 수반된다. 엔터 산업이 이에 해당한다. 개별 소비자의 부담 비용은 크지만, 그만큼 다양한 감정적 보상이 따라오기에 가격 저항이 낮다. 가격 확대에 따른 외형 성장 여지도 존재한다.

결국 트리토노믹스 트렌드로 미디어·엔터 산업 전반이 안정적 수요를 이어갈 것으로 보이는 가운데, 고비용 보상 구조를 갖춘 엔터 산업의 경우 가격 상승에 따른 수익성 확대 효과까지 기대해볼 만하다. 게다가 최근 시장 확대 기조 역시 지속되고 있어 추가 성장 여력 역시 유효한 구간이다. 이에 2026년 미디어·엔터 섹터 내 최선호 업종을 엔터 산업으로 유지한다. 그 중에서도 공연 및 MD 중심 규모의 경제가 두드러지고, 현지화 아티스트 중심 TAM(잠재시장) 확장세가 두드러질 하이브를 업종 내 톱픽으로 유지한다.

MD·공연: 고비용 보상에 규모를 더하다.

K-팝 MD는 트리토노믹스형 물질 소비의 대표 사례다. 소비의 목적이 필요가 아니라 수집이며, 감정적 만족이 구매의 핵심 유인이다. 최근 K-팝 MD의 경우 1만원대 포토카드에서 3만원대 인형 키링, 10만원대 후드 집업까지 가격대가 다층화되고 품목 구성 역시 세분화되고 있다.

팝업스토어 전개 지역이 국내에서 중국·일본 등 아시아 주요 국가로 확장되며 지역별 한정 품목도 증가하고 있다. 이러한 SKU 확대와 가격대 다양화, 판매처 확충이 2025년 MD 매출의 강한 성장세를 견인했다.

2026년에도 K-팝 MD 매출은 트리토노믹스 기반의 고비용 감정 소비와 지역 확장 모멘텀에 힘입어 지속 성장할 전망이다. 다만 성장의 속도는 서구권 팝업스토어 전개 속도에 좌우될 가능성이 높으며, 서구권 시장 내 아티스트의 인지도가 핵심 변수로 작용할 것이다.

공연의 경우 트리토노믹스형 경험 소비의 대표적 사례다. 소비자는 단순한 관람이 아니라 현장감·소속감·몰입감 등 확실한 감정적 만족을 얻기 위해 지불 의사를 확대하고 있다.

최근 공연 시장에서는 공연장 규모가 확대됨과 동시에 티켓 단가가 상승하고 있다. 무대에서 멀어진 좌석임에도 높은 가격이 형성되고, 예매 경쟁이 지속되는 것은 감정적 보상의 강도와 희소성이 맞물려 있기 때문이다.

2025년 블랙핑크 투어의 높은 ATP (Average Ticket Price), 나아가 원가의 20배를 상회하는 리셀가는 이를 방증한

트리토노믹스
Treatonomics

'Treat(보상)'과 'Economics(경제)'의 합성어로, 불황 속에서도 작은 사치를 통해 심리적 만족을 얻는 2030세대의 소비 트렌드를 뜻한다.

TAM
Total Addressable Market

전체 잠재시장으로 기업이 공략할 수 있는 최대 시장 규모 또는 잠재 수익의 총합을 의미한다. 해당 업종의 고객 수, 매출, 시장 점유율 등 다양한 방식으로 측정할 수 있다.

글로벌 음원 스트리밍 시장 규모(IFPI 기준)
204억 달러

미국 음원 스트리밍 시장 규모(RIAA 기준)
149억 달러

글로벌 대비 미국 시장 음원 매출 비율
73%

SECTION 2 | 05 엔터테인먼트·미디어

하이브 사옥.

다. 2026년에는 BTS의 월드투어가 본격화되며 K-팝 공연에서 본 적 없는 규모와 ATP가 확인될 것이다.

일정 중 절반 이상이 서구권에서 진행될 것으로 예상되며, 회당 모객은 5만 명을 거뜬히 상회할 것으로 보인다. 이들의 마지막 월드투어는 2019년 진행된 'Love Yourself: Speak Yourself'였다. 해당 공연의 ATP는 119달러였다.

인플레이션 효과와 BTS의 높아진 위상 양쪽을 감안하면, 이번 투어의 ATP는 200달러를 상회할 것으로 예상된다. 2026년 K-팝 공연 매출은 BTS뿐 아니라 트와이스, 엔하이픈, 베이비 몬스터 등 글로벌 위상이 높아진 아티스트들의 투어 규모 확대(지역·공연장) 및 ATP 상승에 힘입어 우상향하는 모습을 보일 것이다.

고비용 보상 구조를 갖춘 엔터산업의 경우 가격 상승에 따른 수익성 확대 효과까지 기대해볼 만하다.

음원: 서구권 대중 수요 확보의 첫걸음

음원 스트리밍은 트리토노믹스형 소비 중 저비용 접근이 가능한 영역에 해당한다. 스트리밍 서비스는 월 구독 혹은 광고 기반 이용으로 진입 장벽이 낮아 단건 소비의 비용 부담이 크지 않다. 그러나 저비용 구조인 만큼 수요자가 폭넓게 분포해 있어 사업자 입장에서는 대규모 트래픽을 통한 매출 창출이 가능하다. 단가가 낮더라도 의미 있는 수익성을 확보할 수 있는 구조인 것이다.

IFPI에 따르면 2024년 글로벌 음원 스트리밍 시장 규모는 204억 달러로 전체 음악 시장의 69%를 차지한다. 이 가운데 RIAA에서는 같은 해 미국 음원 스트리밍 시장 규모가 149억 달러에 달했다고 집계했다. 글로벌 스트리밍 매출의 73%가 미국 시장에서 발생하고 있는 셈이다. 즉, 음원 스트리밍을 통한 실질적 성장을 위해서는 미국 내 스트리밍 수요를 확보할 수 있는지 여부가 관건이다. K-팝의 경우 지금까지는 언어장벽과 포맷 차이로 인해 미국 대중의 스트리밍 수요를 확보하지 못했다. 이에 스트리밍 매출의 기여도 역시 제한적이었다.

하지만 2026년에는 변화의 조짐이 보인다. 일단 〈케이팝 데몬 헌터스〉 OST의 장기 흥행을 계기로 미국 대중이 한국어 가사와 K-팝의 사운드 포맷에 점차 익숙해지고 있다. 더욱 고무적인 것은, 캣츠아이(KATSEYE) 등 현지화 전략을 기반으로 한 아티스트의 음원 흥행 사례가 잇따르고 있다는 점이다. 6월에 발매된 캣츠아이의 '가브리엘라(Gabriella)'는 10월 말 기준 빌보드 Hot100 기준 40위권에 머무르고 있다. 이러한 흐름은 K-팝 사업자가 접근 가능한 TAM(잠재시장)의 확장을 의미한다. 단기 실적에 즉각 반영되지 않더라도, 중장기 성장의 구조적 기반으로 작용할 가능성이 높은 만큼 눈여겨볼 만하다.

Top Pick: 하이브

2026년 하이브를 주목해야 할 이유는 명확하다. 실적 성장이 담보된 가운데, 새로운 모멘텀까지 확보되는 시점으로 진입하기 때문이다.

하이브의 2026년 매출은 3조5000억원(+35% YoY), 영업이익은 4440억원(+145% YoY)으로 예상된다. BTS의 월드투어 관련된 세부 일정이 아직 공지되지 않은 점을 감안해 회당 관객 5만 명, 총 50회라는 보수적 가정을 적용한 추정치임에도, 올해 대비 2배 이상의 영업이익 성장이 기대된다.

이 밖에도 위버스의 구조적 개선, TAM의 확대 등을 통한 본격적인 수익화 단계 진입이 예상된다.

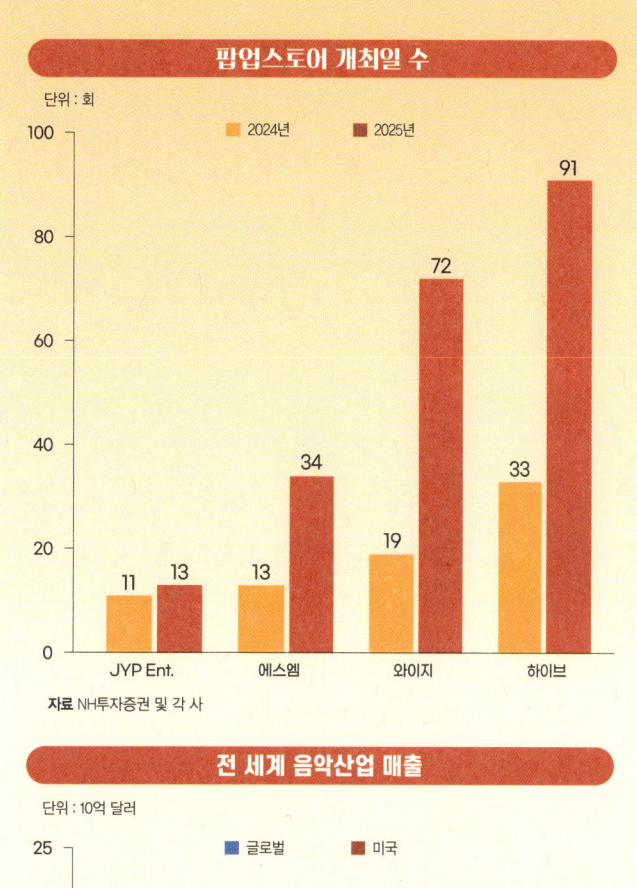

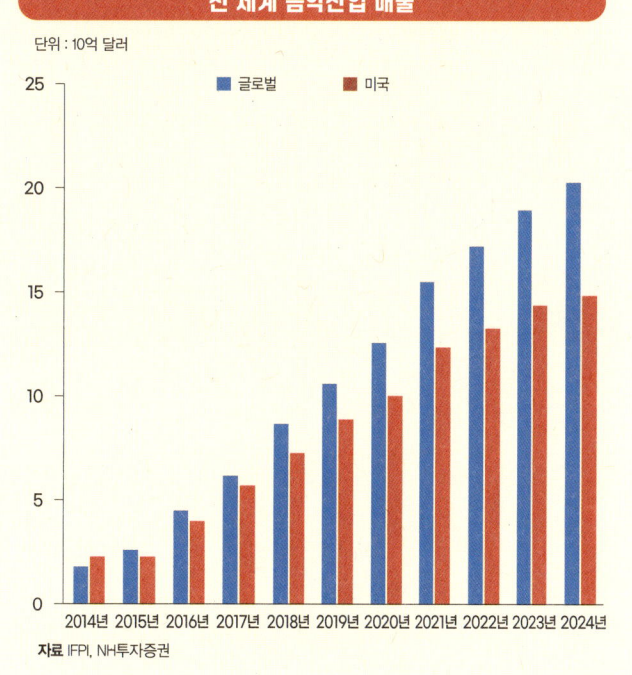

SECTION 2

06 유통

혼인·출생 증가, 인바운드 회복…
유통업의 반등 조건 무르익다

혼인·출산 회복세에 외국인 관광 특수까지
유통업종, 2026년 소비 모멘텀의 중심으로

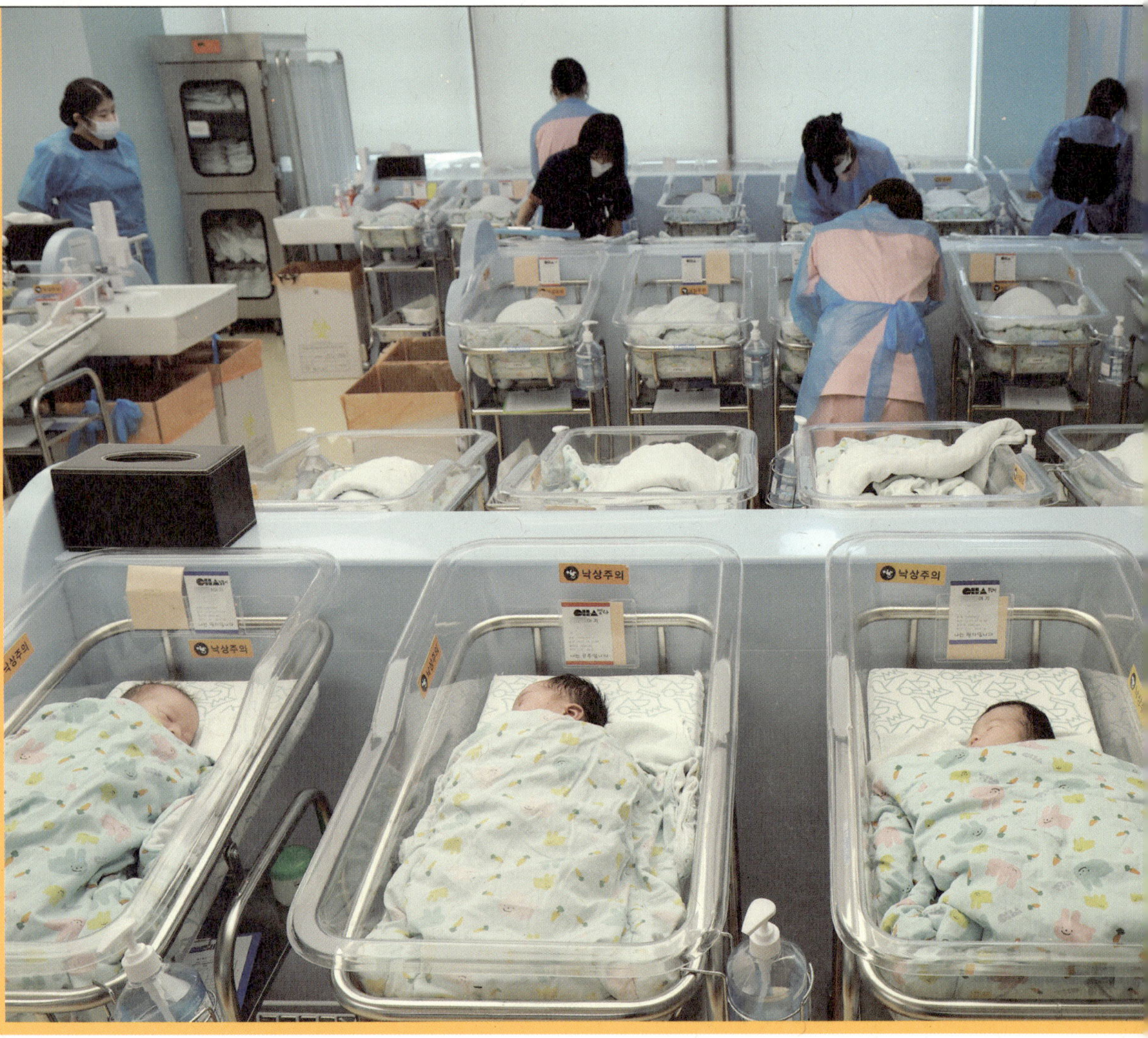

2024년 하반기부터 시작된 혼인 건수와 출생아 수의 증가는 2026년에도 지속될 것으로 전망한다. 1991~1995년에 태어난 인구가 앞뒤 세대보다 많은데, 코로나19가 종료되는 시점에 이 세대가 결혼 적령기로 진입했기 때문이다.

혼인과 출산, 소비심리 회복의 연결고리

1991~1995년 중심으로 혼인 건수와 출생아 수가 증가한다고 해도 한국의 전체 인구가 증가 추세로 돌아서긴 어렵지만, 인구 감소 폭이 줄어든다는 점은 유통산업과 섹터에 매우 긍정적이다.

출생아 수와 유통 섹터의 주가 연관성(2015년 1월~2025년 8월)은 0.72 수준으로 혼인 건수와 출생아 수의 증가는 유통 기업의 실적 개선과 밸류에이션 회복에 중요한 요인 중 하나이다. 출생아 수는 2024년 하반기부터 증가하고 있다. 특히 올해들어 8월까지 출생아 수가 18년 만에 가장 큰 폭으로 증가했다.

국가데이터처(옛 통계청)가 발표한 '2025년 8월 인구 동향'에 따르면, 올해 1~8월 누계 출생아 수는 16만8671명으로, 작년 같은 기간보다 1만708명(6.8%) 증가했다. 1~8월 출생아 수가 증가한 것은 2015년(1.3%) 이후 10년 만이며, '황금 돼지띠'였던 2007년(8.2%) 이후 가장 높은 증가율이다.

지난 8월 출생아 수는 1년 전보다 764명(3.8%) 늘어난 2만867명으로, 작년 7월 이후 1년 2개월째 증가세가 이어졌다.

월별 출생아 수는 2025년 들어 2만 명 수준을 유지하다가 6월에 일시적으로 내려갔으나, 7월부터 다시 2만 명 선을 회복했다. 8월 출생아 수는 2022년(2만1782명) 이후 3년 만에 가장 많았지만, 1981년 통계 작성 이래 기준으로는 2023년(1만8974명), 2024년(2만103명)에 이어 세 번째로 낮은 수준이다.

8월 합계출산율은 0.77명으로, 1년 전보다 0.02명 증가했다. 합계출산율은 여성 1명이 평생 낳을 것으로 예상되는 평균 출생아 수를 의미한다.

이러한 우호적인 환경 덕분에 오랜 기간 소외됐던 유통 섹터가 2026년에는 투자자들의 관심을 받을 것으로 전망한다.

웰컴 투 코리아

2025년 3월을 기점으로 한국을 방문하는 외국인 관광객 수는 2019년 수준을 넘어섰다.

최근 한국을 방문하는 많은 외국인 관광객은 한국 음식을 먹고 화장품과 의류 등을 쇼핑하며 미용 서비스를 받는다. 최근 〈오징어 게임〉에 이어 〈케이팝 데몬 헌터스〉까지 글로벌 흥행을 한 덕분에 한국 문화에 관심을 가지는 외국인들이 증가하고 있다.

이러한 추세는 2026년에도 이어질 것으로 전망하며, 관광 수입의 증가 덕분에 한국의 관광수지 적자폭은 지속적으로 축소세를 보일 것이다. 이는 내수 유통 기업의 실적 개선과 더 나아가 일부 종목의 밸류에이션 회복 요인으로 작용할 것으로 예상한다.

추가적으로 2026년에 중국인 단체관광객까지 유의미한 회복세를 보인다면 이는 유통산업과 섹터에 큰 활력을 불어넣을

출생아 수와 유통 섹터 주가의 상관계수
(2015년 1월~2025년 8월 기준)

0.72

한국 방문한 외국인 관광객 수

2024년 (9월 기준)
약 552만

↓ 17.6% 증가

2025년 (9월 기준)
약 649만 2000명

인바운드 수요

국내로 유입되는 외국인 관광객, 투자, 서비스 등 외부에서 들어오는 수요를 의미한다. 주로 관광·항공·호텔·숙박 등 서비스산업에서 사용되며, 국가별 방한 외국인 수, 투자 유치 규모, 서비스 이용객 수 등으로 구체화한다.

북적이는 명동 거리.

신세계, 리뉴얼 효과와 면세사업 개선의 '투 트랙 반등'

2026년 신세계의 양호한 주가 흐름을 예상한다. 2025년에도 출산율과 혼인 건수의 반등 그리고 인바운드의 양호한 증가가 있었음에도 신세계 주가는 경쟁사 대비 부진했다. 이는 경쟁사의 주주환원 정책이 투자자들의 마음을 사로잡은 것도 있지만, 신세계 본업의 실적 개선이 경쟁사 대비 아쉬웠기 때문이다.

신세계는 백화점 강남점의 식품관과 본점 등에 대하여 대규모 리뉴얼을 진행했고, 이에 따라 2025년에 본점 매출 부진과 감가상각비 부담이 발생했다. 2026년에는 그 영향이 사라지기 때문에 백화점 사업부가 다시 영업이익 증익 기조를 보일 것이다.

2025년에 이어서 2026년에도 혼인 건수와 출생아 수 증가 추세는 이어지고 많은 외국인들이 한국을 방문할 것으로 예상한다.

이러한 우호적인 소비 환경 속에서 본업의 실적 개선이 부각되며 2026년 신세계 주가는 유통 섹터에서 눈에 띄는 흐름을 보일 것으로 전망한다.

2018년 신세계의 주가 상승을 견인했던 면세 사업부가 현재는 큰 가치를 부여받지 못하고 있다. 이는 입찰 당시와 달라진 상황 때문에 인천공항 면세 사업이 큰 적자를 기록하고 있고 과거와 달라진 여행 패턴으로 단체관광객 회복 또한 매우 더디기 때문이다.

면세 사업의 체질 개선을 위해 경쟁사인 호텔신라에 이어 신세계도 2025년 10월 30일 인천공항 내 DF2(향수, 화장품/주류, 담배) 권역의 영업 중단을 결정했다. 신세계의 면세사업부 실적은 이번 의사결정으로 연간 약 900~1000억원 수준의

> 2026년에 중국인 단체관광객까지 유의미하게 증가한다면, 신세계 면세 사업의 실적 개선과 가치 부각이 동시에 이뤄질 것이다.

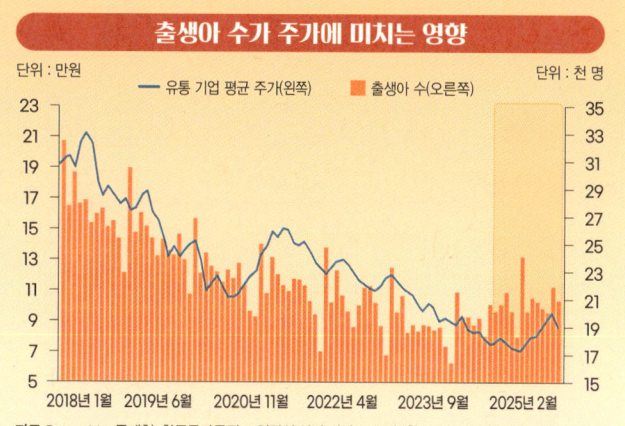

출생아 수가 주가에 미치는 영향

단위: 만원 / 단위: 천 명
— 유통 기업 평균 주가(왼쪽) ■ 출생아 수(오른쪽)

자료: Dataguide, 통계청, 한국투자증권 ※연관성 산정 기간 2015년 1월~2025년 8월, 유통 기업 = 이마트, 롯데쇼핑, 현대백화점, 신세계, GS리테일, BGF리테일

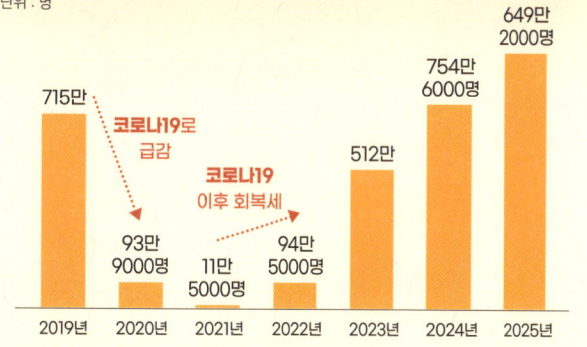

외국인 관광객 수 증감 추이

단위: 명

- 2019년: 715만
- 2020년: 93만 9000명 (코로나19로 급감)
- 2021년: 11만 5000명 (코로나19 이후 회복세)
- 2022년: 94만 5000명
- 2023년: 512만
- 2024년: 754만 6000명
- 2025년: 649만 2000명

자료: 법무부 ※2025년(~9월) 기준

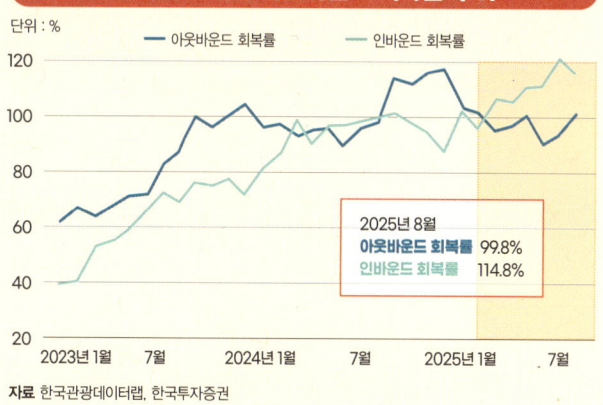

인바운드 대비 아웃바운드 회복률 추이

단위: %
— 아웃바운드 회복률 — 인바운드 회복률

2025년 8월
아웃바운드 회복률 99.8%
인바운드 회복률 114.8%

자료: 한국관광데이터랩, 한국투자증권

영업적자 개선이 예상된다. 추가적으로 2026년에 중국인 단체관광객까지 유의미하게 증가한다면, 신세계 면세사업의 실적 개선과 가치 부각이 동시에 이뤄질 것이다.

중국 화장품산업의 회복이나 중국 단체관광객 증가에 대한 시장 기대치가 매우 낮기 때문에, 현재 신세계의 면세 사업부가 가진 업사이드 리스크가 매우 크다고 판단한다.

2025년 11월 기준으로 신세계에 대하여 투자 의견 매수와 목표주가 25만원을 유지한다.

면세점 실적 개선 가능성과 양호한 백화점 업황 등을 고려 시 주가는 우상향할 것으로 예상한다.

다만 3분기 실적이 시장 기대에 미치지 못하기 때문에 단기 주가 변동은 발생할 것으로 전망하며, 이를 매수 기회로 활용하기를 추천한다.

SECTION 2

07

운송

불황 끝에 찾아온 재편의 해, 차별화의 시간으로

불황이 만든 기회, 체질 개선이 실적 갈라
투자 기회는 시장 양극화와 거버넌스 이벤트에 주목

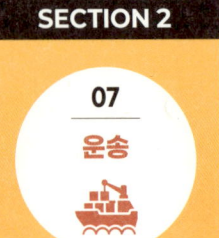

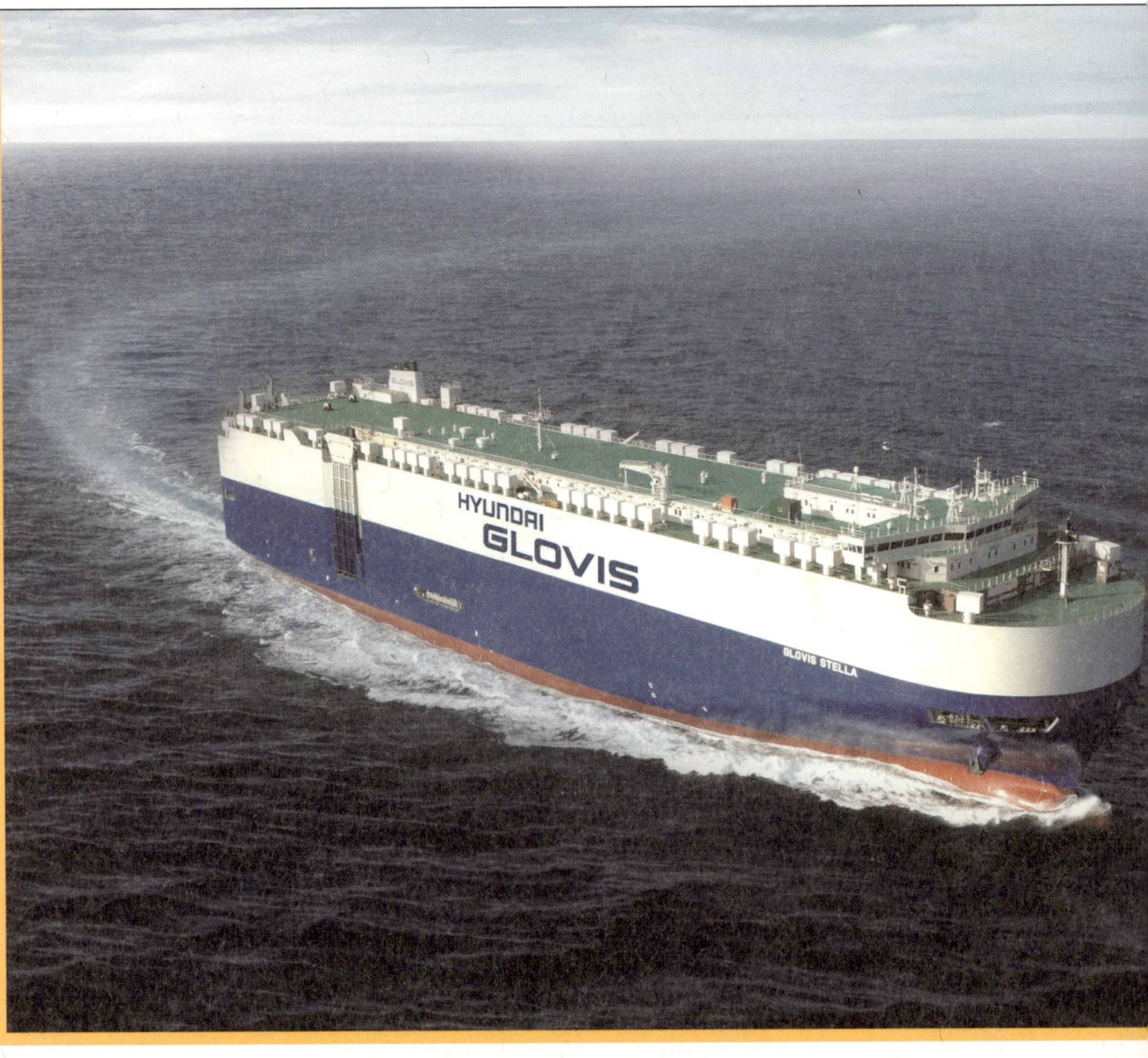

현대글로비스

2026년 운송산업은 기저효과와 함께 시작한다. 2025년은 유난히 악재가 많았다. 무역분쟁 등 대외 경기 불확실성과 항공사고에 따른 여행 심리 위축은 업황에 큰 영향을 주고 있지만 결국 시간이 해결해줄 것이다. 턴어라운드는 그동안 실적이 안 좋았던 순서대로 부각될 전망이다. 먼저 저비용항공 업계는 2026년부터 공급 증가가 둔화되면서 흑자전환이 예상되며 대한항공 역시 아시아나 통합 효과가 본격적으로 반영될 것이다. 그다음으로 택배산업은 내수 소비 반등에 더해 일시적인 비용 증가 요인들이 해소되면서 잠시 쉬어 갔던 증익 흐름을 재개할 전망이다. 마지막으로 해운의 경우 2026년에도 양호한 이익 개선 흐름을 이어갈 텐데, 2025년 이미 기대 이상으로 선방했던 만큼 일단 2년 연속 서프라이즈까지 기대하긴 쉽지 않아 보인다.

시장 재편의 트리거, 2025년 불황

다만 운송업종의 투자 판단에서 이러한 실적 턴어라운드는 기본 조건에 해당한다. 최근 증시 투자 환경은 성장주 위주의 쏠림 현상이 두드러지고 있다. 운송 역시 기존의 전통 산업 이미지에서 벗어난 새로운 산업 서사를 함께 보여줘야 이러한 시장 흐름에서 소외되지 않을 것이다. 이러한 관점에서 운송산업의 양극화 현상은 새로운 투자 기회를 제공한다고 판단된다.

2025년 불황은 시장 재편의 트리거가 됐다. 그동안 물류대란과 리오프닝 수혜는 모두에게 관대했다면, 이를 바탕으로 사업 포트폴리오와 재무 구조를 강화한 상위 업체들만 지금의 위기에서 차별화될 전망이다.

현대글로비스는 그룹 내 안정적인 수요 기반을 바탕으로 글로벌 자동차 물류 시장에서 점유율을 높이고 있다. 운송은 물론 전방 산업과도 차별화된 이익 성장을 보여준 덕분에 밸류에이션 눈높이도 점차 높아지고 있다. 과점적 1위가 된 대한항공은 지금처럼 항공 영업 환경이 혼란스러울수록 오히려 아시아나 합병을 통한 과점 효과가 더 부각된다. 사실상 한진그룹 계열 항공사를 제외하면 모두 돈을 벌지 못하고 있어, 향후 아시아나의 빈자리로 올라설 사다리가 무너져버렸다. CJ대한통운 역시 11년 연속 증익 흐름이 깨진 것은 아쉽지만, 외형에 대한 욕심을 내려놓은 덕분에 서비스 퀄리티와 AI·자동화 투자 등 체질 개선에 더 집중할 수 있었다. 스마트 물류 기술 격차를 벌려나가며, 2026년 택배는 물론 3자 물류 시장에서도 점유율이 상승할 전망이다.

정책 변화와 M&A, 2026년으로 이어지는 변수들

한편, 불확실성이 높았던 대외 환경 탓에 2025년 기대했던 여러 거버넌스 이벤트들도 2026년으로 넘어가는 모습이다.

먼저 2026년 말까지 대한항공은 아시아나항공 통합을 마무리하게 된다. 공정위의 행태적 조치 등 과도기 과제들이 하나둘 해결되면서 합병 시너지 전략들이 구체화될 것이다. 한편 저비용항공 업계 역시 인수합병(M&A)과 구조조정 등 경쟁 구도에 변화 움직임이 감지되고 있다.

국적선사 수입 담당 비율

석탄 90%
철광석 70%
LNG 30% →
정부 목표 70% 이상

리오프닝
Reopening

코로나19 이후 봉쇄나 사회적 거리 두기 등으로 위축됐던 경제·사회 활동이 다시 재개되는 현상을 말한다. 특히 여행, 항공, 유통, 외식, 엔터테인먼트 산업 등 소비 기반 업종에서 수요가 회복되며 나타나는 경기 반등 국면을 지칭한다.

국적선사
國籍船社, National Shipping Company

국내에 본사를 두고 한국 국기를 달고 운항하는 선사를 지칭한다.

SECTION 2
07 운송

현대자동차 울산공장 수출선적 부두.

2026년에도 중국 OEM 수출 물량의 증가가 이어지며 선박 공급부족 환경이 지속될 전망이다.

상반기 해외여행 심리가 턴어라운드 하는 것을 확인하면, 그 이후로는 항공시장 재편의 수혜주를 선별하는 투자전략이 중요해질 전망이다.

해운에서도 M&A 가능성이 열려 있다. 가장 잘 알려진 HMM뿐만 아니라 SK해운, 현대LNG해운 등 사모펀드(PEF)가 최대주주인 다수의 선사들에 주목할 필요가 있다. 이 과정에서 물류 안보를 강조하는 정부의 역할 역시 부각될 것이다.

정부는 해운 강국 재건과 에너지 수송 자립을 강조하고 있다. 연이은 물류대란으로 주요 에너지·원자재에 대해서는 국적선사가 직접 운송하는 것이 중요해졌다. 우리나라의 석탄과 철광석 수입량에서 국적선사 담당 비율은 각각 90%, 70% 수준으로 안정적이다.

반면 중요한 에너지 자원으로 부상하고 있는 천연가스의 경우 30% 수준에 불과하다. 이에 따라 해수부는 LNG 역시 70% 이상 국적선사에게 맡기는 방안을 추진 중이다. 이 경우 팬오션과 대한해운에게 새로운 성장 기회가 열리게 된다. 이제는 해운업종 투자에서 정책 수혜 가능성도 중요하게 지켜볼 필요가 있다.

현대글로비스와 대한항공처럼 압도적인 시장 지위를 바탕으로 운임 경쟁 리스크가 제한적인 대표 운송주 중심의 투자 접근을 추천한다. 나아가 시장 재편과 주주환원 강화, 정부의 정책적 지원 등 다양한 거버넌스 변화에서 새로운 투자 기회를 찾을 수 있을 것이다.

추천 종목: 현대글로비스

2026년 최선호주로 현대글로비스를 추천한다. 대외 변수들에 민감하게 영향받는 운송업종이지만 현대글로비스는 자동차 물류 스페셜티(Specialty) 경쟁력으로 차별화돼 있다. 연간 꾸준히 믿을 수 있게 영업이익 증가가 안정적이다. 또한 주주환원 노력 역시 가장 앞서가고 있다. 배당 업사이드는 2024년 발표했던 밸류업 계획을 상회하고 있으며, 업종 내 주주환원 확대 속도가 가장 빠르다.

현대글로비스 주가에서 가장 중요한 PCC 사업은 컨테이너나 벌크 등 레거시 해운 시장과 차별화된 스페셜티 영역이다. 고객 관계가 폐쇄적인 만큼 진입장벽이 높다. PCC 업황이 좋다고 해서 즉각적으로 공급 경쟁이 과열되는 구조가 아니다. 2026년에도 중국 OEM 수출 물량의 증가가 이어지며 선박 공급부족 환경이 지속될 전망이다. 또한 앞으로 시장에 들어올 선박 스케줄을 보더라도 현대글로비스가 가장 큰 비중을 차지하고 있다.

현대글로비스는 PCC 시장에서 사실상 유일한 2자 물류업체이다. 다른 메이저 경쟁사들은 모두 순수 해운선사인데, 현대글로비스는 현지 내륙 운송, 부품 조달, 나아가 중고차 매매까지 자동차 물류 체인의 모든 영역을 커버하고 있다. 글로벌 전기차 브랜드나 중국 OEM 등 최근 급성장하고 있는 신규 화주들이 현대글로비스를 가장 선호하는 이유다. 2028년까지 PCC 시장점유율 상승과 수익성 개선이 지속될 전망이다.

현대글로비스의 이익 모멘텀은 외부 환경 변화의 도움이나 캡티브(Captive) 시장의 지원 때문이 아니다. 근본적으로 글로벌 자동차 물류 시장에서 점유율이 계열과 비계열 가리지 않고 상승하고 있기에 가능한 성과다. 내수시장이 한정돼 있는 국내 물류업체로서 보여줄 수 있는 가장 특별한 차별화라는 점에서 과거보다 더 높은 밸류에이션 적용이 필요하다.

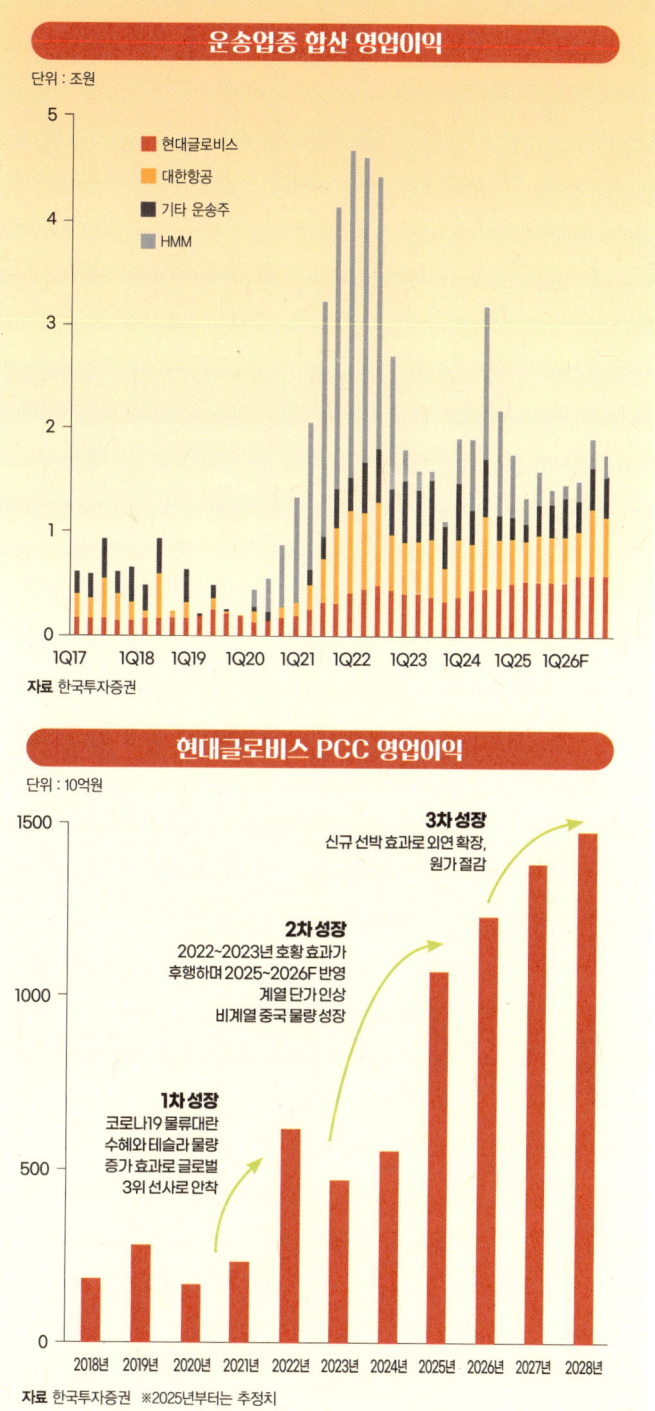

SECTION 2

08 증권

정책·실적에 힘입은 증권업 리레이팅… 코스피 5000 겨눈다

금리 인하·거래 활성화·정책 모멘텀 삼박자
자본시장 회복세 속 증권주 랠리 본격화

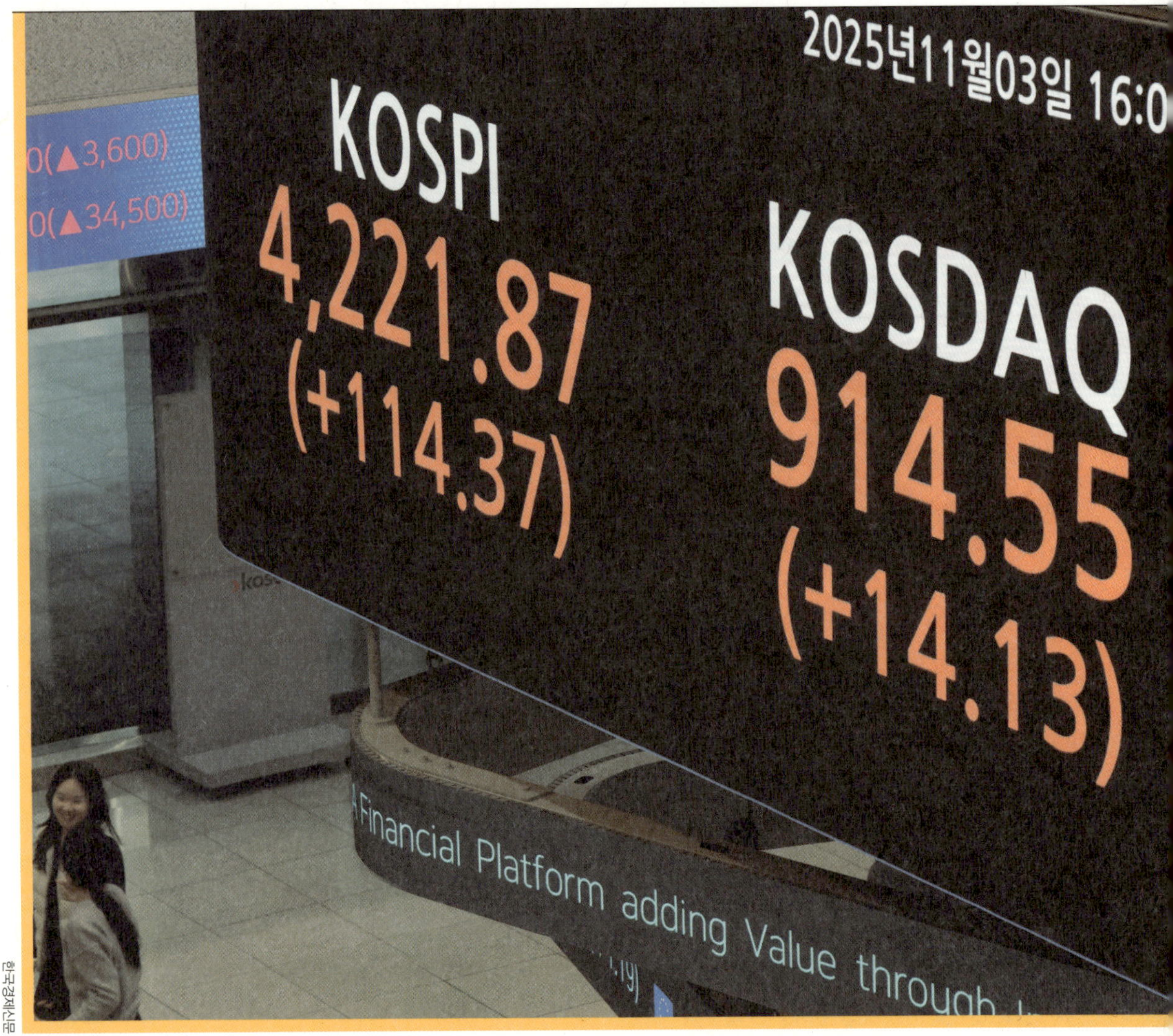

2025년은 정책 기대감과 거래 활성화가 결합된 한 해였다. 자본시장 회복과 수익성 개선이 동반되며 업종 전반의 이익 체력이 강화됐다.

브로커리지: 유동성 유입 지속될 전망

2026년 브로커리지 부문은 거래 활성화의 가속화에 따라 유동성 유입이 지속되며 안정적인 성장세가 기대된다. 부동산 규제 강화로 투자 대안이 제한된 상태에서 유동자금이 모험자본과 금융자산 등으로 이동하며 자본시장이 활성화될 전망이다. 개인투자자 거래 증가로 인한 증시 유동성 확대가 견인될 것으로 예상한다.

당사 투자전략팀은 2026년 코스피 밴드 3700~5000p를 제시한다. PER 10.4~13x 사이 등락이다. PER 상승을 고려한 베스트 시나리오의 지수 상단은 5600~5800p까지 열어둔다. 이를 근거로 산정한 2026년 국내 주식 일평균 거래대금은 40조 3000억원(ETF 포함)으로 추정된다. 경쟁 심화로 수수료율은 점진적으로 하락하겠으나 거래량 증가에 따른 증익 효과가 이를 상쇄할 가능성이 높다.

자산관리: 고객 자산의 구조적 성장세

국내 고액 자산가 수는 꾸준히 증가세를 보이고 있다. 2024년 기준 10억원 이상 자산 보유 부자는 46만1000명으로 2020년 35만4000명 대비 약 30% 증가했다. 고액 자산가들의 자산 증가가 자산관리 시장의 구조적 성장을 견인할 전망이다.

고액자산가 및 기관 고객층은 AI·반도체·2차전지 등 성장 테마형 및 해외투자 상품에 대한 수요가 지속될 것으로 예상된다. 특히 원·달러 환율 상승으로 인한 글로벌 분산투자 수요 자극 가능성이 높으며, 이에 따라 글로벌 상품 라인업 경쟁력이 향후 WM(Wealth Management) 부문의 성패를 좌우할 핵심 요인이 될 가능성이 높다.

저성장, 저금리 장기화와 부동산 투자 규제 강화로 인해 중산층의 자금 유입 또한 예상된다. 위험자산보다는 안정수익형 상품으로 이동하는 흐름이 뚜렷해질 가능성이 높다. 따라서 채권형 상품, 원금보장형 랩·신탁 등 안정추구형 상품의 선호도가 강화될 전망이다.

수익 구조 측면에서의 변화 또한 예상된다. 자문수수료와 판매 커미션이 결합된 하이브리드 수수료 체계로의 전환이 가속화되며 단기 상품 판매 중심의 수익 구조에서 벗어나 지속 가능한 자문 기반 수익 모델 구축이 핵심 과제로 부상할 전망이다. 향후 WM 부문의 경쟁력은 질적 상품 포트폴리오와 고객 세분화 전략, 수익 구조의 안정성에 의해 결정될 것이다.

IB: DCM과 PF 중심 기회 확장 기대

주식시장 회복과 금리 인하 국면에 따른 자금조달 수요 확대 그리고 구조화 금융 영역 재편이 동시에 전개될 전망이다. DCM과 구조화 금융 중심으로 시장이 확대될 가능성이 높으며 자본력과 리스크관리 역량을 모두 갖춘 증권사들이 해당 영역에서 경쟁 우위를 확보할 것으로 예상된다.

2025년 중소형주 중심으로 제한되었던 IPO 시장은 2026년 주식시장 활황과 기업가치 재평가 흐름에 힘입어 회복세를 보

2025년 KRX 증권업 지수 상승률
+113.7%

코스피 대비 초과 상승률
+49.4%p

일평균 거래대금
40조원

10억원 이상 국내 고액 자산가 수
2020년
35만4000명
↓ 약 30% 증가
2024년
46만1000명

브로커리지
Brokerage

주식·채권·선물 등의 거래를 중개하거나 그에 대한 수수료를 뜻한다.

머니 무브
Money Move

낮은 금리 등의 이유로 자산이 손실 위험이 없는 안전 자산에서 투자를 목적으로 하는 주식, 채권 등으로 이동하는 현상을 의미한다.

SECTION 2
08 증권

한국투자증권 사옥.

> 이익이 자본으로 재투입돼 '이익→자본 확충→운용 확대→추가 이익 창출'의 선순환 구조를 형성해야 한다.

일 것으로 예상된다. 특히 AI, 반도체, 소부장, 로봇, 소프트웨어 등 정책성 신성장 산업에서 정부의 모험자본 활성화 기조가 맞물리며 단기 증자 및 신규 상장 기회가 확대될 것으로 기대된다.

유상증자 부문은 주주 가치 보호 의무가 강화되며 기존 주주 지분 희석을 유발하는 증자 구조는 법적·여론적 제약에 직면할 가능성이 높다.

부동산금융(PF) 부문은 민간 부동산 시장의 구조적 리스크가 잔존하는 가운데 위험 선별 능력을 갖춘 소수 플레이어 중심의 딜 참여 구조가 이어질 전망이다. 반면 정부의 인프라·공공 프로젝트 시 정책형 PF 및 구조화 금융 부문에서 신규 비즈니스 기회가 늘어날 것으로 예상된다.

자기자본 규모에 따른 양극화 심화

최근 증권업은 자기자본 규모에 의해 경쟁력이 결정되고 있다. 자기자본이 큰 증권사는 대형 북을 기반으로 다양한 자산에 신속하게 포지션을 구축할 수 있는 반면, 중소형사는 규제 한도와 유동성 제약으로 레버리지 운용에 한계가 뚜렷하기 때문이다. 따라서 지금의 증권업은 이익을 배당으로 지급하기보다 내부에 유보하고 자본으로 전입해 복리적 성장 구조를 강화할 필요가 있다. 이익이 자본으로 재투입돼 '이익→자본 확충→운용 확대→추가 이익 창출'의 선순환 구조를 형성해야 한다. 그럼에도 불구하고 상장 대형 증권사들은 이익의 상당 부분을 주주환원에 집중하고 있다. 단기적으로는 배당과 자사주 매입·소각이 주가 안정에 기여하겠지만 자본 축적 격차는 빠르게 확대될 가능성이 높다. 주주환원 중심의 전략은 자본 성장의 복리 효과를 희석시켜 장기 경쟁력 측면에서는 불리하게 작용할 수 있다.

반면, 한국금융지주는 배당 성향을 과도하게 높이지 않더라도 자본의 내부 유보와 지속적인 한국투자증권 증자를 통해 복리적 성장 구조를 구축하고 있다. 이익을 자본으로 재투입해 운용 여력을 키우는 전략은 장기적으로 실질 주주환원 수익률을 자연스럽게 끌어올리는 결과로 이어진다. 단기 현금 배당보다 지속적인 이익 성장과 자본 확충을 통한 총 주주 가치 극대화 전략이 매력적일 수 있다.

최선호주: 한국금융지주, 키움증권

증권주의 '비중 확대'를 유지한다. 부동산에 쏠려 있던 자금이 모험자본과 금융자산으로 머니 무브가 이뤄지는 가운데 전반적인 영업 환경 개선과 증권사의 자본 공급 역할이 강화될 전망이다.

최선호주는 한국금융지주, 키움증권이다. 한국금융지주는 자회사 한국투자증권의 업계 최대 수준 자기자본을 기반으로 복리적 자본 성장 효과가 빠르게 나타나고 있다. 한국투자증권을 중심으로 한 계열사 내 자본 효율적 구조와 안정적인 수익 창출력은 다른 증권사들과 비교했을 때 자본의 질적·양적 측면에서 초격차를 형성하고 있다. 장기 복리 성장 측면의 매력이 가장 높다.

키움증권은 주식시장 상승 구간에서 시장 변동성에 대한 손익 민감도가 가장 높은 고베타 증권주다. 브로커리지 중심의 사업 구조가 주식시장 거래 활성화의 직접적인 수혜를 받을 것으로 예상된다. 개인투자자 중심의 거래대금 확대와 해외 주식 거래 증가에 따른 실적 개선이 기대되며, 발행어음 라이선스 확보 시 자본공급자로서의 비즈니스 모델 확장이 가속화될 전망이다.

KOSPI 밸류에이션 테이블

PER(x)		EPS(p)		
		비관(10%)	중립(45%)	낙관(45%)
		350.7	391.5	450.2
	비관(10%) 10.4	3647	4072	4682
	중간값 11.0	3857	4307	4952
	현재(30%) 11.5	4033	4502	5178
	상단(30%) 13.0	4559	5090	5853

자료: FnGuide·신한투자증권

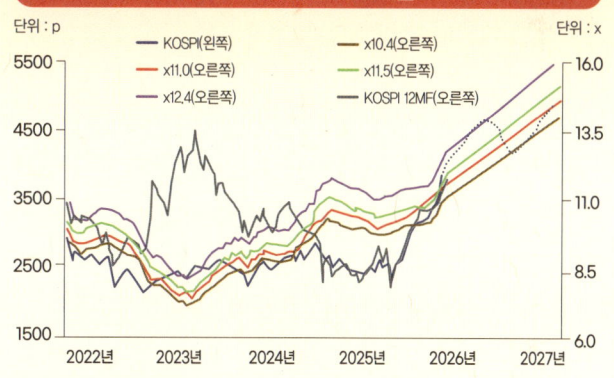

KOSPI 12MF PER 밴드

자료: FnGuide·신한투자증권

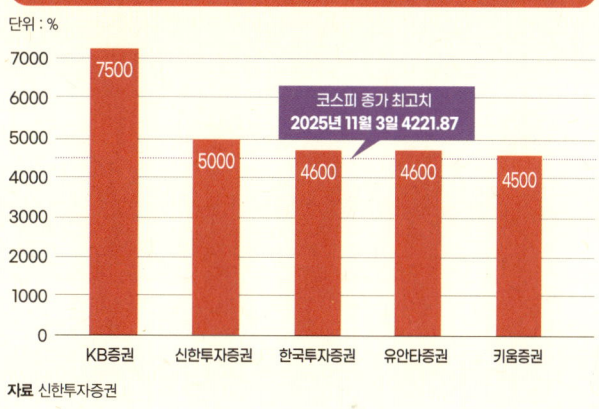

주요 증권사 2026년 코스피 상단 전망치

- KB증권: 7500
- 신한투자증권: 5000
- 한국투자증권: 4600
- 유안타증권: 4600
- 키움증권: 4500

코스피 종가 최고치 2025년 11월 3일 4221.87

자료: 신한투자증권

SECTION 2

09 보험

보험주의 주도권 이동…
구조적 턴어라운드 임박

생명보험에서 손해보험으로… 업종 주도권 이동 본격화
신계약과 제도 변화가 손해보험 중심 재편을 이끄는 국면

2025년 보험업은 생명보험 중심의 랠리가 두드러졌지만, 2026년부터는 손해보험이 새로운 주도권을 쥘 가능성이 높다.

손해보험 중심의 구조적 반등의 원년

2026년 보험업은 손해보험 중심의 펀더멘털 개선과 제도 변화에 따른 구조적 전환기에 진입할 것으로 예상된다.

생명보험의 모멘텀은 둔화될 가능성이 높지만 손해보험은 신계약 성장, 자동차 보험료 인상, 실손 제도 개선 등의 효과가 실적으로 가시화되며 업종 내 주도권을 확보할 전망이다.

이러한 변화는 이미 시장에서 인지된 이슈이지만 실제 손해율 안정과 펀더멘털 개선이 확인되는 구간에서 주가 반응이 강화될 가능성이 높다. 제도적 불확실성이 완화되며 손해보험사들의 체질 개선이 기대된다.

먼저 2027년 설계사 수수료 분급제 도입을 앞두고 2026년에는 절판 효과로 신계약이 일시적으로 증가할 전망이다. 2027년부터는 설계사 수수료가 4년 분할 지급 형태로 전환되고, 2029년부터는 7년 분급으로 전면 확대된다.

이에 제도 시행 이전에 수입 감소를 회피하기 위한 설계사들의 절판 수요가 집중될 가능성이 높다.

일반적으로 신계약 급증은 마진 하락으로 이어지지만, 최근에는 보험사 전반에 마진 중심의 영업 전략이 강화되는 추세다. 이에 따라 과거의 양적 확장 국면과 달리 양질의 신계약 중심으로 계약서비스마진(CSM) 유입이 이뤄질 가능성이 높다.

2026년에는 최근 손해율 상승을 반영한 계리적 가정 변경이 예상되며 이에 따라 CSM 조정 폭이 확대될 가능성이 높다. 이는 2026년 이익 컨센서스를 하향 조정하는 요인으로 작용할 수 있다.

현재 대부분의 보험사들은 최근 5년 평균 손해율 통계를 최적 가정으로 적용하고 있다. 2025년에는 2020년부터 2024년까지의 손해율이 반영됐는데, 2020년은 코로나 초기의 사회적 거리두기 시행으로 의료 이용이 급감했던 시기다. 이로 인해 해당 연도의 손해율은 일시적으로 낮았고 결과적으로 최적가정이 다소 낙관적으로 산출됐을 가능성이 높다.

2026년에는 2020년 데이터가 제외되고 2021~2025년 손해율이 최적가정에 반영된다. 특히 2025 의료 정상화, 언더라이팅 완화 등으로 손해율 상승세가 뚜렷한 해이기 때문에 최적가정상 손해율이 기존보다 높아질 가능성이 크다. 이는 곧 CSM 감소와 수익성 둔화로 연결된다.

2026년 하반기부터 5세대 실손보험이 출시되면서 실손보험 손해율이 구조적 개선 국면에 진입할 전망이다. 이미 4000만 명 이상이 실손보험에 가입해 있어 신규 유입에 따른 성장 효과는 제한적이다. 하지만 기존 3~4세대 가입자가 순차적으로 5세대 상품으로 전환하며 새로운 약관 체계가 광범위하게 적용될 것이다.

특히, 3~4세대 실손 손해율이 1~2세대보다 높은 수준임을 감안하면 5세대 실손보험 전환 시점부터 손해율 개선세가 점진적으로 확인될 가능성이 높다. 1~2세대 상품은 과거 누적 손해율 악화를 반영해 이미 수차례 요율 인상이 단행되며 보험료 현실화가 상당 부분 이뤄졌다. 반면

2025년 생명보험 업종 주가 상승률
66.5%

2025년 손해보험 업종 주가 상승률
24.1%

언더라이팅
Underwriting

보험자가 위험, 피보험 목적, 조건, 보험료율 등을 종합적으로 판단해 계약의 인수를 결정하는 일. 보험자가 피보험자의 손실을 담보하는 의미로 요약할 수 있다.

2024년 자동차 사고 경상 환자 총 보험금 규모
1조 3000억원

2024년 자동차 사고 경상 환자 1인당 평균 보험금
207만원

SECTION 2　09　보험

2026년 하반기부터 5세대 실손보험이 출시되면서 실손보험 손해율이 구조적 개선 국면에 진입할 전망이다.

3~4세대 상품은 상대적으로 요율 인상폭이 손해율 상승 속도보다 느린 상황으로 손해율이 높다. 5세대 실손보험은 이러한 손해율 불균형을 완화할 것으로 예상된다.

관리 급여 제도 도입에 대한 기대감도 여전히 유효하다. 최근 국정감사에서 의료기관 간 비급여 진료비 편차가 과도하다는 점이 지적됐다. 이에 대해 보건복지부 장관은 "관리 급여로 전환해 가격이나 진료에 대해 관리하는 것과 동시에 의학적 필요성이 큰 건 급여로 전환하는 계획을 가지고 있다"고 언급한 바 있다.

이러한 제도 변화는 실손보험의 청구 횟수와 청구 금액 모두를 낮추는 방향으로 작용하며 손해율이 구조적으로 안정되는 효과가 기대된다. 그동안 매년 2조원 수준의 실손보험 적자를 초래하던 구조가 완화세로 전환되는 구조적인 턴어라운드 구간에 진입할 것으로 예상되며 이는 예실차(−) 축소로 이어질 전망이다. 실적 개선과 밸류에이션 리레이팅을 이끄는 핵심 동력으로 작용할 가능성이 높다.

자동차보험 적자 부담은 2026년 상반기까지 지속될 가능성이 높다. 단, 지방선거 이후 자동차 보험료 인상이 현실화될 경우 하반기부터 점진적인 적자 축소 국면에 진입할 전망이다.

정책적·산업적 여건 고려 시 2026년 중 자동차 요율 인상은 불가피한 선택지다. 정책 민감도가 완화되고 손해율 상승이 더욱 명확히 드러나는 시점에서 업계와 당국 간 조율이 원만하게 진행될 가능성이 높다. 지방선거 이후 요율 조정이 단행될 경우 하반기부터 손해율 개선 국면에 진입할 것으로 예상된다.

'비중확대' 유지, 최선호주는 현대해상

보험업종의 지속적인 CSM 성장을 근거로

투자 의견 '비중 확대'를 유지한다. 전술한 제도 변화는 생명보험보다는 손해보험사에 더욱 긍정적으로 반영되는 요소들인 만큼 2026년에는 생명보험보다 손해보험 업종을 선호한다. 최선호주로 현대해상, 관심주로 DB손해보험, 삼성화재를 제시한다.

현대해상은 위험 보험료 중 실손보험의 비중이 높아 커버리지 중 가장 민감한 손익 구조를 가지고 있다. 자동차보험 요율 인상 시 세전 ROE 민감도도 커버리지 중 가장 높은 편이다. 또한 신계약 중심의 단순 외형 확대보다 CSM Quality 중심의 전략을 일관되게 추진하며 그 성과가 재무제표에 반영되고 있는 점을 고려하면 장기 성장성과 재평가 가능성을 동시에 보유한 것으로 판단된다.

해약환급금 준비금 제도 개선 시 중장기 배당성향 확대와 이익 개선이 기대되며 그 동안 주주환원이 불가능했던 보험사 중심의 주가 상승이 기대된다. 단, 주주환원 확대의 지속가능성이 단기 주가 상승을 넘어 구조적인 밸류에이션 재평가로 이어질 전망이다. 참고로 최근 금융위는 자본의 질적 관리 강화가 주주환원과 기업가치 상향으로 이어지도록 해약환급금 준비금 적립의 합리화 필요성을 검토한다고 언급한 바 있다.

보유계약의 질적 수준이 이미 우수하고 해지율 관리 역량이 입증된 삼성화재, DB손해보험, 삼성생명에 대한 접근 또한 유효하다. 해당 보험사들은 ALM 역량이 검증돼 비교적 금리 민감도도 낮아 투자 매력이 부각된다. 주주환원 관련 불확실성 또한 제한적이다.

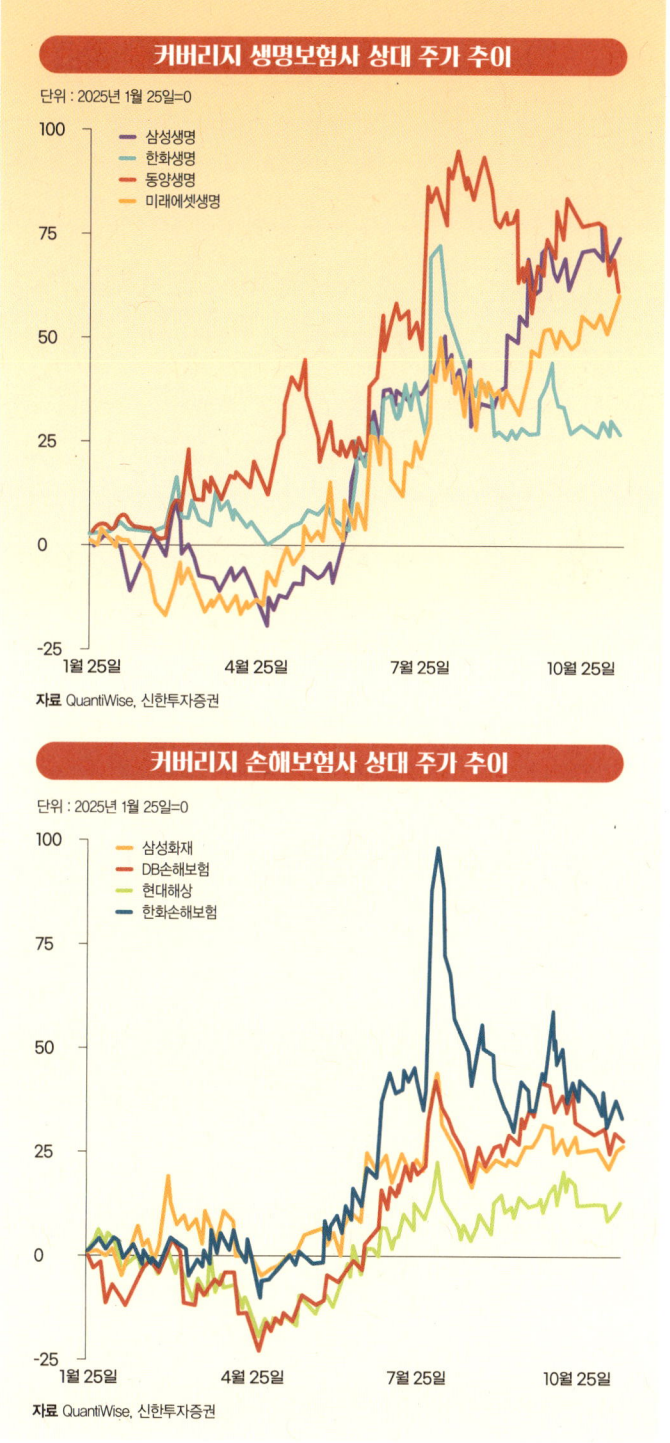

SECTION 2

불확실성 속에서 '밸류업'…
은행주, 다시 리레이팅 시동

2026년 밸류업 모멘텀 지속 전망… KB금융, 업종 내 최선호주
주주환원 확대와 자본 안정성이 은행주 재평가 이끌 전망

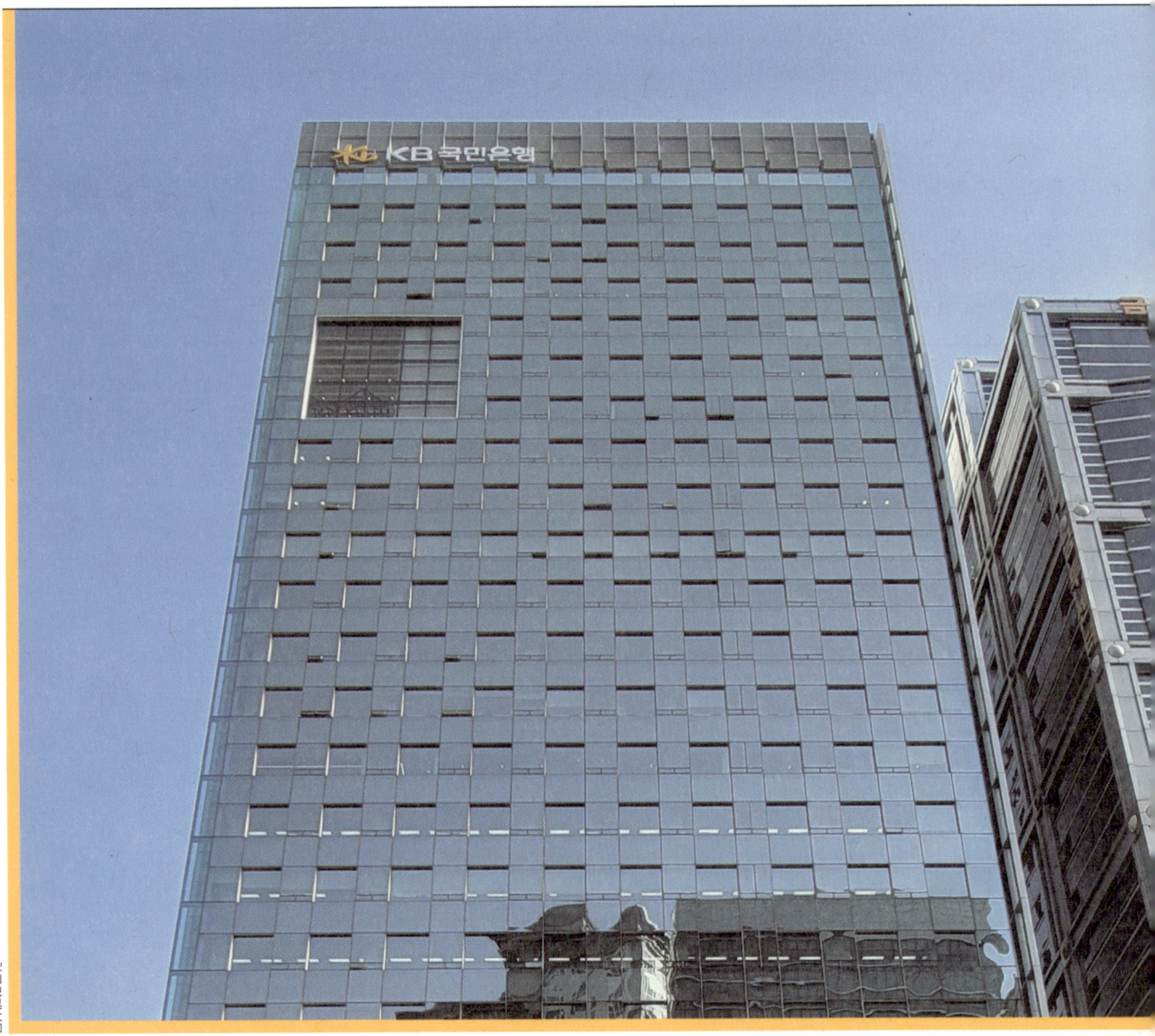

은행주 주가는 주주환원율 상승 기대를 아직 충분히 반영하지 못하고 있는 상태다. 2026년 은행업종 최선호주는 KB금융을 꼽는다. 2024년 초부터 2025년 상반기까지 줄기차게 상승했던 은행주는 7월 이후 주가가 횡보 양상을 보이고 있는 반면 코스피(KOSPI)는 최근 2~3개월간 약 20% 이상 급등하면서 상대적으로 시장 대비 약세 현상이 나타나고 있다.

최근 은행주 주가가 상대적으로 약세를 기록하고 있는 배경은 ①1년 6개월간 계속 상승하면서 단기 상승 폭이 커 피로감이 발생한데다 ②조선·방산에 이어 IT 업종에 대한 투자 환경이 개선되면서 상대적으로 은행주에 대한 관심도가 저하됐고 ③가계대출 억제 및 생산적 금융 확대 과정에서 지금과 같은 자본 비율 상승 추세가 다소 둔화될 수 있다는 우려로 인해 주주환원율 상승폭에 대한 기대감이 다소 약화되고 있으며 ④세율 인상과 각종 과징금 이슈 등으로 2026년에도 이익 증가 추세가 이어질 수 있을지 여부가 불투명한 점 때문 등으로 판단된다.

4~5년 전만 해도 주가순자산비율(PBR)이 약 0.4~0.5배 수준에 그쳐 국내 은행주의 PBR과 별반 차이가 없었던 일본의 대형 은행들은 거듭된 주가 상승으로 인해 현재 PBR이 최고 1.3배, 평균 1.1~1.2배에 달하고 있다. 반면 국내 은행주들은 PBR이 평균 약 0.5~0.6배 내외에서 거래되고 있어 주주환원율 상승 기대가 아직 주가에 충분히 반영되지 못하고 있다고 판단된다.

일본 대형 은행들과 국내 대형 은행들은 자기자본이익률(ROE)이 약 8~9% 내외로 본원적인 수익성이 서로 비슷한 편이다. 비록 총 주주환원율의 차이가 다소 나기는 하지만 국내 은행들의 주주환원율 또한 계속 상승하고 있는 점 등을 고려할 경우 일본 은행주와 한국 은행 주간의 PBR 차이가 지나치게 벌어져 있기 때문이다.

자본 비율, 예상보다 안정적

2025년 세제개편안에서 법인세율이 2022년 수준의 환원으로 1%p씩 상향되고, 금융·보험업 교육세도 과표구간 1조원 이상일 경우 0.5%에서 1.0%로 인상되면서 세율 인상이 2026년 이후의 은행 지주사 이익에 미치는 영향이 불가피해졌다. 하나증권이 분석 대상(유니버스)으로 삼고 있는 은행·금융지주사들의 교육세 인상 영향은 약 6100억원으로 추정되는데 세후 기준으로는 약 4500억원이고, 법인세 1%p 상향 영향은 약 2200억원이므로 두 요인을 합할 경우 세후 총 6700억원 정도의 영향이 예상된다.

여기에 과징금 불확실성도 있는데 금감원이 조만간 부과할 홍콩 주가연계증권(ELS)의 경우 과징금 기준이 거래대금으로 확대됐지만 감경 사유 또한 상당히 많다는 점에서 홍콩 ELS 과징금 규모는 시장의 우려보다는 크지 않을 것으로 추정된다. 다만 공정위가 2026년 중에 부과할 것으로 예상되는 은행 주택담보대출비율(LTV) 담합 의혹 과징금 및 은행·증권 국고채 입찰 담합 의혹 과징금 등은 규모에 대한 예측이 불가능하다는 점에서 불확실성을 키우는 요인으로 작용 중이다.

언론 보도에 따르면 은행 LTV 담합 의혹의 경우 업계에서 과징금 규모가 1조원을

한국, 일본 은행주 평균 PBR 비교

한국 0.5~0.6

일본 1.1~1.2

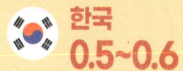

은행별 홍콩 ELS 판매액

KB국민 8조1972억
신한 2조3701억
NH농협 2조1310억
하나 2조1183억
SC제일 1조2427억
우리 413억

자료: 금융감독원

약 22조
2026년 은행지주사 전체 순익 추정치

밸류업을 확고히 추진하겠다는 양종희 KB금융그룹 회장.

> 2025년 중 총 주주환원율 50%를 달성하고 향후에도 총 주주환원율이 상승 추세를 기록할 가능성이 높다.

넘을 것이라는 관측이 제기되고 있는데 만약 실제 과징금이 부과될 경우 과징금만큼 손익에 바로 반영될 것으로 예상되고, 추가로 운영 리스크에도 600%의 위험가중치가 적용된다는 점에서 보통주 자본 비율의 하락을 야기할 수 있기 때문이다.

세제개편 영향을 반영한 2026년 은행지주사 전체 추정 순익은 약 22조7000억원으로 일단은 2025년 대비 약 1% 내외 이익이 증가할 것으로 추정하고 있지만, 2026년 중 발생할 수 있는 각종 과징금 부과 가능성 등까지 반영할 경우 증익 추세가 지속될 것이라고 예단하기가 쉽지 않다. 여기에 은행 지주사들의 새도약기금 지원 및 국민성장펀드 등의 생산적 금융 전환과 포용 금융 확대 발표 계획 등도 2026년 이익에 어느 정도 부정적인 영향을 줄 것으로 예상된다.

다만 이익 성장에 대한 불확실성에도 불구하고 자본 비율에 미치는 부정적 영향은 크지 않을 것으로 예상되는데 이는 금융당국이 과징금 부과 시 재발 방지 대책 수립과 이행 등의 요건을 만족할 경우 운영 리스크 산출 배제를 검토할 수 있다는 언론 보도가 나오고 있고, 생산적 금융을 위한 보유 주식 위험가중치 개선 및 국민성장펀드의 경우 정책목적펀드 특례 요건으로 위험가중치가 100%로 적용되는 등 은행 자본 규제 합리화 방안도 동시에 진행되고 있기 때문이다.

KB금융 '리딩뱅크 프리미엄' 부각

현 정부의 밸류업에 대한 의지가 계속 충만한데다 은행 보통주 자본 비율이 현 수준에서 크게 약화되지 않는다면 2027년까지 총 주주환원율을 50%로 확대하겠다는 은행들의 밸류업 계획은 그대로 순항할 가능성이 높다. 결국 2026년에도 밸류업 기대는 계속 유효할 것이고, 은행들의 주주환원율이 계속 확대된다면 수익성 대비 현저히 저평가돼 있는 PBR도 결국은 중장기적인 관점에서 동반 상승할 수밖에 없다고 판단된다.

단기적인 측면에서는 원·달러 환율 하락 전환 여부와 배당소득 분리과세 세율 인하 및 3차 상법 개정안 등이 은행주 투자심리 개선을 일으키는 모멘텀으로 작용할 전망이다.

대부분의 금융 지주사들이 2026년 초 정관변경을 통해 2027년부터 비과세 감액배당을 실시할 것으로 예상되는데 이 경우 배당소득 분리과세 세율 인하의 영향이 없어지겠지만 분리과세 고배당 기업에 해당될 경우 2026년 배당분은 실효세율이 높아지게 되며 정부의 주주환원 정책 의지 확인과 수익성 대비 저평가된 저PBR 업종의 멀티플(Multiple) 개선 측면에서 분명 은행주 투자심리 개선에 일조할 수 있을 것으로 예상된다.

자사주를 매입한 직후 바로 전량 소각하는 은행주의 경우는 자사주 소각 의무화를 다루는 3차 상법 개정안 이슈와도 직접적인 영향이 크지는 않지만 배당소득 분리과세 세율 인하 시와 같은 논리로 긍정적인 영향을 줄 전망이다.

2026년 은행업종 최선호주는 KB금융이다. 은행 부문 이익이 견고한데다 증권 등 비은행의 실적 개선도 예상된다는 점에서 2026년 이후에도 이익과 수익성 측면에서 압도적인 우위를 점할 것이라는 전망도 주요 투자 포인트이다. 각종 과징금 관련 우려가 해소되고 외국인이 은행주에 대해 순매수에 나서게 되면 다시 리딩뱅크 프리미엄이 재부각되면서 은행 중 상승 탄력이 가장 강할 것으로 기대한다.

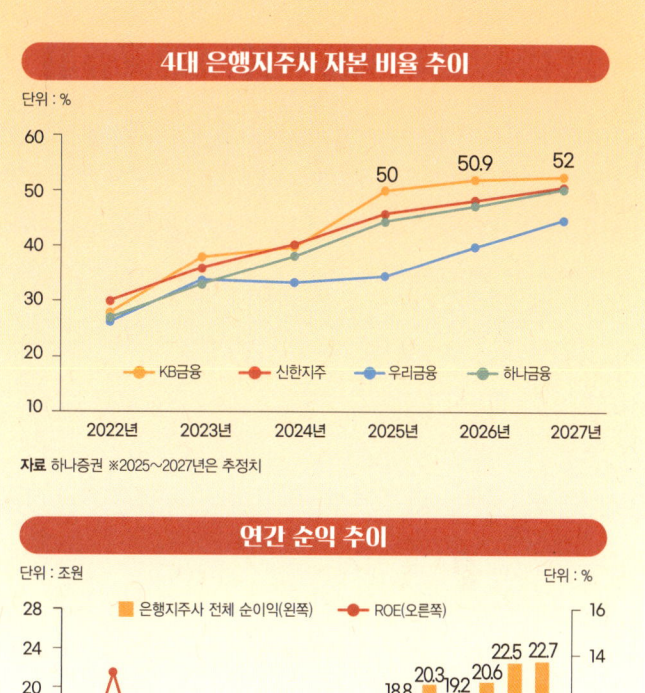

4대 은행지주사 자본 비율 추이

자료: 하나증권 ※2025~2027년은 추정치

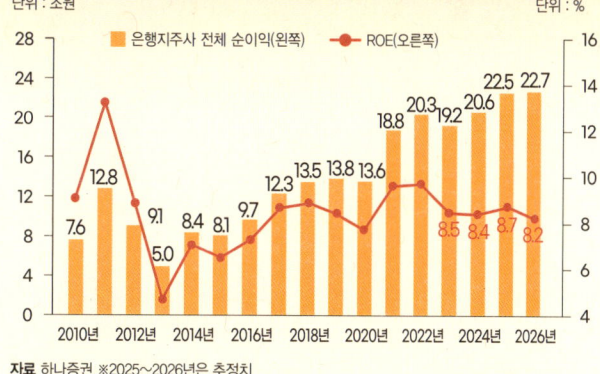

연간 순익 추이

자료: 하나증권 ※2025~2026년은 추정치

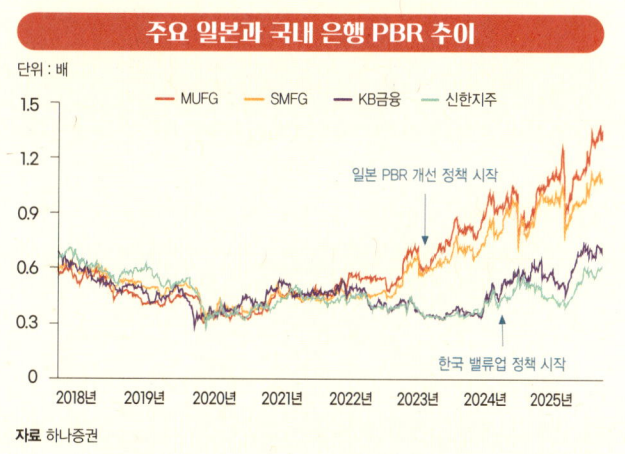

주요 일본과 국내 은행 PBR 추이

자료: 하나증권

SECTION 2

11 유틸리티

AI와 원전이 맞물린 전력산업 또 한 번의 성장기

2026년, 데이터센터·원전이 이끄는 전력 르네상스…
빅테크 투자 확대와 한전 전력망 투자가 변수

2025년에 이어 2026년은 글로벌 전력 시장이 급성장을 이어갈 전망이다. AI 데이터센터의 폭발적인 증설은 더 이상 테크 산업 내부의 이슈가 아니다. 전력 자체가 곧바로 지능(Intelligence)으로 전환되는 시대가 펼쳐지면서, 전력은 국가경쟁력의 핵심이자 지정학적 영향력의 수단으로 부상하고 있다.

2026년, 전력 투자가 폭발한다

전력 투자의 주요 주체인 빅테크들도 2026년 자본지출(Capex)을 약 20% 증가시킬 전망이다. 마이크로소프트, 아마존, 구글, 메타 등 빅테크들은 지속가능회계기준위원회(SASB), 자산유동화증권(ABS) 등 다양한 방식을 통해 에너지 투자에 필요한 자금을 모으고 있으며, 이들의 12개월 트레일링 순부채·상각 전 영업이익(EBITDA) 비율은 0.4배 미만으로 추가 자금 조달 여력이 충분한 것으로 보인다. 실제로 미국은 2025년 원전 용량을 2050년까지 4배로 확대하겠다는 계획을 발표했으며, 관세 협상에서 얻어낸 자금 여력을 바탕으로 웨스팅하우스와 뉴스케일 같은 원전 기술 기업에 대해 직접적인 금융 지원을 약속했다.

원전·SMR, 2026년 실체적 투자 사이클 진입

2026년 원전과 소형모듈원전(SMR) 산업에서는 단순한 전략목표가 아닌 착공으로 이어지는 실체적 투자 사이클이 시작될 것이다. 페르미가 '도널드 트럼프 원전'을 2026년에 착공하는 등 대형 원전 프로젝트가 시작되고 있다. 뉴스케일은 미국 테네시 밸리 공사(TVA)와 함께 6GW 규모 SMR 설치 프로그램을 진행하고 있으며, 한국의 두산에너빌리티는 2026년 1분기 내 SMR 전용 공장 착공 이후 주기기 제작에 착수할 계획이다. 이러한 변화는 중소형주까지 수혜 기반이 대폭 확대되는 흐름으로 연결된다. 수직적 공급망에서 수평적 확산 구조로 재편되는 것이다.

한편, 가스 발전 산업에서도 중소형주의 약진에 주목한다. 초대형 가스터빈은 리드타임이 길기 때문에 중소형 가스터빈, 왕복동 엔진, 연료전지 등 대안이 부각되고 있다. 특히 연료전지는 가장 리드타임이 짧고 오염 배출 물질이 적으며, 가용률이 높고 반응 속도가 빨라서 데이터센터와 궁합이 잘 맞는다. 이 과정에서 블룸에너지는 2025년 약 6배의 주가 상승률을 보였다. 블룸에너지의 피어 그룹인 두산퓨얼셀도 주목해야 한다.

두산퓨얼셀과 하이엑시엄(두산의 연료전지 판매사)은 이미 미국 시장에서의 소규모 데이터센터 납품 경험을 보유하고 있으며, 2026년 상반기를 기점으로 대형 AI 데이터센터향 수주 가능성이 높아지고 있다.

AI 데이터센터 확산, 전력망 투자·요금 정상화 압박 가속

내수 전력 시장에서도 중대한 변화가 찾아오고 있다. 엔비디아로부터 그래픽 처리장치(GPU) 26만 개를 도입하기로 하는 등 국내에서도 AI 데이터센터 건설이 본격화되고 있다. 이는 용인 반도체 클러스터와 함께 한국의 전력 수요 성장을 이끌 전망이다. 또한 서남해, 부·울·경 지역에서 해

미국 원전 용량 확대 목표
2050년까지
4배

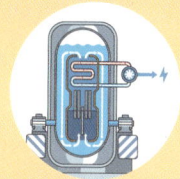

SMR
Small Modular Reactor

증기발생기, 냉각재 펌프, 가압기 등 주요 기기를 하나의 용기에 일체화한 소형 원자로를 뜻한다. 기존 대형 원전 대비 건설 비용과 리드타임이 짧고, 출력(1000~1500MW급)은 대형 원전 대비 1/3~1/5 이하 규모다.

> 2026년 원전과 SMR 산업에서는 단순한 전략목표가 아닌 착공으로 이어지는 실체적 투자 사이클이 시작될 것이다.

SECTION 2　11　유틸리티

미국 버지니아주에 위치한 아마존웹서비스(AWS) 데이터센터.

> 전기요금 인상은 정치적·경제적 맥락을 모두 고려해야 하는 복잡한 의사 결정이지만, 지금은 그 무엇보다도 산업 발전 논리가 앞서는 시기다.

상풍력단지 착공이 본격화되면서 발전 믹스에도 큰 변화가 나타나고 있다.

그런데 정작 한국전력이 데이터센터에 전력망 연결을 거부하는 사례가 자주 나타나고 있다. 이는 단순한 인허가 문제가 아니라, 지난 수년간 누적된 전력망 과소 투자와 한전의 재무 제약이 겹친 결과다.

한전은 한국 전력망 투자를 전담하고 있다. 만약 한전의 비정상적인 재무구조가 유지되고, 정상적인 전력망 투자를 하지 못한다면 AI데이터센터·반도체 클러스터·해상풍력단지 등 국가 핵심 인프라 프로젝트의 진행 속도가 느려질 것이다. 따라서 전기요금 인상 가능성을 높게 본다. 전기요금 인상은 정치적·경제적 맥락을 모두 고려해야 하는 복잡한 의사 결정이지만, 지금은 그 무엇보다도 산업 발전 논리가 앞서는 시기다.

정치권에서도 여야를 막론하고 전력망 투자 확대와 요금 조정 필요성에 공감하고 있다. 전기요금을 인상한다면 인상 방향은 산업용보다 주택용·일반용 중심으로 이뤄질 가능성이 높다. 산업용은 이미 원가 대비 높은 수준이며, 주택용·일반용의 마지막 인상은 2년 반이 지난 상황이기 때문이다. 또한 유력 인상 시기로 2025년 말을 주목한다. 2026년 서해안 에너지 고속도로를 착공하기 위해서는 재원 마련이 시급하기 때문이다.

연료전지·가스 발전, 차세대 전력 대안 부상

한편, 요금 인상을 통해 재원이 마련된다면 해상풍력단지, 전력망 프로젝트도 본격화될 전망이다. 이미 신안우이·안마 해상풍력 등 조 단위 해상풍력 프로젝트들이 착공에 들어갔거나 착공을 눈앞에 두고 있다. 정부 역시 2035 국가온실가스감축목표(NDC) 발표 이후 해상풍력 확대에 박차를 가할 전망이다. SK오션플랜트와

SK이터닉스 등 해상풍력 관련 밸류체인에 주목한다.

한국전력은 전기요금 인상 시 자기자본이익률(ROE) 상향을 통한 멀티플 상승이 기대된다. 만약 요금을 인상하지 않더라도 현 밸류에이션과 배당만으로도 충분히 매력적인 종목이다. 연간 주당순자산(BPS) 상승률이 20%에 달하며, 배당수익률 역시 4~5% 수준을 기록하고 있다(별도 기준 배당 성향 20%를 가정). 한국전력은 앞서 설명한 원전 사업의 성장에도 수혜를 누릴 수 있다. 한전, 혹은 자회사인 한수원은 원전 EPC, 운영 등 다방면에서 경험이 풍부하다. 특히 급격한 속도로 진행되는 미국 대형 원전 시장에서 수주 가능성을 높게 본다. '마누가(MANUGA, 미국 원전을 다시 위대하게)'라는 키워드로도 알려진 한미 원전 협력이 아직은 구체화하지 않았으나 2026년 중 제반 사항이 정리된 후 급물살을 탈 가능성이 높다. 한전, 한전기술 등은 글로벌 원전 피어들 대비 주가 수익률이 저조했으나, 이제 가치를 인정받을 때다.

정리하자면, 2026년은 AI데이터센터 확산과 원전 재부흥이 맞물리며 전력산업이 또 한 번의 성장세를 맞이할 것이다. 해외, 특히 미국 수출에 대한 수혜가 대기업에서 중소기업까지 확대되면서 투자 기회가 다양해질 전망이다.

한편, 국내에서도 데이터센터 시장이 형성되고 있다. 이를 뒷받침하기 위해선 전기요금 정상화와 전력망 투자 확대가 필수이며, 이는 매력적인 밸류에이션 및 원전 기대감과 함께 한국전력의 주가 전망을 밝게 볼 수 있는 요소다.

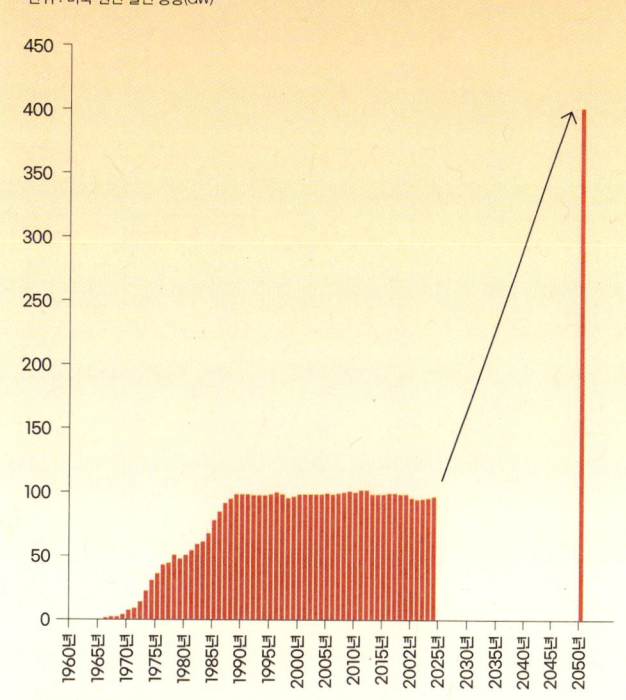

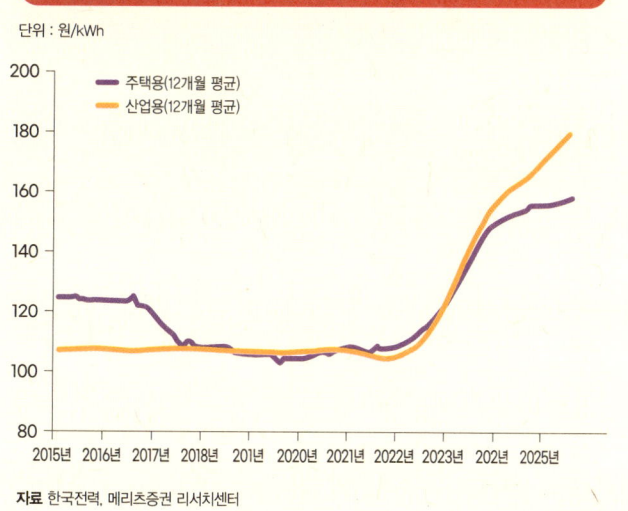

SECTION 2

12 자동차

구조적 비용 압박의 시대…
한계기업은 도태한다

글로벌 자동차산업, 관세·전환 비용의 이중고
현금 흐름 방어력이 결정하는 생존 구도

현대자동차·기아

이중의 구조적 압박, 마진은 줄고 격차는 커진다

2026년 글로벌 자동차산업은 과거의 단기적 수요 또는 유동성 충격이 아닌, 장기적이고 복합적인 '구조적 비용 압박' 국면에 진입하고 있다. 이 구조적 압박은 다음 두 가지 핵심 요소의 결합에서 비롯된다.

첫째, 지정학적 위험 심화에 따른 관세 및 공급망 인플레이션의 지속적인 압력이다. 한국의 자동차 대미 관세율이 일본에 이어 15%로 조정됐다고 하나, 자유무역 환경하에서 확보했던 수익성과는 근본적으로 변화했다. 무디스(Moody's)는 트럼프 행정부의 관세 정책으로 인해 2025년 글로벌 완성차 업계가 약 300억 달러에 달하는 영업이익 손실을 입을 수 있다고 경고했다.

둘째, 불확실한 전기차(EV) 전환 비용이다. 유럽 및 북미 시장에서 EV 수요가 둔화하고 규제 환경이 완화돼도, OEM들은 여전히 미래 경쟁력 유지를 위해 대규모 자본 지출(Capex)을 강요받고 있다. IRA(인플레이션 감축법) 통과 이후 미국 내 EV 및 배터리 제조 시설에 18개월간 1880억 달러의 투자가 발표된 것이 그 방증이다. 특히 미국의 전기차 전략의 정책적 후퇴로 전기차 수요가 기대와 다른 방향으로 가고 있어 이미 전환 투자에 돌입한 미국 내 OEM 입장에서는 여전히 남아 있는 내연기관과 하이브리드 수요 대응에 대한 구조적 해답이 필요한 상황이다.

코로나19 이후 약해진 완성차 업체들의 재무적 체력은 시장 환경 변화에 대응하기 위한 장기적 투자에 인색해질 수밖에 없으며, 단기적으로도 지정학적 불확실성을 극복하기 위한 대응 비용이 필요한 상황이다. 이러한 압력하에서 2026년의 생존 경쟁은 단순한 시장 점유율 싸움이 아니라, 구조적인 비용 격차를 관리하고 미래 기술 전환에 필요한 잉여현금흐름(FCF)을 안정적으로 창출할 수 있는 기업의 재무적 역량에 의해 결정될 것이다. 마진 압박은 결국 한계 기업들을 자산 매각이나 인수합병(M&A) 매물로 내모는 구조조정의 가속화를 유도할 것이다.

2008년과 다른 위기, 구조의 시대

이러한 시장 환경의 변화는 과거의 경제 충격하에서 자동차 시장 환경을 살펴볼 필요가 있다. 대표적으로 2008년에 겪었던 금융위기로부터 발생한 자동차산업 위기는 본질적으로 외부 금융 충격에 의한 유동성 및 급격한 수요 쇼크였다. 미국 신차 판매는 40% 가까이 급감했고, 신용경색은 OEM의 자금 조달 능력을 마비시켰다.

이 위기는 고유가와 미국 '빅 3'가 연비 효율이 낮은 대형차(SUV·트럭)에 집중했던 비효율적인 제품 믹스에 의해 더욱 가속화됐다. 당시 위기에서 GM과 크라이슬러는 파산과 구제금융을 통해 레거시 부채를 탕감하는 구조조정을 단행했으며, 포드는 2007년에 확보한 대규모 신용한도를 통해 파산을 면할 수 있었다. 반면, 도요타는 위기 속에서도 긍정적인 FCF를 유지하며, 2012년 회계연도에 순이익 121억 달러를 기록하는 등 상대적 재무 건전성을 입증했다.

과거 위기의 핵심 교훈은 충분한 유동성 방어막과 시장 변화에 유연하게 대응할 수 있는 제품 믹스(소형·고연비 차량)가

2025년 글로벌 완성차 예상 영업이익 손실 300억 달러

약 40% 미국 신차 판매 감소율 (2008년 금융위기)

조용한 파산
Silent Bankruptcy

법적 절차 없이 겉으로만 운영을 이어가지만, 현금흐름 악화로 사실상 회생이 불가능한 상태를 의미한다.

SECTION 2 | 12 자동차

미국 조지아주에 위치한 현대자동차그룹 메타플랜트 아메리카(HMGMA).

> 과거에는 부채 탕감과 유동성 공급으로 회복이 가능했지만, 현재는 구조적인 비용 증가와 필수적인 기술 전환 투자라는 만성적인 스트레스가 동시에 작용한다.

생존을 결정했다는 점이다.

'선별적 디커플링' 시대로 진입

2026년 자동차산업이 직면한 환경은 2008년의 단기적인 유동성 쇼크와는 근본적으로 다르다. 과거에는 부채 탕감과 유동성 공급으로 회복이 가능했지만, 현재는 구조적인 비용 증가와 필수적인 기술 전환 투자라는 만성적인 스트레스가 동시에 작용한다.

2026년의 스트레스는 과거와 달리 비용 구조 자체가 영구적으로 높아진 상태에서 OEM들이 BEV(Battery Electric Vehicle) 전환을 위한 대규모 자본적 지출을 지속해야 한다는 점에 있다. 즉, 관세 충격 경고와 같은 비용 악재는 한계기업에게 FCF 고갈을 통한 '조용한 파산(Silent Bankruptcy)'을 유도한다. 영업 레버리지가 낮고, HEV 기반의 현금 창출 능력이 부족한 기업들은 고정적인 전기차 투자를 감당하지 못하고, 결국 자산 활용도(Capacity Utilization)가 낮은 공장 폐쇄나 M&A를 통한 구조조정 압력에 직면하게 된다. 따라서 2026년의 재무 건전성은 '미래 기술 전환 비용을 감당할 수 있는 지속 가능한 현금 창출 능력'에 의해 결정될 것이다.

현대차·기아, 구조적 비용 시대의 점유율 흡수자

EV 수요 둔화와 규제 환경 변화는 HEV를 단순한 과도기가 아닌, 2026년의 가장 중요한 현금흐름 생성기로 만들었다. 현대차, 기아를 비롯해 일본의 도요타, 혼다와 같이 HEV 포트폴리오를 통해 강력한 판매 증가세와 현금흐름을 창출하는 기업들은 EV 전환에 필요한 자금을 자체적으로 조달하며 경쟁우위를 강화할 것이다. 이들 기업은 단기적인 수익성과 장기적인 안정성을 동시에 확보하는 투자 대상으로 평가된다.

반대로 스텔란티스 등 HEV 포트폴리오가 약하고 내연기관·트럭 마진에 대한 의존도가 높으며, 2024년 미국 시장에서 심각한 판매 감소를 겪은 기업들은 구조적 비용 압박과 현금흐름 고갈 위험에 직면할 것이다. 이들 기업은 M&A 매물화 또는 대규모 구조조정 리스크가 높아질 것으로 우려된다.

장기적인 관점에서 SDV 및 ADAS 분야에서 선도적인 기술력을 확보해 새로운 구독 기반 수익 모델을 창출하는 핵심 공급 업체는 OEM의 실적 둔화와 무관하게 고마진 성장을 지속하며 디커플링을 시현할 것이다. 특히 부족한 유동성하에서 미래 기술에 적극적으로 투자할 수 없는 기업은 선도 기술 업체와의 업무적 제휴나 지분 투자 등을 통해 효율적인 투자를 할 것으로 기대된다.

미국의 관세 충격 경고는 OEM의 영업이익에 심각한 영향을 미칠 수 있다. IRA 수혜를 극대화하고 북미 지역으로 생산을 지역화하는 전략적 유연성을 갖춘 기업들이 신용 리스크 관리 측면에서 우위를 점할 것이다. 하지만 코로나19 이후 현지 설비투자비가 인플레이션 때문에 직전 대비 매우 높아진 점을 고려해본다면, 현대차그룹의 HMGMA 투자는 매우 효과적인 대미 투자 전략이었음을 방증한다. 결국은 2026년 글로벌 완성차 업체는 재무적 건전성에 기반한 변화 대응에 대한 체력과 지속적인 영업현금흐름(OCF)을 창출할 수 있는 유연한 제품·지역 포트폴리오 확보가 중요해졌다. 이 과정에서 하이브리드 포트폴리오를 주력으로 하는 기업들은 명확한 수혜가 기대된다.

2026년 자동차산업의 구조적 비용 압박 요인

① 지정학적 비용 인플레이션
미국 관세(한국산 15%) 지속
공급망 재편 및 물류비 상승
2025년 업계 영업이익 300억 달러 손실 가능성

② 전기차 전환 비용 부담
IRA 이후 美 EV·배터리 투자 확대
수요 둔화 속 Capex 고착화
18개월간 1880억 달러 투자 발표(미)

③ 구조적 마진 축소 리스크
FCF 압박 → 한계기업 도태 가속
M&A 및 자산 매각 리스크
OEM 현금흐름 변동성 확대, ROIC 하락 추세

2026년 주요 OEM별 경쟁력 포지셔닝

기업군	특징	경쟁 포인트	전망
현대차·기아	HEV+BEV 이중전략, 지역 다변화	HMGMA 현지화, FCF 안정성	점유율 흡수 (Share Absorber)
도요타·혼다	HEV 중심의 수익 기반	기술 내재화, Capex 자금 자력조달	안정적 성장 지속
스텔란티스	HEV 포트폴리오 약함, 트럭 의존	미국 판매 감소, Capex 부담	구조조정·M&A 리스크
GM·포드	IRA 수혜, EV 투자 집중	정책 후퇴 리스크, 현금 소모 부담	투자 효율성 중요
신흥 OEM (중국 등)	원가 경쟁력, 내수시장 방어	가격경쟁 심화, 수익성 불안	제한적 확장 가능성

자료 현대차증권

SECTION 2

13 조선·중공업

너무 많이 오른 조선주의 피크아웃? 끝나지 않았다!

LNG선 발주와 MASGA 프로젝트가 맞물리는 2026~2033년
'조선 슈퍼사이클의 2막' 될 가능성 높아

2020년 조선 5개 사 시가총액은 20조원을 하회했지만, 현재 140조원을 넘어섰다. 여기에 LNG선 발주 재점화와 한·미 '마스가(MASGA)' 협의가 조선업의 새 성장 모멘텀으로 부상하고 있다.

이 급등은 2021년부터의 신조시장 호황과 2022년부터 수주한 '고가 물량'의 본격 건조를 통한 이익 턴어라운드, 친환경선 교체 수요 및 액화천연가스(LNG)선 발주 증가에 따른 신조선가 상승이 맞물리며 이뤄졌다.

하지만 너무 많이 올랐다는 이유만으로 피크아웃을 우려하는 목소리도 있다. 2027년 주가수익비율(PER)이 15배 수준이라는 점에서 조정 가능성을 묻는 질문도 많다. 그러나 결론은 분명하다. 이익은 여기서 2배 성장할 것으로 분석되고, LNG선 발주 사이클이 이제 막 재점화 중이고, 한·미 조선 협력 프로젝트 '마스가'가 새로운 성장 모멘텀을 열 수 있기 때문이다.

이익 사이클, 2단 상승 구간 남았다

2021년 이후 신조선가는 꾸준히 상승했고, 조선사들은 2022년에 수주한 물량을 스스로 '고가 물량'이라고 불렀다. 이 물량을 본격 건조한 2024년에 주요 조선사들의 영업이익률은 높은 한 자릿수대로 회복했다. 그리고 2025년에 HD한국조선해양, HD현대중공업, 한화오션의 수익성은 계속 개선 중이다. 이는 2023년 수주분(원화 기준 신조선가 전년 대비 11% 상승)을 건조하고 있기 때문이다. 더 중요한 점은 2024년 원화 기준 평균 신조선가가 전년 대비 20%나 추가 상승했다는 사실이다. 이 물량들이 2026년에 실적의 중심이 된다. 즉, 조선업의 이익 턴어라운드는 아직 한 차례 더 가파른 구간을 남겨두고 있다. 2020년 저점 대비 주가는 6배 올랐지만, 아직도 영업이익은 2배 성장 여력이 남았다.

LNG선 발주 사이클, 다시 시작하면 3~4년의 수주 파이프라인

실적뿐 아니라 수주 사이클도 다시 불붙고 있다. 도널드 트럼프 미국 대통령은 대선 공약으로 북미 LNG 수출 확대를 명시했고, 실제로 취임 이후 정책의 수혜를 받아 다수의 LNG 수출 터미널들이 움직이고 있다.

2025년 하반기에 들어 벤처 글로벌의 CP2, 포트 아서 ph2, 셰니어의 코퍼스크리스티 T8-9 확장, 넥스트데케이드의 리오그란데 T4, 5프로젝트 등이 잇달아 FID(최종투자결정)를 발표했다. 이미 건설 중인 우드사이드의 루이지애나 LNG는 한국 조선사들과 약 20척 규모의 LNG선 건조 협의를 진행 중이다. 미국 외에도 모잠비크 코랄 노스가 FID를 내렸고, 로부마도 2026년 초에 FID를 목표로 제시했다. 캐나다의 LNG캐나다도 기존 14MTPA (100만 톤 연산) 수출 용량을 2배로 늘리는 2차 사업을 발표했다.

단기적으로 LNG 해운 운임 약세가 이어지고 있지만 노후 스팀터빈선 해체, 2028년 이후 신규 터미널들(200MTPA)이 완공되면서 강력한 수요와 함께 호황기로 넘어갈 전망이다. 이에 따라 한국 조선업의 호황은 2033년까지도 이어질 가능성이 크다.

마스가
MASGA

Make American Shipbuilding Great Again의 약자. 미국의 조선·해양 산업(특히 군함 및 물류선 건조·유지 보수)을 부활시키기 위한 산업 협력 프로젝트다. 한국 조선업체들이 주요 파트너로 참여하며, 2025년 한·미 무역협상 과정에서 조선업 부문이 핵심 의제로 부상하면서 본격화됐다.

조선 5사 시가총액 변화

2020년
약 **20조원**

↓ 약 7배 성장

2025년
약 **140조원**

노후 스팀터빈선 해체, 2028년 이후 신규 터미널들이 완공되면서 강력한 수요와 함께 호황기로 넘어갈 전망이다.

SECTION 2
13 조선·중공업

HD현대중공업이 건조한 LNG-FSRU.

이익 사이클은 여전히 상승 중이며, LNG선 발주와 MASGA 프로젝트가 맞물리는 2026~2033년은 '조선 슈퍼사이클의 2막'이 될 가능성이 높다.

클락슨 기준 신조선가는 2024년 하반기부터 하락세를 보였지만, 원·달러 환율 상승 덕에 원화 기준 신조선가는 강보합세다. 즉, 2024~2025년 수주 일감의 마진은 너무 좋은 수준이어서 더 좋아지기 어렵다는 점이 문제다. 따라서 이 물량들을 건조하는 2026~2027년에 조선사들의 실적도 더 좋아질 수 없고, 이는 주식시장에서는 멀티플 및 밸류에이션 하락으로 이어질 가능성이 높다.

조선사들의 독(dock)과 안벽도 풀가동이어서 더 이상 Q(물량)의 성장을 도모할 수 없는 상황이다.

다만, 한·미 MASGA 협의의 구체적 결과에 따라 이야기는 또 달라진다. 미국 현지 조선사 인수 및 조인트벤처(JV) 투자를 통해 생산능력과 시장 접근의 확대가 가능해지고, 미국에 기자재를 공급하는 사업이 개시된다면, 조선업은 다시 2막의 성장 국면에 진입할 수 있다.

MASGA, 어떤 부가가치를 챙길 것인가

MASGA는 한·미 관세 협상의 핵심 변수이자 기회다. 한국은 인력과 독의 한계로 국내 생산능력을 크게 늘리기 어렵지만, 미국 조선사 인수 및 JV(합작투자) 설립을 통해 새로운 성장세를 확보하려 한다. 미 해군의 중장기 전투함 건조 계획, 전략상선단 확충 등에서 한국 조선사의 참여 기회가 주어지려 한다.

미국 조선사를 인수하거나 JV 형태로 진출하는 것도 필요하지만, 한국에서 부가가치를 챙기는 작업이 시도 중이다. 한국에서 제작하는 기자재를 모듈 형태 등으로 미국에 공급하는 구조이며, 이는 독을 사용하지 않고도 Q(물량) 성장이 가능해지는 것이다. 또한 동일 구조물을 생산하는 원가가 미국이 한국 대비 3~5배에 달하는 점을 감안하면 미국 입장에서는 자국보다 싸고 빠르게, 한국 조선업 입장에서는 기존 구조물보다 비싼 가격에 더 높은 마진을 기대할 수 있다. 이는 2026~2027년의 이익 정체를 돌파할 수 있는 새로운 성장 동력이 될 것이다.

조선업의 구조적 호황은 이미 5년째다. 그러나 이익 사이클은 여전히 상승 중이며, LNG선 발주와 MASGA 프로젝트가 맞물리는 2026~2033년은 '조선 슈퍼사이클의 2막'이 될 가능성이 높다. '너무 많이 올랐다'는 이유만으로 피크아웃을 논하기엔 아직 기회의 물결이 남아 있다.

HD현대중공업, 글로벌 시장 노리는 2000톤급 잠수함 출격

조선업종 최선호주는 HD현대중공업이다. 이 회사의 수익성 및 제품 믹스 개선은 2025년 4분기 매출 증가를 타고 더 강력하게 표출되고, 2026년에 가파른 실적 개선이 예상된다.

HD현대중공업은 2025년 11월 5일 페루 국영 시마 조선소와 '페루 잠수함 공동 개발 및 건조의향서(LOI)'를 체결했다. 구체적인 사업 규모 등은 공개되지 않았다. 이 사업 자체만의 규모 및 일정보다, 이 사업을 바탕으로 2000톤급 수출형 잠수함 디자인을 보유해 장차 글로벌 잠수함 시장을 공략하는 발판이 될 것이다.

특히 미국 핵잠수함 또는 '코리아 원팀'으로 참여하는 폴란드, 캐나다 잠수함 사업에서 이 회사도 밸류에이션을 인정받아야 한다고 주장한다.

2025년 3분기에 확인된 제품 믹스 개선과 엔진 부문 실적 상승을 감안할 때 2027~2028년 실적은 추가로 개선될 것으로 보인다. 조선업종 최선호주 의견을 견지한다.

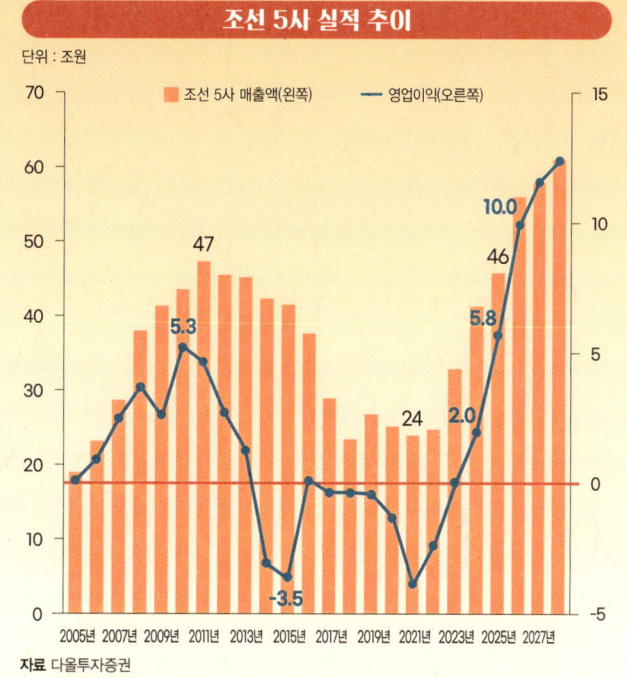

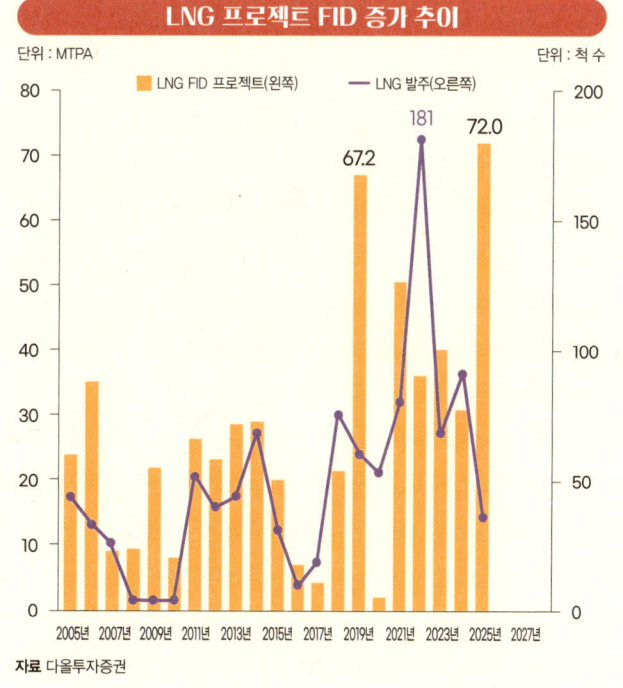

SECTION 2

14 방산·우주·기계

지정학·에너지·인프라가 만든 구조적 랠리… '난리통의 기회'

구조적 모멘텀을 선반영한 주가
2026년에는 수주가 매출과 이익으로 연결되는 실적 추종 국면이 본격화할 전망

지난 1년간 한국의 산업재 주식은 전방위적으로 레벨업했다. 지정학 리스크의 상수화와 리쇼어링·AI·에너지 전환이 촉발한 인프라 투자 급증이 랠리의 핵심 배경이었다.

산업재 구조적 상승의 원년

방산과 전력기기는 약 3배, 건설장비는 2배 내외의 상승세를 기록했고, 종목별로는 효성중공업이 5배, 현대로템이 4배, 한화에어로스페이스와 한화시스템이 2배가량 오르며 시장의 기대를 선도했다. 이러한 랠리의 배경에는 지정학 리스크의 상수화, 리쇼어링과 AI·에너지전환이 촉발한 인프라 투자 급증, 그리고 공급망 재편 속에서 드러난 한국 기업의 납기·원가·품질 우위가 있었다.

이러한 흐름이 2026년에도 유효하다고 판단하여 방산·기계 업종에 대한 비중 확대를 유지한다. 최선호주는 현대로템, HD현대일렉트릭, HD현대건설기계이며, 두산밥캣은 금리 인하와 북미 로컬 생산의 조합으로 수혜 가능성이 높다.

2025년의 시장은 '지정학·에너지·인프라'라는 세 축이 산업재의 구조적 상승을 이끈 해였다. 주가는 이미 구조적 모멘텀을 선반영했고, 2026년에는 수주가 매출과 이익으로 연결되는 실적 추종 국면이 본격화할 전망이다. 2026년은 한국 산업재가 수출을 넘어 동맹과 현지화를 통해 거점을 확장하는 해가 될 것이다.

방위산업, 수출에서 동맹으로

전 세계 국방비 지출은 2022년 이후 가파르게 증가했다. 과거 양적 확장 중심이던 군비 경쟁은 AI·무인·정밀유도 등 첨단기술 우위 경쟁으로 초점이 옮겨가고 있으나, 이를 운용할 전차·장갑차·자주포·함정 같은 플랫폼 수요는 오히려 강화되고 있다. 탄약과 부품, 정비와 업그레이드까지 포괄하는 '운영 가능한 전력'에 대한 수요가 폭발적으로 늘어났기 때문이다.

한국의 강점은 여기서 뚜렷해진다. 한국 기업들은 대량 조달이 가능한 범용 플랫폼에서 생산 속도·단가·신뢰성을 동시에 확보했고, 이 조합은 유럽과 중동, 아시아의 프로젝트에서 경쟁력을 발휘했다. 현대로템은 폴란드와 2차 K2 계약, 그리고 루마니아·중동 프로젝트로 수출의 지평을 넓히고 있다. 철도 부문의 안정적 성장과 재무구조 개선이 방산과 시너지를 이루며, 수주 모멘텀의 지속성을 높인다. 한화에어로스페이스는 K9 자주포, 천무 다연장로켓, 레드백 보병전투장갑차 등 지상체계 풀 라인업을 기반으로 현지화 트랙을 확장하고 있다. KAI, LIG넥스원, 한화시스템 등 항공·유도무기·함정 전투체계 업체들도 각자의 전문 영역에서 다층적인 파이프라인을 구축했다.

방산 업황에서 2026년의 관건은 생산 능력 확장과 현지화 속도다. 유럽과 중동의 프로젝트는 점차 '납품'에서 '현지 생산과 기술이전'으로 진화하며, 부품·탄약의 지속 공급망이 경쟁력의 분기점이 될 것이다. 한국 업체들은 이미 이 방향으로 투자와 파트너십을 늘리고 있으며, 이는 단순 매출 확대를 넘어 수익성의 질적 개선으로 이어질 것으로 본다.

전력기기, AI 발 초호황의 연속

전력기기는 이제 단순한 산업재가 아니라

2026년은 한국 산업재가 수출을 넘어 동맹과 현지화를 통해 거점을 확장하는 해가 될 것이다.

산업재 업종 밸류에이션

PBR
2배 → 6배
PER
12배 → 33배
1년 새 한 단계 상승

Capex
Capital Expenditures

자본적 지출이라고도 하며 미래의 이윤 창출, 가치 취득을 위해 지출된 투자 과정에서의 비용을 말한다.

미국 앨라배마주 HD현대일렉트릭 공장.

> 한국은 글로벌 공급망에서 대체하기 어려운 중간재 허브로 자리매김하고 있다.

전략 인프라 자산으로 평가받는다. 미국의 데이터센터·리쇼어링, 유럽의 에너지 전환, 중동의 송배전망 확충이 맞물리며 변압기·GIS·ESS에 대한 전방 수요가 공급을 지속해서 초과하고 있다. 특히 초고압 변압기는 숙련공 중심의 수작업 공정이 많아 증설의 리드타임이 길다. 이 제약은 납기와 단가, 제품 믹스 개선을 동시에 견인하며 업종의 이익 체급을 끌어올리고 있다.

HD현대일렉트릭은 초고압 변압기와 GIS에서 북미·유럽·중동으로 수주 영역을 확장하며 업종 리더로서 역할을 강화하고 있다. 효성중공업은 미국 멤피스 공장을 중심으로 북미 생산 거점화를 본격화했고, LS일렉트릭은 중저압과 스마트 전력 솔루션에서 데이터센터 전력반과 자동화 프로젝트로 차별화하고 있다.

한국 전력기기 3사의 수주 잔고는 2026년에도 고점을 경신할 가능성이 높고, 한국은 글로벌 공급망에서 대체하기 어려운 중간재 허브로 자리매김하고 있다. 단기적으로는 수주가 유지되는 한 단가와 믹스 개선이 실적을 지지할 가능성이 크다.

건설장비, 금리인하기 리바운드

건설장비는 2023~2025년의 조정 구간을 지나 2026년에 턴어라운드 원년으로 진입할 전망이다. 주택과 민간 건설은 여전히 제약받겠지만, 각국의 공공 인프라 집행과 에너지·자원 투자 확대가 중대형 토목 장비의 실수요를 지탱한다. 미국의 금리인하가 시작되면 재정 투자와 민간 프로젝트의 자금조달 환경이 개선돼 수요 회복의 속도도 빨라진다. 광산 개발과 운반 장비는 원자재 가격의 절대 레벨과 무관하게 에너지전환과 AI 인프라 수요의 확대로 안정적인 베이스를 확보하고 있다. HD현대인프라코어와 HD현대건설기계는 2026년 1월 합병을 통해 통합 법인

'HD현대건설기계'로 출범한다. 엔진과 전동화 플랫폼 공유, 부품 공급망 단일화, 글로벌 딜러망 통합으로 규모의 경제가 현실화하며 수익성의 체질 개선이 예상된다. 합병 신설 법인의 2026년 매출이 8조 원대 후반으로 확대되어 영업이익률이 점진적으로 개선될 것으로 보인다.

현대로템, HD현대일렉트릭, HD현대건설기계

2026년에도 방산 최선호, 전력기기 구조적 호황, 건설장비 회복 초입이라는 3단 트랙을 유지한다. 현대로템은 폴란드 2차와 루마니아 등 유럽 프로젝트로 수주 규모와 질이 함께 개선될 전망이며, 철도 부문의 안정적 성장과 재무구조 개선이 균형을 이룰 것이다.

HD현대일렉트릭은 초고압 변압기와 GIS의 글로벌 수주가 북미·유럽·중동으로 확산하며 업종 대장주로서 이익 체급을 한 단계 올릴 것으로 보인다. HD현대건설기계(통합 법인)는 합병을 통해 규모·부품·채널의 융합 효과가 실적에 반영되는 구간에 들어서고, 두산밥캣은 북미 로컬 메이커로서 금리인하와 리모델링 수요 회복의 직접 수혜가 기대된다.

정책과 관세, 환율은 언제나의 변수다. 미국의 통상·관세 정책 변화, 유럽의 조달 규정, 환율 변동성은 수익성과 가격 전가력에 영향을 미칠 수 있다. 유럽과 중동 프로젝트에서 현지 생산과 기술이전 요구가 강화될 가능성도 염두에 둘 필요가 있다. 그럼에도 한국 산업재는 공급망 경쟁력과 기술 독립성을 바탕으로 위험 대비 보상이 유리한 위치에 서 있다.

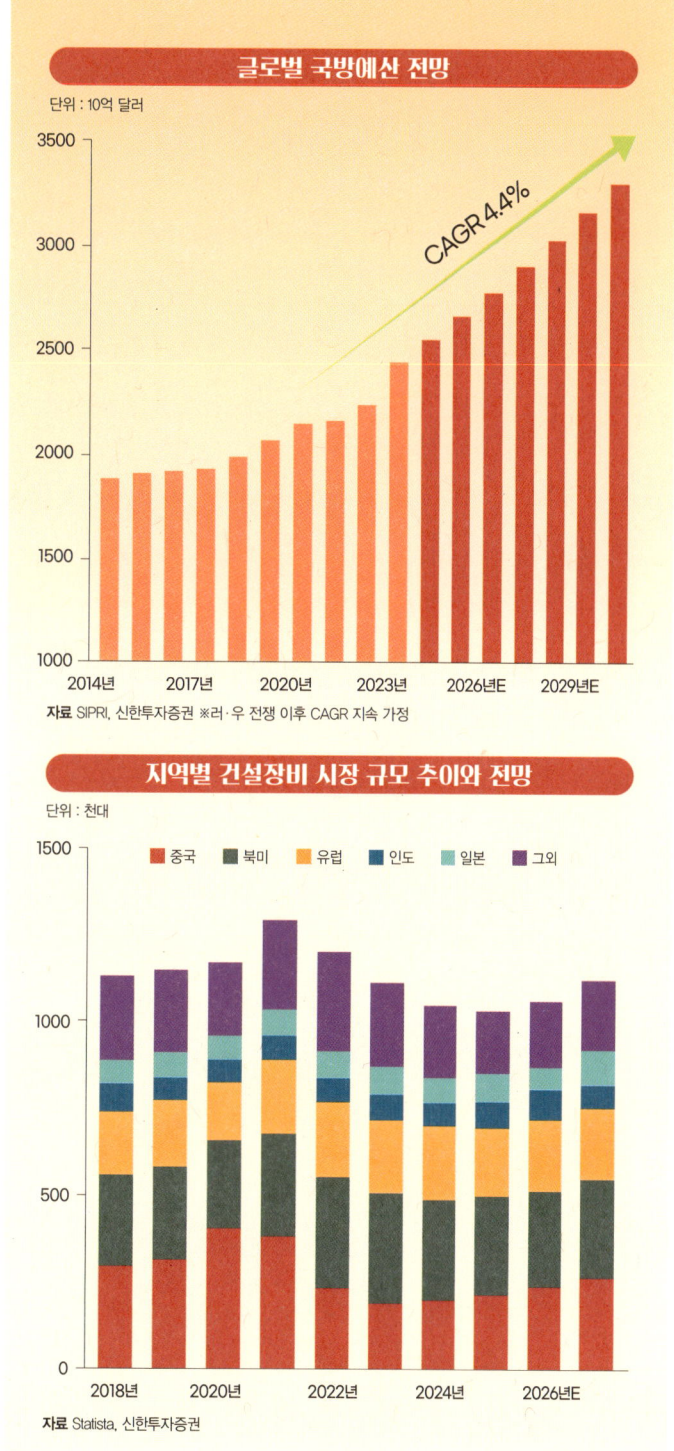

SECTION 2

15
제약·바이오

변방에서 중심으로

상반기 실적에도 소외됐던 제약·바이오
하반기 저평가 구간 탈출, 실적 모멘텀 본격화

제약·바이오 섹터는 빅파마와의 기술이전 및 공동개발 계약이 활발히 이어지고 있다.

성과 이어져도 저평가, 하반기 반등 기대

2025년 11월 빅파마와 8건의 기술이전(L/O) 및 공동개발 계약 체결, 9월 머크·알테오젠의 키트루다SC 미국 식품의약국(FDA) 승인, 디앤디파마텍 파트너사 멧세라를 둘러싼 10조원 이상 규모 M&A 경쟁(노보 노디스크와 화이자)까지 이뤄지며 제약·바이오 섹터가 주목받고 있다. 지난 10월 31일에는 한올바이오파마의 파트너사인 이뮤노반트 또한 외신에서 빅파마의 M&A가 논의 중이라는 사실이 보도되는 등 지난 10년간 보지 못했던 이슈들과 성과로 꾸준히 성장 중이다.

상반기 성과도 좋았다. 지난 1월 지투지바이오·베링거 인겔하임 공동개발 계약 체결, 2월 올릭스·릴리 간 대사이상 지방간염(MASH) 치료제 9116억원 L/O 계약, 3월 알테오젠·아스트라제네카 1조9000억원 L/O 소식 이후 4월 공매도 재개 우려로 하락한 섹터는 4월 에이비엘바이오·GSK 간 뇌혈관장벽(BBB) 투과 플랫폼 4조1000억원 L/O로 급격히 상승했다.

이후 5월 알지노믹스(비상장)·릴리 간 난청 치료제 1조9000억원 L/O, 6월 올릭스·로레알의 모발·피부 공동개발 체결 등 제약·바이오 섹터는 쉬지 않고 성과를 냈다. 작년 총 7건의 L/O 및 공동개발 계약이 체결된 것과 비교했을 때 10월까지 총 8건의 성과를 내 우수한 실적을 보여줬다. 그럼에도 상반기 중 제약·바이오 섹터의 소외는 지속됐다.

그리고 하반기 9월 20일 알테오젠이 3일 빠르게 키트루다SC에 대한 FDA 승인을 받았다. 여기에 금리 인하 기대감까지 더해지며 제약·바이오 섹터는 8월과 9월 추석 전까지 상승세를 이어갔다. 그러나 상장사들의 L/O 부재가 6개월째 지속되며 긴 추석 연휴와 지난해 대주주 양도세 하락장의 반복 우려로 섹터 수급 자체가 꺾인 상황이다. 같은 기간 NBI 지수는 미국 기준금리 인하 기대감과 약품 관세 불확실성이 완화되어 코로나19 이후 최고점을 갱신 중임에도 말이다.

하반기 상황은 반전될 것으로 전망한다. 11월부터 알테오젠 KOSPI 이전 상장에 더해 연내 기업공개(IPO) 예정인 알지노믹스, 에이드바이오가 현재 L/O 1건을 체결한 올릭스와 디앤디파마텍 시가총액 대비 굉장히 저평가된 가격으로 상장된다. 또한 펩트론과 릴리의 계약 및 공장 착공에 대한 새로운 소식도 전해질 것으로 기대되면서 시장에서 안도감을 찾을 전망이다. 이 같은 일들이 11월과 12월 사이 발생해 남은 하반기부터 제약·바이오 섹터 자체가 다시 큰 주목을 받을 것으로 예상된다.

본격 실적 상승하는 새해

2026년 1분기부터 알테오젠은 머크로부터 받은 키트루다SC의 판매 마일스톤을 인식하게 된다. 알테오젠, 리가켐바이오, 에이비엘바이오, 올릭스의 주요 임상 결과 및 기술이전 발표도 지속될 전망이다. 에이비엘바이오는 1분기 담도암 치료제(ABL001)의 임상 2/3상 결과 발표 후 FDA 가속 승인 신청까지 이뤄질 수 있다. 2027년에는 폐암 신약 보로노이 VRN11의 비소

기술이전 (L/O)
Licensing Out

신약 후보물질의 기술을 외부 제약사에 이전하고, 계약금·마일스톤·로열티를 받는 방식이다.

BBB
Blood-Brain Barrier

뇌혈관장벽, 약물이 뇌로 전달되는 것을 막는 구조로, 이를 통과하는 플랫폼 기술은 뇌질환 치료제 개발의 핵심이다.

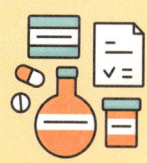

항FcRn 치료제

희귀 자가면역질환 치료제의 주요 기전으로, 한올바이오파마·이뮤노반트 파이프라인이 대표적이다.

SECTION 2
15 제약·바이오

알테오젠 연구진이 신약 개발 상황을 살펴보고 있다.

> 국내 제약·바이오는 더 이상 꿈에 의존하는 산업이 아니다.

세포폐암 EGFR(상피세포성장인자수용체) C797S 변이 환자 대상 FDA 가속 승인, 2028년 한올바이오파마·이뮤노반트 항 FcRn(태아 FC 수용체) 희귀 자가면역질환 치료제 FDA 가속 승인 등이 예정돼 있다. 국내 제약·바이오는 매년 FDA 승인을 기대할 수 있는 섹터로 변모 중이다.

아직 공동개발 단계인 펩트론과 릴리, 지투지바이오와 베링거 인겔하임 혹은 유럽 소재 제약사, 인벤티지랩과 베링거 인겔하임의 내년 본계약 체결도 기대된다.

한편 1개월 지속형 비만 치료제 1상 진입이 내년 섹터에서 가장 큰 이벤트로 주목받고 있다. 펩트론과 릴리의 기술 검토 기간은 2025년 12월 7일까지로 공장 착공과 맞물려 본 계약까지 어떤 행보를 보여줄지 기대가 크다.

신약임상 결과 앞두고 저평가

2026년 산업적으로 중요한 임상 결과도 다수 발표된다. 리가켐바이오·얀센의 TROP2 표적 항체 약물 접합체(ADC) LCB84 1상 결과 발표, 에이비엘바이오·컴패스의 담도암 치료제 후보물질 ABL001(VEGFxDLL4 이중항체) 2/3상 발표와 FDA 가속 승인 등이 기다리고 있다.

한올·이뮤노반트의 자가면역질환 치료제 IMVT-1402의 류머티스 관절염 2b/3상 및 전신 홍반성 루푸스 Pivotal 2상 결과 발표, 지아이이노베이션·유한양행의 알레르기 치료제 GI-301 2상 결과 및 L/O 등 굵직한 이슈들이 많다. 국내 제약·바이오는 더 이상 꿈에 의존하는 산업이 아니다. 저평가 기회 구간으로 판단하며 제약·바이오 섹터 비중 확대 의견을 유지한다.

톱픽: 알테오젠, 에이비엘바이오, 올릭스, 펩트론

알테오젠은 KOSPI 이전과 키트루다SC

FDA 승인 기반 판매 마일스톤 인식을 반영해 섹터 전체 톱픽으로 강력 추천한다. 외사 커버리지 개시, 특허 및 IRA 약가 인하 이슈 해소, FDA/EMA 조기 승인, AZ 신규 계약 등 호재만 반복 중이다.

그럼에도 주가가 1년 가까이 반등이 크지 않아 더욱 기회 구간으로 판단한다. 올해 제시한 펩트론(1H25), 에이비엘바이오(2H25) 톱픽은 2026년에도 유지한다.

에이비엘바이오는 BBB 셔틀 플랫폼의 추가 파트너십 및 담도암 치료제 FDA 가속 승인 신청, BMS와 옵디보 병용 중인 4-1BB x CLDN 18.2 이중항체의 긍정적 임상 결과에 따른 L/O 및 유한양행이 인수한 4-1BB x HER2, 4-1BB x EGFR 이중항체의 Sub L/O이 기대된다. 항암제, 뇌투과 플랫폼 및 사노피의 파킨슨병 치료제 임상 2상 진입 등 모든 사업 부문에서 두루 성과를 낼 것으로 예상된다.

올릭스는 릴리와 MASH 임상 2상 진입, 단회 투여 이후 1개월 만에 간 정상화 달성 및 3개월 이상 투약 간격의 장점을 기반으로 릴리와 MASH 추가 타깃에 대한 L/O 기대감이 높다. 건성 황반변성 치료제 OLX301A 또한 빅파마 L/O를 준비 중이다. 로레알과 체결한 탈모 화장품 및 치료제에 대한 공동개발을 본계약 형태로 전환할 가능성도 주목이 필요한 시점이다.

마지막으로 펩트론은 릴리와의 공동개발 및 기술 검토가 순항 중이다. 기술 검토 계약 마감 기한 12월 7일 전 릴리와 본계약 체결 및 공장 착공에 대한 기대감이 우려로 바뀐 것이 최근 주가 하락 요인이었다. 하지만, 계약 시기보다 내년 1상 개시가 필수적인 상황에 주목한다.

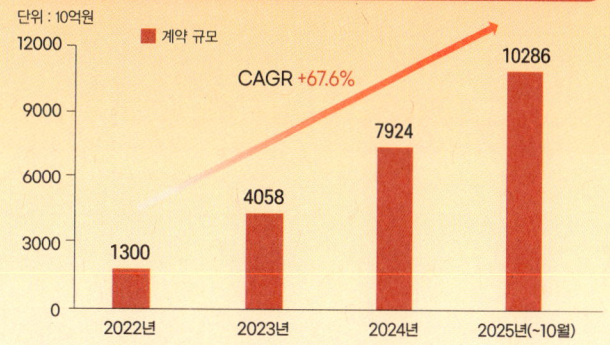

기술이전 및 공동개발 계약 금액 추이

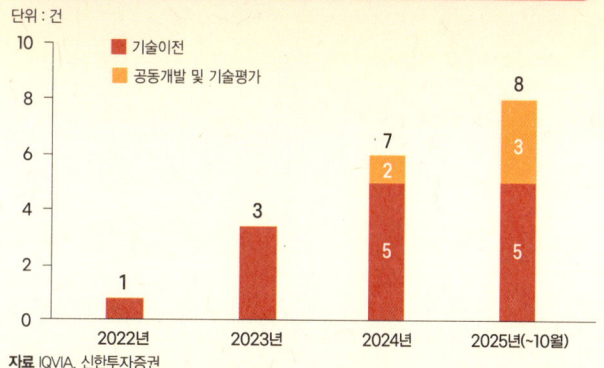

기술이전 및 공동개발 계약 수 추이

FDA 승인 기대감 보유한 국내 바이오텍 및 에셋

연도	바이오텍	에셋	비고
2024년	유한양행/오스코텍	레이저티닙(렉라자)	
2025년	알테오젠/머크	키트루다SC	
2026년F	에이비엘바이오/컴패스	ABL001	담도암 2L+ 가속 승인 신청 (상반기 신청 시 하반기 가속 승인 가능성)
2027년F	보로노이	VRN11	비소세포폐암 EGFR 변이 중 C797S 변이 + unknown 대상 가속 승인
2028년F	한올바이오파마/이뮤노반트	IMVT-1402	항FcRn, 그레이브스병(GD) First-in-class 가속 승인
2029년F	알테오젠/산도즈	다잘렉스SC 바이오시밀러	
2030년F	알테오젠/다이이찌산쿄	엔허투SC	HER2 타깃 ADC
2030년F	알테오젠/아스트라제네카	릴베고스토미그SC	PD-1 x TIGIT 이중항체
2030년F	펩트론/일라이 릴리	지속형 비만 치료제	젭바운드 1개월 제형 등
2031년F	지투지바이오/유럽 제약사	지속형 비만 치료제	

자료: 각 사, 신한투자증권

SECTION 2

16
정유·화학

4년 침체 끝, 에너지산업 '슈퍼사이클'의 서막

정유는 초호황을 예고하고 화학은 바닥을 찍고…
2026년 에너지 사이클의 축이 바뀐다

2026년 정유업체의 수익성 지표인 정제마진의 대폭 개선을 전망한다. 원재료인 원유는 공급 과잉에 직면하겠으나, 이를 정제하는 정제설비의 증설은 제한적인 국면이기 때문이다.

원유 공급 과잉과 정제마진 강세

정제마진 강세가 2026년에도 지속될 가능성이 높고, 이는 정유업체의 수익성 호조로 이어질 것이다.

글로벌 원유 시장은 공급 과잉에 직면할 것으로 판단한다. OPEC+가 지난 2~3년간 유지한 감산을 완화하기로 정책을 변경했기 때문이다. 이는 트럼프가 러시아·이란에 대한 제재를 강화하고, 사우디 및 중동과의 관계가 우호적으로 변화하면서 나타난 현상이다. 중동 입장에서는 러시아·이란에 대한 원유 수요가 줄어들고 대체재인 중동산 원유에 대한 수요가 확대되니 시장 점유율을 확대하고자 하는 의지가 높아질 수밖에 없다. 이러한 글로벌 외교 정책의 흐름이 OPEC+의 빠른 감산 완화를 견인하고 있다.

다만, 미국 신규 유정의 경우, 손익분기점(BEP)이 배럴당 64~65달러 수준인데 10월 초 현재 미국 서부텍사스산 원유(WTI) 가격이 배럴당 57달러 수준이라 일부 생산량 감축이 나타날 가능성이 높다. 또한, 미국의 원유 생산량은 그간의 투자 부족 및 대규모 인수·합병(M&A) 등에 따라, 2025년을 정점으로 2026년부터는 감소할 것으로 추정된다. 따라서, OPEC+ 감산 완화로 유가는 약세를 보이겠으나, 정상적인 유가의 범위는 배럴당 60~70달러 수준에서 형성될 가능성이 높다.

정제설비 부족, 정유업체 마진 급등 예고

반면, 원유를 원재료로 석유제품을 생산하는 정제설비는 증설이 제한적인 국면에 진입한다. 지난 4~5년간 친환경·전기차 열풍에 따라 정유 설비는 좌초 자산이 될 가능성이 커졌고, 이에 따라 주요 업체들이 신규 투자 결정을 하지 않았기 때문이다. 2023~2024년에는 예정된 설비 신규 가동이 진행됐으나, 2025년 이후부터는 신규 설비 규모가 현격히 줄어들었다.

글로벌 석유 수요가 연간 80만~100만 배럴 늘어날 것으로 예상되는 점을 감안하면 여전히 공급이 수요를 따라가지 못하는 부족 국면이 지속할 전망이다. 이러한 현상은 2027년에 더욱 심화할 가능성이 높다.

반면, 트럼프 취임 이후 전기차 보조금 축소로 내연기관의 생명은 추가로 연장됐다. 게다가, 휘발유를 제외한 항공유, 디젤, 등유, 납사 등은 현재로서는 여타 제품군으로 대체가 불가능하다. 전 세계적으로 추가적인 증설 계획이 부재한 상황에서 수요는 꾸준히 늘어날 가능성이 높아 석유제품 시장의 타이트한 수급은 적어도 2030년까지 이어질 것이다.

단기적으로 문제가 심각한 지역은 글로벌 정제설비 규모 3위를 차지하는 러시아다. 2025년 8월 이후 현시점은 10월 초까지 우크라이나의 러시아 정유 설비에 대한 드론 공격이 지속됐는데, 이에 따라 러시아 정제설비 가동률이 3년 래 최저치까지 하락한 상황이다. 러시아가 글로벌 디젤 공급에서 비중이 크다는 점을 감안하면 2025년 연말~연초까지 러시아의 가동 차질에 따른 시황 강세는 불가피할 것으로 예상된다.

배럴당 정제마진 평균 및 변동 추이

약 **13.7달러** 10월 초

↑ 약 56% 상승

약 **8.8달러** 2025년 초~10월 초

글로벌 석유 수요가 연간 80만~100만 배럴 늘어날 것으로 예상되는 점을 감안하면 여전히 공급이 수요를 따라가지 못하는 부족 국면이 이어질 전망이다.

25%
국내 에틸렌 설비 폐쇄 계획 비율

SECTION 2
16 정유·화학

LG화학 여수 NCC 전경

낮아진 유가 덕에 글로벌 물가 부담은 낮아지게 됐고, 결국 미국을 중심으로 금리 인하 사이클로 진입할 수 있는 배경이 됐다.

中 정제설비 2000만 배럴 한계… 미·영 제재에 가동 차질 확산

글로벌 정제설비 1위 국가인 중국은 정제설비 규모가 2000만 배럴로 제한돼 있다. 최근에는 영국과 미국이 러시아·이란 원유를 받아 쓰는 중국 업체에 강력한 제재를 부과하면서 중국 정제설비 또한 가동 차질이 발생하고 있다.

미국은 중국 원유 수입량의 9%를 차지하는 리자오 시화 원유 수입 터미널과 일부 선박이 10월 말 블랙리스트에 올랐다고 발표한 바 있다. 이는 러시아·이란 원유를 사용하는 중국 정유업체에 대한 제재의 일환이다.

이에 따라, 중국 산동성 리자오 항구 인근의 국영업체 시노펙 일부 정유소에서 하루 25만 배럴의 가동 차질 발생 가능성이 대두했다. 이번 이슈로 단순히 티포트뿐 아니라 중국 국영 정유업체의 가동도 영향을 받을 수 있다는 점을 확인한 사례다.

미국은 정제설비 폐쇄가 지속되고 있음에도 불구하고, 견조한 경기 흐름 덕분에 석유제품의 공급 부족이 심화하고 있다. 결론적으로, 2026년 글로벌 석유제품 시장은 글로벌 상위 3개 국가의 자체적인 공급 차질과 이에 따른 수출 감소 영향으로 빠듯한 수급 상황이 전개될 가능성이 크다. 글로벌 5위를 차지하고 있는 한국 업체의 마진 개선과 물량 증가 등 우호적인 영업 환경과 이에 따른 실적 개선이 나타날 것으로 예측한다.

4년 만의 반등 조짐… 완만한 회복 전망

석유화학업체들은 2022~25년 약 4년간 극심한 업황, 실적 부진을 겪었다. 이는 원가 부담, 수요 부진, 공급 증가라는 삼중고 영향이다. 이에 더해, 경쟁업체 혹은 국가 대비 높은 원가 부담에 따른 상대적 원가 경쟁력도 열위 국면을 겪었다. 특히 지난 4년간 높은 유가는 아시아 석유화학업체의 원가 부담으로 작용했다.

업황 부진이 오랜 기간 지속되면서 글로벌 석유화학업체들의 구조조정도 가속화됐다. 한국 또한 에틸렌 기준 전체 설비의 25%를 폐쇄하는 것으로 기본 방향은 정해진 상태다. 하지만, 2026년에는 제반 여건이 변화하며 석유화학 업황의 완만한 회복을 기대할 수 있다.

경쟁국 대비 열위였던 한국 화학업체들의 원가 경쟁력도 회복될 것이다. 미국의 에틸렌 제조원가는 지난 15년간 한국 대비 저렴했다. 미국은 셰일 붐 덕에 저렴한 천연가스를 기반으로 에틸렌을 제조했으나, 한국은 높은 가격의 원유를 조달해 생산해야 했기 때문이다. 하지만, AI·데이터센터에 따른 미국 내 천연가스 발전 수요 확대와 트럼프의 LNG 수출 확대 정책 등이 맞물리면서 미국 내 천연가스 가격은 중장기적으로 상승할 가능성이 높다. 이는 결국, 미국 천연가스(에탄) 기반 석유화학업체의 원가 경쟁력 약화와 수출 감소로 이어질 것이다.

또한 최근 4년간 한국 업체들은 아시아 내에서도 원가 열위였다. 중국과 인도가 저렴한 러시아·이란 원유와 납사를 조달했기 때문이다. 하지만, 최근 미국의 러시아·이란에 대한 경제 제재 확대와 해당 원유를 사용하는 국가에 대한 추가 관세 부과로 이제 더 이상 중국·인도도 저렴한 원유를 조달하기 힘들어졌다. 중국·인도의 원가 경쟁력 약화는 가동률 하락으로 이어지고, 이는 한국 업체들의 가동률 상향을 견인할 것이다. 결론적으로 2026년 한국 석유화학업체는 삼중고를 탈피하고 상대적인 원가경쟁력 열위 국면을 벗어날 가능성이 높다.

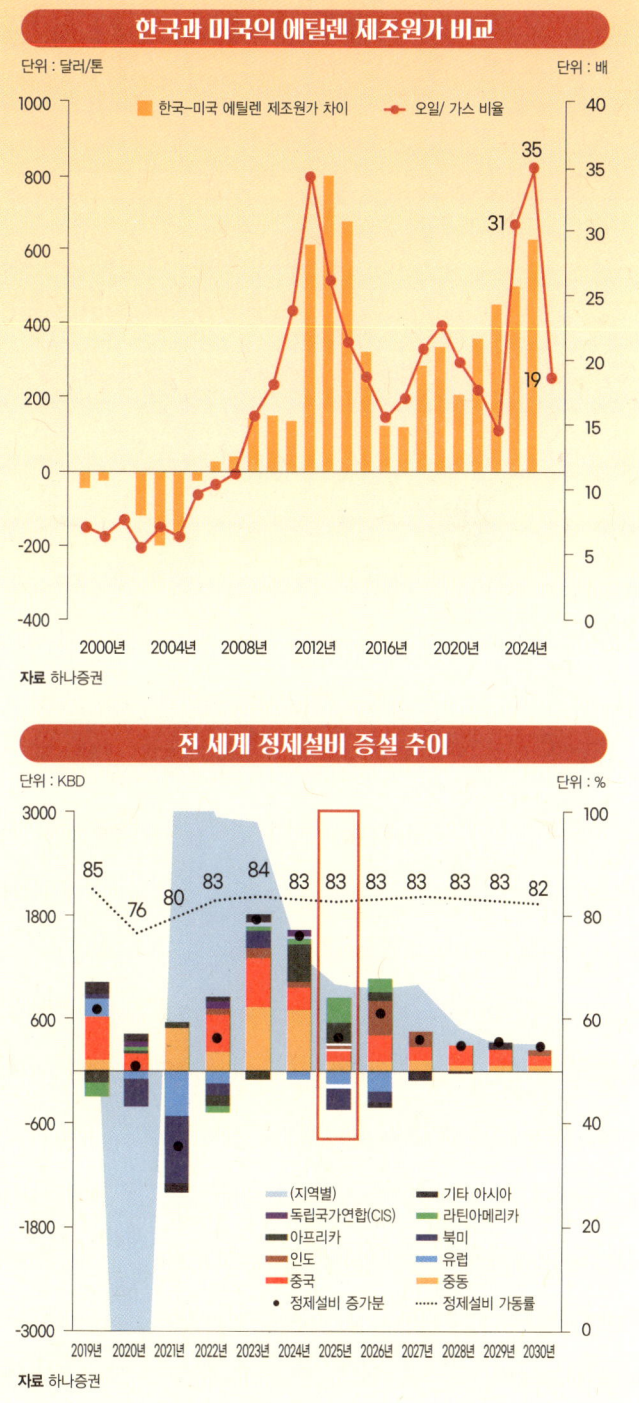

SECTION 2

17 음식료·담배

내수의 시대는 끝났다…'해외 성장'과 '주주환원'이 결정한다

**해외 성장과 주주환원이 이끄는 새 투자 패러다임
내수 한계를 넘어선 '글로벌 밸류업'의 시대**

2026년에도 음식료 섹터를 관통하는 키워드는 해외 성장과 주주환원이다.

더 이상 통하지 않는 내수 변수

식음료 산업의 주가 상승 패러다임이 변화하고 있다. 과거에는 원재료비와 소비자 가격 간의 격차, 즉 마진 스프레드 확대에 베팅하는 투자 전략이 효과적이었다. 곡물 가격이 하락하는 동안 기업들이 소비자가격을 유지하거나 소폭 인상하면서 수익성이 개선되고, 이에 따라 주가도 동반 상승하는 공식이 반복 적용됐다. 그러나 최근에는 이러한 단순한 공식이 더 이상 주가 재평가의 직접적인 동력으로 작용하지 않고 있다.

성장 해답 '글로벌 시장'에서 찾는다

전통적인 투자 전략이 더 이상 유효하지 않게 된 가장 큰 이유는, 투자자들이 구조적인 인구 변동을 본격적으로 주목하기 시작했기 때문이다. 특히 저출산과 고령화로 인한 인구 감소는 식음료 산업의 장기 성장성을 근본적으로 제약하고 있다. 우리나라의 합계출산율은 2024년 기준 0.75명으로, G20 국가 평균 1.5명의 절반 수준에 불과하다.

이에 따라 통계청은 장래 인구 추계에서, 전 세계 인구는 2025년 80억 명에서 2070년 103억 명으로 증가할 것으로 예상한 반면, 한국 인구는 현재 5200만 명에서 2070년 3800만 명 수준까지 감소할 것으로 전망했다. 하지만 인구 감소보다 더 본질적인 문제는 식품 소비량 감소다. 연령대별 1인당 1일 섭취량 데이터를 보면, 가공식품 섭취는 20대에서 정점을 찍은 뒤 연령이 높아질수록 감소하는 경향을 보인다. 원재료 기준의 섭취량도 40대 이후부터 줄어든다. 이러한 소비 패턴은 고령화가 가속할수록 전체 내수 식품 소비량 하락이 더욱 심화할 가능성이 크다는 것을 의미한다.

총인구 감소가 본격화할 것으로 우려되는 2025년 이후에는 인구수 감소보다 더 빠른 속도로 내수 식품 소비량 감소가 진행될 것으로 보인다. 구조적으로 내수 중심의 식품산업에 큰 제약으로 작용할 전망이다. 현재 국내 식품시장의 연간 총 출하 금액은 약 106조원 수준이다. 전 세계 식품 산업 규모는 약 7조9000억 달러, 한화로 약 1경1000조원에 달해 한국 내수 시장의 약 100배에 이른다.

따라서 투자자들은 기존의 원가 구조보다 기업의 성장성, 브랜드 경쟁력, 글로벌 확장 전략 등 보다 구조적인 경쟁 우위 요소를 주목하고 있다. 여기에 적극적인 주주환원 정책을 통한 뚜렷한 차별화 역시 필수 조건으로 부상했다. 이는 식음료 기업들이 주가 재평가를 받기 위해 반드시 대응해야 할 변화의 흐름이다.

KT&G, 자산 효율화·고배당으로 밸류업 선도

KT&G는 해외 성장과 주주환원 강화라는 두 마리 토끼를 모두 잡을 수 있는 선택지다. KT&G는 2024년 방경만 대표 체제 출범 이후 주주환원 정책을 매년 강화하고 있다. 당기순이익의 100% 수준을 배당과 자사주매입·소각 재원으로 활용하고 있으며, 그 규모를 매년 확대하고 있다. KT&G의 밸류업 핵심은 PBR을 끌어올

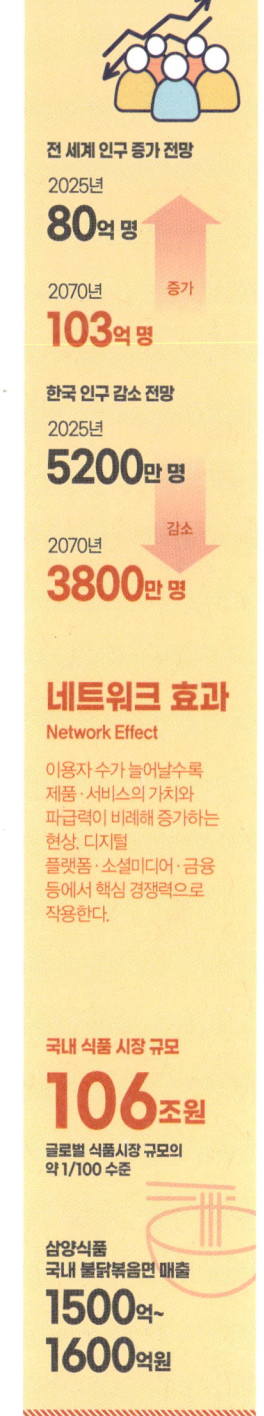

전 세계 인구 증가 전망
2025년 **80억 명**
2070년 **103억 명**
증가

한국 인구 감소 전망
2025년 **5200만 명**
2070년 **3800만 명**
감소

네트워크 효과
Network Effect
이용자 수가 늘어날수록 제품·서비스의 가치와 파급력이 비례해 증가하는 현상. 디지털 플랫폼·소셜미디어·금융 등에서 핵심 경쟁력으로 작용한다.

국내 식품 시장 규모
106조원
글로벌 식품시장 규모의 약 1/100 수준

삼양식품 국내 불닭볶음면 매출
1500억~1600억원

SECTION 2
17 음식료·담배

삼양식품의 불닭볶음면.

> 저출산과 고령화는 식음료 산업의 장기 성장성을 근본적으로 제약하고 있다.

리는 전략에 있다. PBR은 ROE의 함수이며, ROE는 수익성·자산 효율성·재무 레버리지를 통해 상승시킬 수 있다.

KT&G가 취한 밸류업 전략은 극대화된 수익성 구조에서 자산 효율성과 재무 레버리지를 통한 ROE 상승이다. 먼저 자산 효율성 개선은 비핵심 자산 매각으로 추진 중이다. 재무 레버리지 당기순이익을 초과하는 수준의 주주환원 정책을 통해 확대되고 있다. 비핵심 자산 매각으로 유입된 현금이 재원으로 쓰이기 때문에, 당기순이익을 훨씬 웃도는 배당과 자사주매입 및 소각이 가능해졌다. 2025년 예상되는 주주환원율은 120%에 달하며, 대규모 CapEx가 마무리되는 2026년에도 주주환원 여력이 더욱 확대될 전망이다.

KT&G는 주주환원뿐 아니라 해외 성장과 신시장 개척에도 진심이다. 현재 중동·중앙아시아·러시아·CIS·남미·아프리카 등 흡연율이 높고, 영미권 경쟁사들의 영향력이 약한 중진국 시장을 중심으로 글로벌 사업을 확장하고 있다. 2025년 9월 진행된 'CEO Investor Day'에서 2027년까지 해외 담배 매출을 연간 20% 이상 성장시키겠다는 목표를 제시했다. 이는 경쟁사 대비 낮은 가격과 캡슐·슬림 제품군의 강점 등을 근거로 한다. 특히 2025년 상반기에는 담배 부문 매출에서 해외 매출이 국내 매출을 처음으로 넘어서는 전환점이 나타났다. 내수주에서 수출주로 변모해가는 KT&G의 해외 담배 매출 증가는 지속적인 실적 우상향을 이끄는 핵심이라고 할 수 있다.

삼양식품, '불닭' 네트워크 효과로 글로벌 밈

전 세계적으로 성공한 K-푸드 사례 중 하나로 삼양식품의 '불닭볶음면'을 빼놓을 수 없다. 불닭볶음면의 흥행은 단순히 한 기업의 히트 상품을 넘어, K-푸드 열풍을 견인한 대표적 성공 모델로 평가받는다.

불닭볶음면 성공의 본질은 네트워크 효과에 있다. 네트워크 효과란 제품이나 서비스의 이용자 수가 늘어날수록 그 가치와 파급력이 비례해 증가하는 현상이며, 주로 디지털 플랫폼·소셜미디어·통신·금융 산업에서 핵심 경쟁력으로 작용해왔다. 글로벌 OTT 플랫폼과 유튜브·틱톡(TikTok)·인스타그램 등 소셜미디어의 보편화, 그리고 먹방 콘텐츠의 폭발적인 인기가 결합되면서, 불닭볶음면은 단순한 식품을 넘어 '콘텐츠를 생산하는 소재'로 재해석됐다. 그 결과 'Fire Noodle Challenge'라는 글로벌 밈으로 발전했고, '도전 욕구'와 '놀이적 재미'가 결합되면서 단순한 라면을 넘어서는 소비자 참여형 콘텐츠 플랫폼으로 진화했다.

현재 불닭볶음면의 국내 매출액은 약 1500억~1600억원 규모로 안정적으로 유지되고 있다. 이는 주요 소비자층이 초·중·고등학생과 대학생으로 구성돼 있어, 새로운 수요층이 꾸준히 유입되고 일부가 자연스럽게 이탈하는 순환형 소비 구조를 형성하고 있기 때문이다.

글로벌 시장에서도 삼양식품은 국내 성공 공식을 재현하고 있다. 각국 현지에서 지속적인 고정 수요층을 창출하며 브랜드의 안정적 확장을 도모하고 있다. 2025년 7월부터 가동 예정인 밀양 2공장은 연간 6억9000만 봉의 생산 능력을 추가 확보하며, 기존 생산 능력 대비 40% 규모의 증설 효과를 기대하고 있다. 또 2027년 1월부터 본격 가동될 예정인 중국 신공장은 연간 8억2000만 봉 규모로 설계돼, 삼양식품의 글로벌 공급망 확대에 중요한 이정표가 될 전망이다.

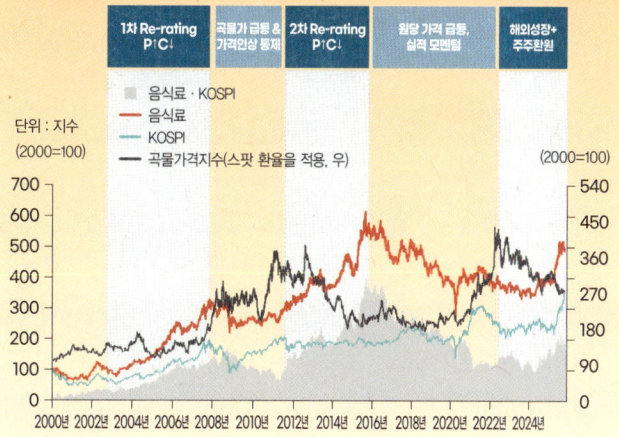

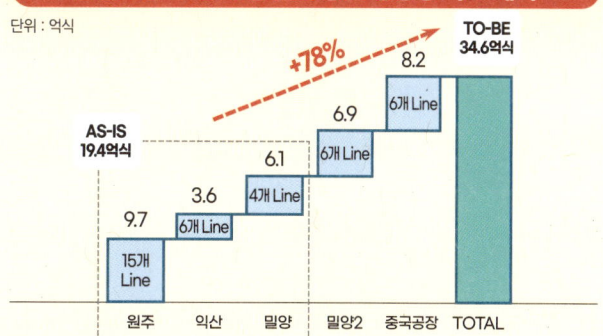

SECTION 2

18 건설·건자재

여전한 국내 시장, 미국·원전이 기회

침체의 늪에 빠진 국내 건설업…
해외 원전과 미국 시장에서 길을 찾아

2022년 말부터 이어진 건설업의 시련이 쉽게 끝나지 않는 모양새다. 국내 시장에서는 건설 경기 부진이 장기화하는 가운데, 주택시장 전반에서도 침체의 그림자가 짙게 드리워지고 있다.

지속된 국내 건설의 고난

현재 국내 주택시장에서 나타나는 흐름은 크게 두 가지로 요약할 수 있다. 첫째는 공급(분양) 부진, 둘째는 시장 양극화 (혹은 삼극화)의 심화이다.

건설사 입장에서 실적을 결정짓는 핵심 요인은 가격보다 공급 물량이다. 하지만 최근 공급이 눈에 띄게 줄면서 향후 실적에 지속적인 부담으로 작용할 가능성이 높다. 실제로 부동산R114에 따르면 2025년 1~9월 누적 분양 물량은 14만9000세대에 그쳤다. 이 추세라면 연간 분양이 3년 연속 25만 가구를 밑돌 가능성이 크다.

서울을 제외한 지방의 청약 열기도 식었다. 전국 아파트 평균 청약 경쟁률은 2025년 9월 기준 7.75 대 1로, 2024년 12.37 대 1보다 크게 하락했다. 반면 서울은 133.5 대 1로 상승하며, 2024년(104.2 대 1)보다 경쟁이 더 치열해졌다. 수도권과 지방 간의 시장 양극화, 나아가 지역별 삼극화 현상이 더욱 뚜렷해지고 있는 셈이다.

이 같은 흐름은 정책 불확실성과 맞물려 있다. 2025년 연초부터 이어진 정치적 긴장감 속에서 시장 전반의 기대 심리가 위축됐고, 새 정부의 부동산 정책 방향 역시 아직까지 공급 확대보다는 규제 강화에 초점을 맞추면서 업계 전반의 체감경기는 더욱 악화했다.

정부가 강조하고 있는 안전 관련 규제 강화 역시 건설사들에 새로운 부담으로 작용하고 있다. 업종 특성상 안전사고 위험이 상존하는 가운데, 정부가 '사고 발생 시 강력한 처벌과 책임 강화' 기조를 유지하면서 기업들은 사업 확장보다는 리스크 관리에 초점을 맞춘 보수적 경영 전략을 택할 가능성이 높아졌다. 이는 단기적으로 신규 프로젝트 추진 동력을 약화하는 결과로 이어지고 있다. 결국 건설업계는 공급 부진, 시장 양극화, 규제 강화라는 삼중고 속에서 여전히 돌파구를 찾지 못한 채, 장기 침체의 늪을 벗어나기 위한 구조적 변화의 시점을 모색하고 있다.

2026년, 녹록지 않은 환경

2026년 역시 건설업계에 쉽지 않은 해가 될 전망이다. 지방은 여전히 미분양 물량이 적체돼 있고, 수요 회복도 더딘 상황이다. 정부가 획기적인 방법으로 서울 및 수도권 지역의 재개발·재건축 규제 완화를 통해 주택 공급을 늘리지 않는 한, 분양 총량의 실질적 증가는 기대하기 어렵다.

이에 따라 대형 건설사와 중소형 건설사 간의 격차가 더욱 벌어질 가능성이 높아 보인다. 서울 및 수도권의 재건축·재개발 수주잔고를 확보한 대형사는 상대적으로 방어적인 실적을 유지할 수 있겠지만, 지방 중심으로 사업을 펼치는 중소형 건설사는 경영 부담이 심화할 것으로 예상된다. 다만 긍정적인 요인도 있다. 오랜 기간 업종을 압박해온 주택 부문 원가율 악화 문제가 본격적으로 개선 국면에 접어들 전망이기 때문이다. 그러나 분양 부진으로 인한 외형 축소 시점과 맞물려 있어, 총 이익 규모의 개선 폭은 제한적일 것으로

2025년 1~9월 누적 분양 물량

14만 9000세대

전국 평균 청약 경쟁률

2024년
12.37 : 1
↓ 하락

2025년
7.75 : 1

서울 청약 경쟁률

2024년
104.2 : 1
↑ 상승

2025년
133.5 : 1

SECTION 2 | 18 건설·건자재

Building the Nuclear Energy Together
「FEED Contract for Project Matador」
October 24, 2025

페르미 아메리카와 대형 원전 4기 기본설계 계약을 체결한 현대건설.

해외 프로젝트 중심의 사업 구조인 만큼 정치·외교 리스크, 환율 변동 등 외부 변수에 대한 면밀한 관리가 필수다.

보인다.

미국과 원전, 새로운 기회

국내 건설 경기에 가로막힌 한국 건설업에 새로운 기회는 바로 원전과 미국이다. AI 대중화, 에너지 안보, 전력 수요 급증 등 복합적 요인으로 인해 기저 발전원으로서 원전에 대한 세계적 관심이 다시금 높아지고 있다.

특히 서구권에서는 1987년 체르노빌 사고 이후 신규 원전 건설이 사실상 중단되며 기술 인프라가 크게 약화한 반면, 한국은 꾸준히 원전을 건설하며 기술력과 운영 경험을 축적해왔다. 여기에 UAE 바라카 원전의 성공적인 수행 경험은 한국 기업들의 신뢰도를 크게 끌어올렸다.

2025년이 원전 관련 기회가 언급되는 시기였다면, 2026년은 실질적인 성과가 가시화되는 해가 될 가능성이 높다. 최근 현대건설은 미국 에너지 디벨로퍼인 페르미 아메리카(Fermi America)와 대형 원전 4기에 대한 기본설계(FEED) 계약을 체결했다. 빠르면 내년 2분기에 EPC(설계·조달·시공) 착공으로 이어간다는 전략이다. 아울러 현대건설은 웨스팅하우스와 추진 중인 불가리아 대형 원전, 홀텍(Holtec)과 협력하는 미국 미시간주 SMR(소형모듈 원전)의 착공도 기대되는 상황이다. 삼성물산은 뉴스케일파워와 함께 루마니아 SMR 프로젝트를 추진 중이며, 본격적인 착공 가능성이 거론된다. DL이앤씨는 미국 X-에너지와 협력 중이고, 대우건설은 체코 원전 사업 참여와 함께 원전 포트폴리오 확장 가능성을 모색하고 있다.

이처럼 원전 부문은 기술력, 안전성, 국제 협력 경험을 모두 갖춘 한국 건설사들에 새로운 성장 동력이 될 수 있다. 다만 해외 프로젝트 중심의 사업 구조인 만큼 정치·외교 리스크, 환율 변동 등 외부 변수에 대한 면밀한 관리가 필수다.

원전 영역은 아니지만 삼성E&A의 미국 진출도 눈에 띈다. 삼성E&A는 미국 에너지부와 한국 정부기관이 공동 발주하는 미국 친환경 암모니아 프로젝트를 수주하면서 미국 진출을 본격화했다. 아울러 LNG 관련 프로젝트도 기초 설계가 진행 중이다. 미국이 한국 건설에 새로운 기회의 땅이 될지 지켜볼 필요가 있다.

40년 만의 글로벌 원전 사이클 부활

특히 미국 정부는 에너지 안보와 산업 경쟁력 회복을 명분으로, 웨스팅하우스를 중심으로 한 대규모 신규 원전 건설 프로젝트를 공식화했다. 웨스팅하우스의 대표형 원전 설계인 AP1000 또는 대형 원전/소형모듈원자로(SMR) 혼합 방식으로 미국 여러 주에 복수의 원전을 순차적으로 짓는다는 계획이다. 이제 미국과 유럽이 원전 재건설에 들어간다면, 단순한 원전 건설이 아니라 서구권 기준 40년 만의 신규 원전 사이클의 부활이다. 한국 원전의 가치가 재평가될 수밖에 없다.

최선호주: 두산에너빌리티, 현대건설, 한국전력

투자자 입장에서는 1) 단발성이 아닌 지속적인 발주가 예상되고, 2) 한국 공급망의 분명한 수혜가 예상된다는 점을 잊지 말아야 한다.

자유진영에서 꾸준히 반복적으로 성공적인 원전 수행 경험을 쌓은 한국이 높게 평가받을 수밖에 없다. 몇몇 기업이 아닌 한국 원전 산업 전체의 리레이팅이 타당하다. 원전 업종 최선호주로 두산에너빌리티, 현대건설, 한국전력을 제시한다.

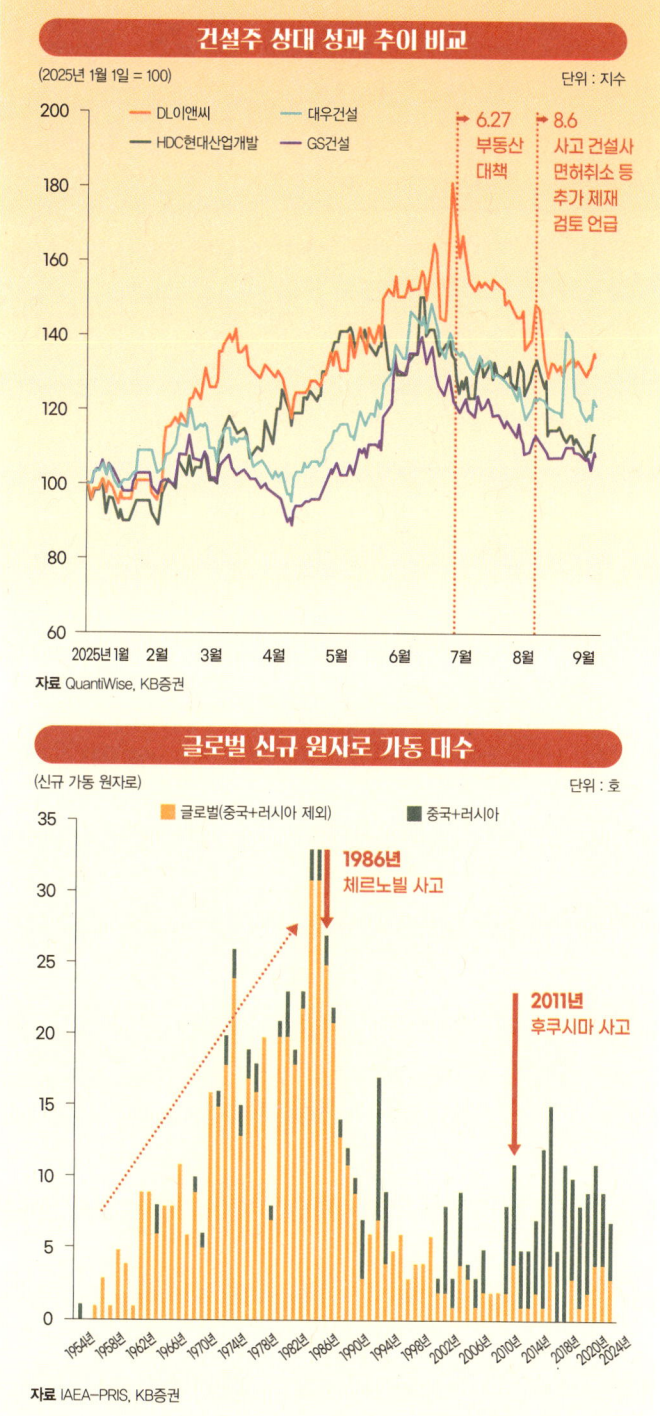

SECTION 2

19 지주회사

지배구조 투명성의 전환점, 지주회사 리레이팅의 원년

제도 개선에 따른 대주주 견제 장치 강화
중복 상장 금지 등 지주회사 할인율 해소 전망

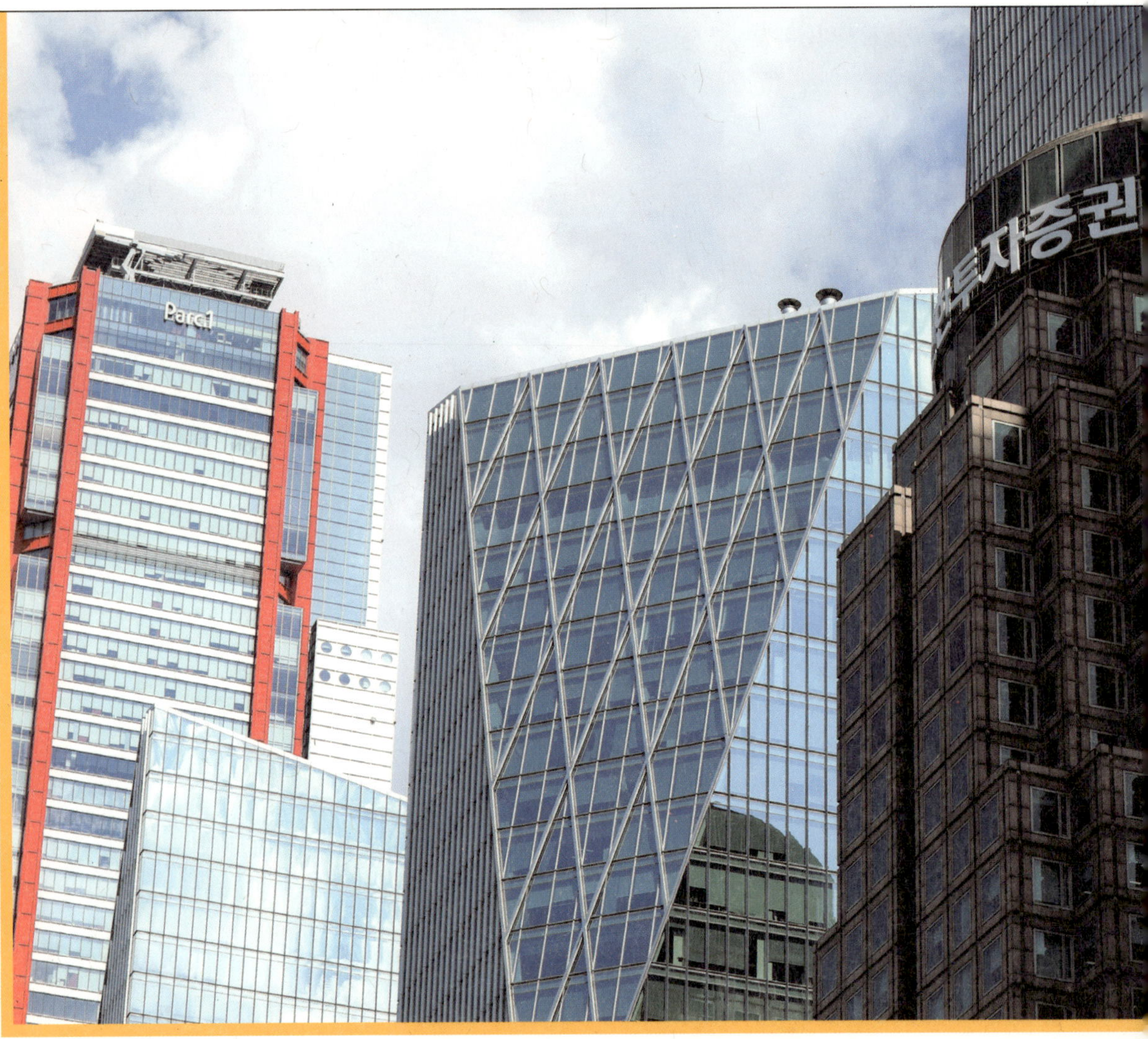

2026년은 국내 지주회사 섹터의 구조적 전환점이 될 전망이다. 정부와 여당이 추진 중인 상법 및 자본시장법 개정안은 대주주의 권한을 제한하고 일반 주주의 권익을 강화하는 방향으로 정비되고 있다. 자사주 소각 의무화, 중복 상장 규제, 합병비율 산정 방식 개정, 의무공개매수제 도입 등 핵심 제도의 변화가 동시다발적으로 추진되고 있어 지주회사 할인 구조를 근본적으로 완화할 기반이 마련되는 상황이다.

자사주 소각 의무화:
주주환원의 제도적 정착

정부는 연내 자사주 소각 의무화가 포함된 상법 개정안을 통과시킬 계획이다. 개정안은 기업이 취득한 자사주를 취득일로부터 1년 이내에 반드시 처분하거나 소각하도록 강제할 것으로 보인다. 임직원 보상 목적의 자사주는 주주총회 승인을 통해 예외적으로 보유할 수 있으며, 법 공포 후 6개월~1년의 유예기간이 예상된다.

그동안 우리나라 일부 기업이 자사주를 장기 보유하며 경영권 방어에 활용하는 행태를 원천적으로 차단하고, 궁극적으로 주주환원의 선순환 구조를 정착시키는 계기가 될 전망이다. 국내 주요 대기업은 글로벌스탠더드에 맞게 대응할 전망이다. SK그룹은 자사주 담보 EB 발행 계획이 없으며 유예기간 내 일부 소각을 시행할 가능성이 크다. 두산은 2025년 11월 2% 소각을 발표했고 2027년까지 총 6% 소각을 완료할 예정이다. 삼성물산, SK스퀘어, LG 역시 기존 자사주 전량 소각을 계획 중이며 CJ는 올리브영 합병 이후 잔여 자사주 전량을 소각할 가능성이 높다. 법안이 시행되면 대형 지주회사의 일반 주주가 직접적인 수혜를 받게 되며 주주환원 트렌드의 확산은 지주회사 전반의 밸류에이션 정상화를 촉진할 것이다.

중복 상장 규제 강화:
물적분할 상장의 종언

자본시장법 개정으로 물적분할 후 자회사 기업공개(IPO)는 사실상 금지된다. 또한 비상장 자회사의 상장 시도 역시 뚜렷한 명분이 없다면 상당히 어려움을 겪을 전망이다. 이는 투자자 보호와 지배 구조 투명성 강화를 위한 핵심 조치로 주요 지주회사의 비상장 자회사 상장 문턱이 크게 높아지게 된다.

중복 상장을 시도하려면 독립이사로 구성된 특별위원회의 승인 또는 일반 주주의 과반 찬성을 의무적으로 받아야 한다. 불가피한 경우에는 모회사가 보유한 비상장 자회사 주식을 일반 주주에게 현물배당하는 방안도 검토 중이다. 이는 미국식 MoM(Manager of Managers) 제도와 유사하며 세법 개정과 병행될 가능성이 높다.

이 제도는 SK, LG, CJ, 한화 등 대형 그룹의 지배구조 개선을 촉진하고, 그동안 모회사의 주가 할인 요인이 된 '비상장 자회사 상장' 관행을 종식시킬 것이다.

합병비율 산정 개정:
공정가치 중심으로의 전환

현행 자본시장법 제176조의 5항은 상장사 간 합병비율을 시가(Market Value) 기준으로 정하도록 하고 있다. 그러나 이는 경

두산 자사주 소각 계획

2025년 11월
2%
↓
2027년까지
총 6%

CJ
예상 기업가치
주당 약 18만 7000원

대주주 주식 상속·증여세율
60%

의무공개 매수제도

주로 지배주주나 경영권 인수자가 주식을 대량 매입할 때, 기존 주주에게도 동일한 매수 기회를 제공하도록 강제하는 제도이다.

SECTION 2 19 지주회사

우리은행 본점 딜링룸 전광판.

자사주 소각 의무화, 중복 상장 규제, 합병비율 산정 방식 개정, 의무공개매수제 도입 등 핵심 제도의 변화가 동시다발적으로 추진되고 있다.

영진이 인위적으로 주가를 낮춰 불공정한 합병을 추진할 여지를 남겼다는 비판을 받아왔다.

합병 의사결정 과정에서 사내이사를 제외하고 독립이사로만 구성된 위원회를 설치하고 지배주주를 제외한 일반 주주의 과반 찬성을 요건으로 하는 방안도 하나의 방법이다.

또 비상장사와 상장사 합병 시 상장사 주주 보호를 위해 합병 가치를 주가순자산비율(PBR) 1배로 하는 것도 권고될 수 있다. 이 제도의 실질적 수혜 기업으로는 CJ가 대표적이다. CJ의 2024년 말 기준 PBR은 0.92배이며 비상장사 올리브영은 PBR 10배(기업가치 7조원)로 평가된다. 개정안이 적용될 경우 CJ의 기업가치는 최소 주당 18만7000원 수준으로 상향 조정될 수 있다. 이는 일반 주주의 보호를 강화하고 합병 과정의 공정성을 확보하는 장치로 작용한다.

의무공개매수제 도입 논의: 공정한 지분 매각 구조

의무공개매수제는 경영권 매각 시 소액주주에게 동일한 프리미엄을 지급하는 제도다. 미국 등 선진국에서는 보편적으로 시행되고 있다.

최근 더존비즈온, 엠엔씨솔루션, HSPS 등 경영권 매각 추진 기업이 늘어나며 시장의 관심이 집중되고 있다. 특히 우리금융의 동양생명 잔여 지분 처리 방향이 첫 번째 테스트 케이스로 작용할 전망이다. 의무공개매수제는 한국 자본시장의 신뢰 회복에도 중요한 역할을 할 것이다.

삼성그룹의 지배구조 개편: 공백과 재편의 시작

삼성생명의 '유배당보험' 회계 처리 문제는 삼성그룹 전체 지배구조 개편의 촉매로 작용하고 있다. 금감원은 삼성생명이 계약자와 이익을 공유하는 구조로 개편할 것을 요구했고, 그를 위해 삼성전자·삼성화재 지분을 보유한 것을 국제회계기준(IFRS)에 맞게 조정하도록 지시했다. 이에 따라 삼성생명은 향후 6~7년에 걸쳐 삼성전자 지분을 순차 매각할 가능성이 높다. 삼성전자의 지배력 공백이 발생할 경우 삼성물산의 역할론이 부상한다. 삼성물산은 보유 중인 삼성바이오로직스 지분(약 24조원)을 매각해 현금을 확보하고 이를 삼성전자 지분 매입과 대규모 배당에 활용할 수 있다. 결과적으로 삼성그룹은 향후 수년간 '지배력 재편-현금흐름 정비-지주화 완성'과 금산분리 실현의 3단계 국면에 진입할 것으로 전망된다.

대주주 견제 장치 강화: 구조적 기회에 주목

상법 개정으로 대주주 견제 장치가 강화되며 지배구조의 투명성이 높아질 전망이다. 주주 충실의무 도입, 집중투표제·감사위원 분리 선출 확대는 대주주 영향력을 줄이고 일반 주주의 권익을 강화하는 장치다. 2026년에는 경영권 상속·증여세율의 합리적 조정이 논의될 가능성이 높아 지주회사 구조 개편에도 긍정적으로 작용할 것이다. 여기에 중복 상장 규제와 합병비율 개정 등과 맞물리며 지주회사 할인 요인도 점진적으로 완화될 전망이다. 결국 2026년은 지주회사 리밸류의 원년이 될 가능성이 크다. 자사주 소각 의무화와 의무공개매수제 도입 등은 주주환원과 공정가치 중심의 의사결정을 제도화하며 밸류에이션 정상화를 촉진할 것이다. 지금은 단기 차익보다 구조적 리레이팅을 길게 바라볼 시점이다.

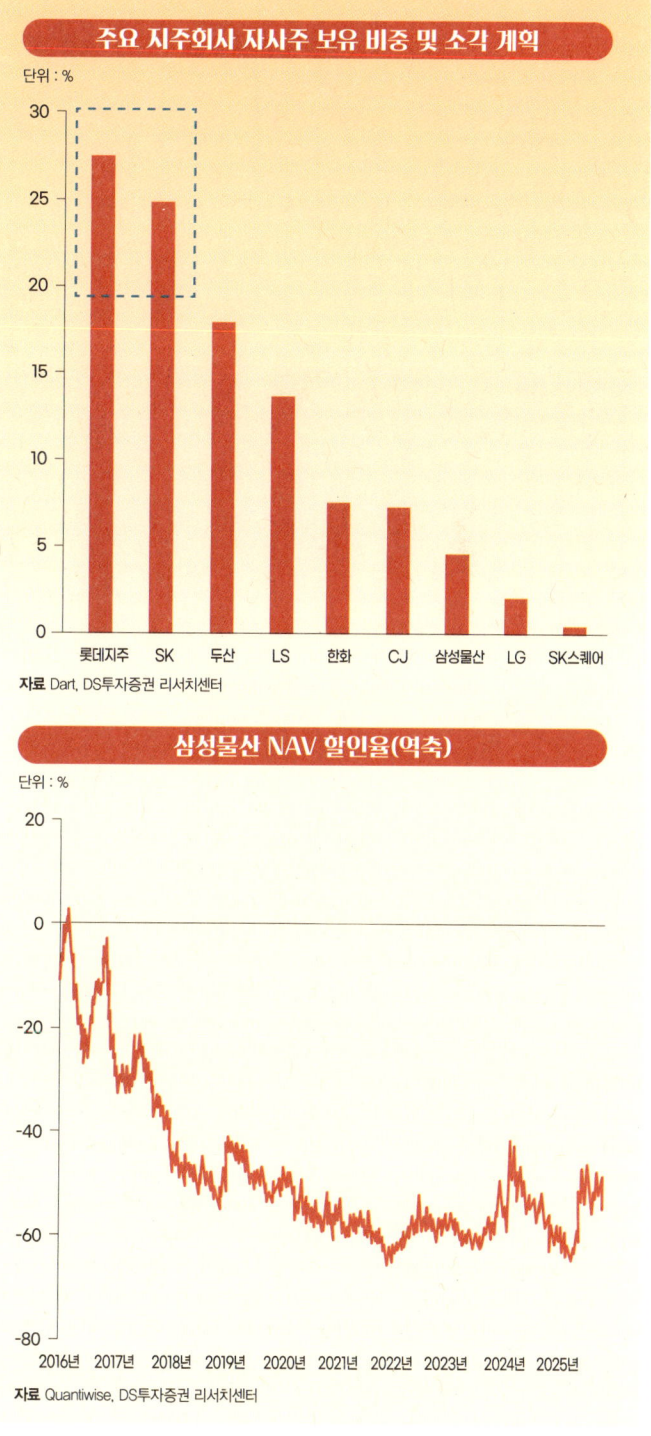

SECTION 2

20 AI·로보틱스

상용화 단계로 진입하는 로봇, 손의 활용도가 관건

로봇 산업의 '핵심 부품'에서 기회를 보다
휴머노이드 상용화 앞두고 밸류체인 전반 주목

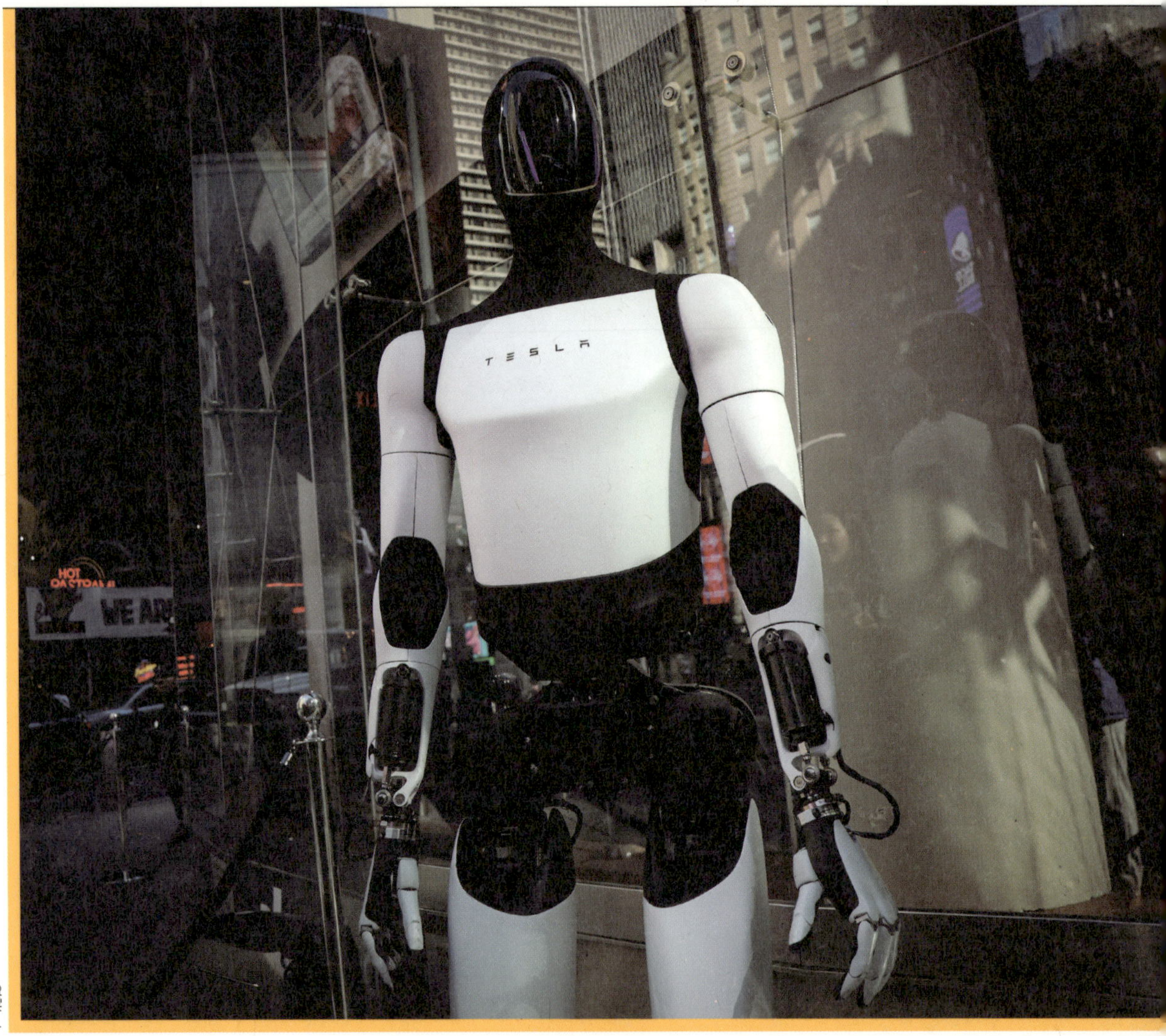

2025년 국내 로봇 기업들의 시가총액 합계는 3분기 말까지 무려 100% 가까이 상승했다. 그 열기는 도무지 식을 기미가 보이지 않는다.

로봇 산업을 보는 관점의 전환

로봇주의 랠리는 2024년 말부터 시작됐다. 2024년 12월 31일 삼성전자의 레인보우로보틱스의 추가 지분 인수와 연결 자회사화가 트리거가 되었고 그 전후로 구글과 메타, 엔비디아, 애플 등 글로벌 주요 기업 모두가 너나 할 것 없이 "로봇"을 외치며 로봇 산업은 주식시장의 주인공이 됐다. 다만 우리가 기대하는 가사를 대신하는 휴머노이드가 실제 상용화되기까지는 더 많은 기술 발전이 필요하다는 것이 업계의 중론이다. 그러나 주가가 이렇게 올랐다면, 시각을 바꿔볼 필요도 있다는 판단이다.

2025년 로봇 업계 최대 화두는 미국 휴머노이드 스타트업인 피겨 AI가 390억 달러의 기업가치를 평가받아 10억 달러라는 어마어마한 투자 자금을 유치했던 일이다. 돌이켜보면 20년 전에도 한국 레인보우로보틱스의 휴보와 일본 혼다의 아시모가 휴머노이드 붐을 일으켰지만, 이 정도의 열기는 아니었다.

우리가 이렇게까지 로봇 산업에 기대를 거는 이유는 첫째, 돈이 흐르고 있기 때문이다.

돈이 흐르면서 산업에 대한 관심이 커지고, 똑똑한 인재들이 모이면서 '지상 최대의 난제인 범용 로봇의 개발 또한 해결할 수 있지 않을까'라는 희망이 생겨서다. 둘째, AI를 비롯한 관련 기반 기술들이 확보되고 있기 때문이다.

상용화 앞둔 로봇

2025년은 수많은 로봇의 프로토타입이 공개된 해였다면, 2026년은 본격적인 상용화 준비가 이뤄질 전망이다.

이미 앞서 언급한 피겨 AI는 2025년 10월 초 동사 휴머노이드의 양산 버전인 피겨 3세대 로봇을 공개했다. 휴머노이드 업계의 대장 격인 테슬라는 2026년 1분기 내에 양산 버전인 옵티머스 3세대를 공개하겠다는 포부를 밝힌 바 있다. 그 외에도 중국 기업들(유니트리로보틱스, 애지봇)은 이미 수백억 달러 규모의 양산 계약을 체결하고 있다. 노르웨이의 1X 테크놀로지스는 최근 가정용 휴머노이드 네오를 본격 출시하면서 월 499달러에 구독할 수 있는 서비스도 선보였다.

2026년은 로봇 업계가 중대 기로에 선 매우 중요한 한 해가 될 것이다. 상용화 시도에 성공하면서 본격적인 상업화 단계로 나아가거나, 기대치에 못 미친다면 또 한 번의 겨울을 겪을 수도 있다.

양산에 진입하는 휴머노이드

현재 로봇 업계에서 가장 주목하는 분야는 로봇의 조작 능력, 즉 '손'이다.

2025년 초부터 현재까지 주식시장에서는 휴머노이드와 휴머노이드 밸류체인, 특히 원가 비중이 50% 이상으로 높은 액추에이터(Actuator) 분야에 관심이 집중됐다. 이제는 조금씩 '로봇 핸드'라는 키워드에 대한 관심이 커져가고 있다. 사실 손 자체의 움직임도 중요하지만, 궁극적으로는 손의 인지 능력을 담당하는 가장 중요한 감각기관인 촉각을 구현하는 촉각 센서를 빼놓고 생각할 수 없을 것이다.

액추에이터
Actuator
물리적 동작을 가능하게 하는 다양한 장치 모음.

세미 휴머노이드
세미 휴머노이드 로봇은 상체는 인간과 유사한 구조를, 하체는 다륜(여러 개의 바퀴) 이동 시스템을 갖춘 로봇으로, 완전한 휴머노이드 로봇에 비해 비용과 기술 난도를 크게 낮춘 것이 특징이다.

ROBOTIS
로보티즈 유상증자 규모
1000억원

SECTION 2 20 AI·로보틱스

포장 공정에서 현장 실증 사업을 진행하는 로보티즈 'AI 휴머노이드 로봇'.

2026년에는 휴머노이드의 양산 시도 속에서 2025년과 마찬가지로 각종 부품 중심의 기대감 형성이 예상된다.

하지만 조금씩 단순 액추에이터 중심에서, 손과 촉각 등 센서 분야, 나아가 배터리와 컴퓨터 칩 등 로봇의 '인지-판단-수행' 영역 중 '인지-판단' 분야로 온기 확산이 이뤄질 것으로 기대된다.

로보티즈, 국내 대표 로봇 기업 될 것

로보티즈는 로봇의 핵심 부품인 액추에이터(로봇의 관절 역할을 하는 전동모터) '다이나믹셀'부터 세미 휴머노이드(AI 워커), 로봇 핸드까지 아우르는 풀 라인업을 갖춘 기업이다.

오래전부터 연구개발(R&D) 현장에서 표준처럼 쓰인 다이나믹셀은 최근 로봇 개발 수요가 확대되면서 연구용 수요가 동반 증가하고 있다. 동사의 액추에이터 판매 대수는 2022년 8만 대 → 2023년 11만 대 → 2024년 15만 대로 고성장을 기록 중이며, 2025년에는 22만 대 이상 출하할 전망이다. 현재 시장의 초점은 로봇 AI(피지컬 AI) 개발에 맞춰져 있다. 로봇 AI는 챗GPT와 달리 물리 데이터 기반 학습이 필수이므로, 데이터 확보를 위해 연구용 플랫폼(Mobile ALOHA 등)을 사용하는 일이 늘면서 로보티즈의 액추에이터 수요가 함께 확대되고 있다.

로보티즈가 로봇의 기반이 되어주는 액추에이터 부품에 주력하고 있는 만큼, 로봇 시장의 미묘한 트렌드 변화를 가장 빠르게 포착할 수 있다는 강점도 주목할 필요가 있다. 연구용 플랫폼 수요가 커지자 로보티즈는 세미 휴머노이드 'AI 워커'를 신속히 출시했고, 로봇 핸드 수요가 부상하자 소형 액추에이터와 로봇 핸드까지 연속적으로 시장에 내놨다. 그리고 다년간 연구개발자에게 액추에이터를 공급하며 쌓은 레퍼런스와 인지도 덕분에 신규 출시

로보티즈는 국내 로봇 기업 중 가장 기민하게 산업 변화를 이끌고 있는 기업이다.

한 제품들도 오픈AI 등 글로벌 기업에 납품할 수 있게 됐다.

로보티즈의 장점은 사업 영업이 부품-플랫폼-엔드 이펙터(실제로 로봇이 작업을 수행하는 부분)까지 잇는 로봇 가치 사슬 전반을 포괄한다는 점이다. 로보티즈는 개발에 필요한 자사의 연구용 플랫폼(AI 워커) 판매에 더해, 타사 연구 플랫폼에도 액추에이터와 로봇 핸드 등을 공급한다. 이렇듯 로보티즈는 로봇 개발 시장 전반에 뛰어난 침투력을 갖춘 상태다.

부품 내재화로 내실 확보

수익성 측면에서의 강점도 뚜렷하다. 동사는 액추에이터의 주요 부품인 감속기까지 내재화(DYD)에 성공하며 높은 이익률을 달성하고 있다. 2025년 상반기 기준 액추에이터 사업 부문의 영업이익률은 무려 27%에 달한다. 앞으로는 현재 외부 조달 중인 모터까지 내재화를 실현할 계획이다.

그런데 한국 로봇 기업들은 급성장하고 있는 중국 업체들의 가격 공세를 돌파해야 하는 중대한 시기에 놓여 있다. 로보티즈는 2025년 8월 1000억원 유상증자를 의결하고, 향후 중앙아시아에 제조 거점을 확보하겠다는 계획을 밝혔다. 이는 중국의 저가 공세에 대응하기 위한 선제적 조치로 판단된다.

종합하면, 로보티즈는 국내 로봇 기업 중 가장 기민하게 산업 변화를 이끌고 있는 기업이다. 지금까지는 R&D 시장 기반으로 성장해왔지만, 향후 열릴 상용 시장까지 확보한다면 중장기적으로 국내 대표 로봇 기업으로 발돋움할 것이다.

로봇 산업 하이프사이클

자료 가트너, 유진투자증권

한국 휴머노이드 로봇 주요 부품업체

생산 분야	기업명
그리퍼	테솔로
핸드·센서	에이딘로보틱스
액추에이터	로보티즈
감속기	SBB테크·디아이씨
모터	하이젠알앤엠·패러데이다이나믹스·코모텍

양산에 진입하는 휴머노이드(피규어 AI)

Figure 01   Figure 02   Figure 03

자료 유진투자증권

SECTION 2

21 스몰캡

중소형주도 AI가 주도, B2C 활용 기업·우주산업 주목

AI, '투자'에서 '생활'로… 산업 생산성에서 소비 개인화로 확산
스페이스X·이노스페이스 이끄는 '우주산업 원년' 도래

2025년 대형주 강세장에서도 시장을 이기는 중소형주가 있다. 대형주가 큰 흐름을 만들어낸 테마와 중소형주의 동조화 현상이 뚜렷하다.

대형주 랠리 속 빛난 AI 중소형주

시총 3조원 미만 중소형주 주가 상승률 상위 100개 기업(상승률 1위 939%부터 100위 131%까지 분포)을 테마별로 분류하면, 반도체가 24개 기업으로 가장 많다. 그 뒤를 로봇이 10개, 제약·바이오 9개, 에너지·원전 6개 순으로 잇고 있다.

2025년 국내 중소형주(시가총액 3000억원~3조원 범위) 상승 상위 20개 종목으로 범위를 좁히면 AI 관련 기업이 중심에 있다. 20개 중 AI와 직간접적으로 관련된 기업이 13개로 절반을 넘는다. AI 전력 수요 확산→원전→그리드→배터리 테마로 연결됐으며, AI 하드웨어 투자→SaaS 기업으로 AI 생태계 순환매는 이어졌다. 중소형주 내에서는 로봇과 의료 AI와 같은 AI 밸류체인 종목들이 강세장의 주인공으로 자리매김했다. 로봇(피지컬 AI), 의료 AI는 국내 대표 대형주가 부재함에도 불구하고 글로벌 트렌드와 동조해 다수의 주도주를 배출했다.

로보티즈, 씨어스테크놀로지는 올해 AI 테마 확산의 최대 수혜주로 주목받았다. 로보티즈는 테슬라, 오픈AI와 같은 휴머노이드 개발 기업에 액추에이터를 공급하며, 캐파를 10배 증설했고, 성장 기대감을 높였다. 씨어스테크놀로지는 AI 심전도 및 환자 모니터링 솔루션 '모비케어', '씽크'로 올해 상반기 매출액이 전년 동기 대비 637% 증가하며 흑자 전환을 달성했다.

AI 주도주의 불변과 확산

2026년은 주도주의 불변 기조 속 확산 가능한 테마와 종목에 주목해야 할 전망이다. 2026년은 AI의 초점이 '산업 생산성' 중심에서 '소비 개인화'로 옮겨가는 변화가 본격화되는 시점이다. 2023년부터 주식시장의 최대 화두는 AI였지만, 한동안 반도체·전력 등 설비투자(CapEx) 관련주가 그 중심이었다. 이런 투자 사이클이 지나가면 AI가 인간의 선택·소비·건강·생활을 바꾸는 소비자 대상 거래(B2C) 시장으로 중심이 이동할 것이다.

한 발 빠른 글로벌 기업들이 이를 실제로 증명하고 있다. 구글과 메타는 생성형 광고로 마케팅 효율을 극대화하고, 아마존과 월마트는 AI 리테일과 맞춤형 추천 알고리즘으로 소비자의 구매 패턴을 실시간 예측하고 있다. 의료 영역에서는 템퍼스AI가 AI 기반 암 진단 등 정밀 의료 상용화를 선도하고 있다. 이처럼 AI 응용 기업은 도입기를 지나 이미 대중화 단계로 진입하고 있다.

앞으로는 디지털 콘텐츠, 의료 AI, 로보틱스, 맞춤형 소비, 핀테크와 같은 개인화·B2C 산업군이 차세대 AI 수혜 축으로 부상할 것으로 보인다. 한국은 반도체·전력·데이터센터·5G 등 인프라 투자로 생태계 체력을 키웠고, 이제 응용·소비 혁신 단계로 진입할 준비를 마쳤다. 직접적인 수혜와 관련 산업의 낙수효과가 확인되는 중소형주가 주목받을 가능성이 높다.

미국 기업의 선례를 감안하면, 2026년부터 흑자 전환이 가시화되는 국내 AI 응용 기업들의 출현이 기대된다. 막연히 AI 기술을 활용하는 수준을 넘어 실질적인 수

SaaS Software as a Service
소프트웨어를 제품이 아니라 서비스로서 빌려주는 것. 고객별로 맞춤형 소프트웨어를 온라인으로 제공하는 응용 소프트웨어 임대 방식(ASP)에서 진화한 서비스라고 할 수 있다.

seers

637% 씨어스테크놀로지 상반기 매출 증가율

AI 2026년은 AI가 투자와 학습의 장을 넘어 실질적 생산성과 실생활 변화를 가져오는 해가 될 것으로 기대된다.

SECTION 2
21 스몰캡

11번째 지구궤도 시험 비행에 성공한 스페이스X의 '스타십'.

익 창출 모델이 있음을 입증하는 기업들은 한국, 미국을 막론하고 주식시장에서 본격적인 재평가(Re-rating)를 받게 된다.

2026, 우주산업 성장의 원년

AI 외 성장 산업으로 주도주 확산 시 편승 가능성이 높은 것은 우주산업이다. 2026년은 우주산업의 성장이 몰아칠 원년이다. 스페이스X는 준상용화 단계까지 차세대 발사체 스타십 테스트를 완료했다. 2026년부터는 스타십 2대를 시간 차를 두고 발사해 우주 급유, 지구 회전, 1/2단 발사체 재사용까지 테스트한다. 2026년 말은 지구와 화성의 궤도가 가까워지는 시기로 첫 무인 발사가 예정됐다. 스타십 개발이 순조롭게 진행된다면, 2027년 중순에는 인류가 처음으로 화성에 도달할 수도 있다.

우주는 한국과 미국 관련주 간 움직임이 동조화하는 대표적인 산업이다. 국내는 이노스페이스가 2025년 11월 첫 상용 발사를 앞두고 있다. 국내 우주산업에 의미 있는 이정표이다.

로켓 산업에서 첫 발사의 성공 확률은 낮은 편이나 2026년 연내에는 상업화가 가능할 것으로 전망한다. 위성 산업 역시 쎄트렉아이의 위성 영상 수출을 계기로 SpaceEye-T 위성 수출과 콘택트의 수주 등 모멘텀이 존재한다.

2026년 혁신성장 최선호주

'밸류에이션'과 '성장'을 기준으로 2026년 혁신성장 최선호주를 제시한다.

AI 빅사이클 주도의 강세장이 전개되고 있다. 주도주의 변화보다는 불변과 확산에 집중할 때다. 4월 저점 이후 코스피는 4000포인트를 돌파했다. 코스닥은 코스피 대비 저조하다. 양 시장에서 삼성전자보다 못 오른 종목이 91%에 달한다. 중견·중소 대응 전략도 대세를 따를 때이

> 스타십 개발이 순조롭게 진행된다면, 2027년 중순에는 인류가 처음으로 화성에 도달할 수도 있다.

다. 실적과 밸류에이션 그리고 성장의 기준을 수립했다. 주도주 내 똘똘한 종목을 담고 2026년 상반기를 기다린다.

먼저 밸류에이션 테마는 전력기기, 에너지, 데이터센터, 방산을, 성장 테마는 우주와 AR, 스테이블코인의 테마별 최선호주를 선별했다.

2026년 혁신성장 최선호주 중 밸류에이션 테마는 영업이익 성장에 중점을 뒀다. 성장 테마는 매출액 성장을 주요 지표로 활용했다. 밸류에이션 종목들의 2026년 영업이익 성장률은 20.1%다. 성장 테마 종목들의 2026년 매출액 성장률은 27.9%로 예상한다. 중소형주로 매기 확산과 주도주 편입 시 주가 재평가 가능성이 높다. 코스피 4000 시대에 놓쳐서는 안 될 핵심 종목으로 판단한다.

최선호주로 AI 인프라의 산일전기, 일진전기, SNT에너지, 지엔씨에너지, 삼화전기를, 방산의 비츠로셀을 제시한다. AI 전력 수요 급증과 생산설비(CapEx) 빅사이클의 집중 수혜가 실적과 주가로 증명되고 있는 기업과 주도주 내 합류 가능성이 높은 기업들이다. 방산의 비츠로셀은 방산 매출비중이 증가하면서 방산 밸류체인으로 인식될 시 주가 재평가 가능성이 높은 기업이다.

최선호주로 우주산업의 이노스페이스, 쎄트렉아이를, AR의 사피엔반도체를, 스테이블코인의 다날과 헥토파이낸셜을 제시한다. 전방산업의 구조적 성장 속에 새로운 먹거리가 수주와 실적으로 이어지는 기업들이다. 스테이블코인은 본격적인 법제화가 시작될 2026년 새로운 도약이 기대된다.

2025년 중소형주 TOP100

단위: 종목수

분야	종목수
반도체	약 23
로봇	약 10
제약·바이오	약 9
에너지/원전	약 6
AI	약 4
조선	약 3
의료 AI	약 3
암호화폐	약 3
소재	약 3
전력기기	약 2
방산	약 2
기타 개별 호재	약 31

자료: QuantiWise, 신한투자증권

2026년 AI 유망 중소형 테마

테마	개념	국내 유망 업종군	미국 접점 기업
AI × 콘텐츠, 커머스, 핀테크	AI가 소비자의 선택을 대체하는 단계 / 생성형 광고, AI 크리에이티브, 맞춤형 커머스 / 차세대 커머스와 스테이블코인의 결합	콘텐츠, 광고, 커머스, 암호화폐	앱러빈, 레딧, 코인베이스
AI × 헬스케어	개인화 의료, 헬스데이터 기반 예측·관리 / 병원·보험·소비자용 AI 서비스 확대	의료 AI, AI 신약, AI 건강관리	템퍼스 AI, 가던트, 힘스
AI × 로보틱스 자동화	산업→물류→서비스→가정용으로 로봇 침투 / AI 비전·제어기술 상용화 가속	로봇, 스마트팩토리, 물류 자동화	테슬라, 심보틱, 엔비디아

자료: 신한투자증권

주요 기업 발사체 비교

회사 시가총액 (십억달러)	발사체	탑재 중량 (kg)	1단 추력 (ton)	주요 추진제	25년 발사 (회)	비고
스페이스X (400)	Falcon9	22,800	775	케로신(등유)	132	25년 연간 160~165회 추정
	Falcon Heavy	63,800	2,325	케로신(등유)	0	대형 탑재체 프로젝트가 없어 25년 발사 0회
	Starship	150,000	8,872	메탄	0	25년 현재 11차 시험 비행 완료
블루오리진 (미공개)	뉴셰퍼드	35,000	50	액체 수소	7	준궤도(100km) 비행 발사체
	뉴글렌	45,000	1,750	메탄	1	25년 1월 첫 궤도 진입 성공. 개발 중
로켓랩 (30.7)	일렉트론	300	23	케로신(등유)	12	17년 첫 발사 이후 상용 운용
	뉴트론	13,000	690	메탄	0	25년 개발 중으로 1단 발사체 재사용 예정
파이어 (3.8)	알파	1,000	80	케로신(등유)	1	24년 상업화됐으나 25년 4월 미션 실패
플라이 (3.8)	이클립스	1,600	730	케로신(등유)	0	재사용 발사체로 2026년 첫 상용 발사 예정
이노스페이스 (0.1)	한빛-나노	90	25	파라핀, 메탄	2	25년 4분기 첫 상업 발사 예정
	한빛-마이크로	170				25년 4분기 첫 상업 발사 예정
	한빛-미니	1,300	25	파라핀, 메탄		26년 하반기 첫 상업 발사 예정

자료: 신한투자증권 ※탑재 중량은 저궤도(LEO) 기준. 스페이스X, 블루오리진은 비상장으로 시가총액은 추정치

SECTION 3 — INVESTMENT STRATEGY

2026 INVESTMENT STRATEGY

01 글로벌 기업분석

글로벌 인공지능(AI) 시장의 경쟁은 '토큰 생성량'에 따라 결정되고 있다. 이를 늘리기 위한 고성능 가속기(GPU)와 저전력·저지연 인프라 투자가 핵심이다. 미국은 오픈AI와 정부 주도로 초대형 AI 인프라 구축에 나섰고 엔비디아를 중심으로 하는 GPU 생태계가 시장을 이끌고 있다. 최근 새로운 변화도 감지된다. 브로드컴·AMD·인텔 등 표준화 기술을 보유한 기업들이 성장 중이다. 에이전틱 AI와 피지컬 AI 등 추론형 AI 수요 증가로 데이터센터와 저장장치(SSD·HDD) 수요가 급증하고 있으며 네오클라우드 기업들이 최적화 기술을 제공하면서 시장 확장이 지속되고 있다. 결국 AI 시장은 특정 기업 독점보다는 생태계 전반의 투자와 기술 확대로 성장하며 관련 기업들이 꾸준히 수혜를 받을 전망이다.

02 거시경제

2026년 세계 경제는 인공지능(AI)과 정부 정책이 만든 '초양극화' 시대에 들어선다. 각국이 낮은 금리와 재정 지출로 AI·친환경 산업에 집중하면서 자본이 상위 20%에 쏠리고 일반 가계의 소비 여력은 약화되고 있다. 미국은 AI 투자로 성장세를 유지하지만 유럽은 관세 부담과 산업 경쟁력 한계로 둔화가 예상된다. 중국은 부동산 침체로 4%대 성장에 머물고 한국은 내수 회복에도 불구하고 양극화와 부채 부담 탓에 1%대 후반 성장에 그칠 전망이다. 결국 2026년은 '누가 성장하는가'가 핵심인 해다.

03 ETF

트럼프 2기 정부 출범 2년 차에도 시장의 핵심 화두는 인공지능(AI) 산업이다. AI 버블 우려가 있지만 글로벌 유동성과 실적 개선이 맞물리며 AI 섹터는 꾸준히 상승 중이다. 하이퍼스케일러 투자와 국가 주도 AI 프로젝트가 산업 성장을 뒷받침하며 AI ETF 시장은 하드웨어·소프트웨어·전력 인프라 등으로 세분화되고 다양화됐다. 반도체, 데이터센터, 소프트웨어 등 핵심 기업 중심 ETF뿐 아니라 산업별·국가별 ETF, 안정적 현금흐름 기업 ETF까지 선택지가 확대됐다. AI 외에도 트럼프 정부의 관세·리쇼어링 정책과 글로벌 통화·재정 정책이 시장 변수로 작용하며 금·은·비트코인 ETF 등 인플레이션 헤지 수단도 주목받고 있다. ETF 시장은 산업·테마 변화 속에서도 투자자에게 폭넓은 전략 선택을 제공하고 있다.

05 글로벌 투자전략(미국)

2026년 미국 증시는 인공지능(AI) 투자 붐과 완화적 경제정책에 힘입어 '준(準)골디락스' 국면을 이어갈 전망이다. S&P 500 지수는 6550~8000선에서 '중립 이상'의 흐름이 예상된다. 다만 관세나 물가 불확실성은 변수로 남는다. 금리 인하는 연 4회 이내로 제한될 가능성이 크며 장단기 금리 차 확대(불 스티프닝)가 이어질 것으로 보인다. 이 환경 속에서 반도체·IT 등 AI 밸류체인과 전력·태양광·이커머스·가상자산 등 '4C+4E' 산업이 유망 업종으로 꼽힌다.

04 원자재

2025년 글로벌 자산시장은 미국의 '보험성 금리 인하' 기대 속에 주식·채권·원자재 등 전 자산이 오르는 '애브리띵 랠리'가 전개됐다. 그러나 2026년에도 미국 경제는 고용 둔화(경기 둔화)와 물가 불안(인플레이션)이라는 양방향 리스크가 공존할 전망이다. 이런 불확실한 환경에서는 안전자산이자 인플레이션 헤지 수단인 금이 가장 큰 수혜를 입을 것으로 예상된다. 금은 이미 온스당 4000달러를 돌파하며 강세 사이클을 이어가고 있으며, 완화적 통화정책과 중앙은행들의 금 매입 확대가 상승세를 지지하고 있다. 이에 따라 2026년에도 포트폴리오 내 일정 비중의 금 보유 전략이 유효할 것으로 보인다.

06 글로벌 투자전략(중국)

2025년 중국 증시는 딥시크(DeepSeek) 등장으로 인공지능(AI) 기술 경쟁력이 부각되며 기술주 중심의 반등을 이뤘다. 2026년에도 로보택시·휴머노이드 로봇 등 AI 응용 산업 확산이 성장의 핵심이 될 전망이다. 정부 지원과 기술 인력, 높은 기술 수용성이 맞물리며 중국 AI 산업은 빠르게 성장할 것으로 보인다. 국내총생산(GDP) 성장률은 다소 둔화되지만 명목 성장률 개선으로 소비와 기업이익이 늘고 주식시장 부양 정책도 지속될 가능성이 높다. 투자 유망 분야로는 AI 반도체·플랫폼 등 기술주, 휴머노이드·우주항공 산업, 그리고 ESS 수요 증가에 따른 리튬 관련주가 꼽힌다. 전반적으로 2026년 중국은 '질적 성장'과 '기술 중심 구조 전환'이 맞물린 해가 될 전망이다.

07 ESG

2025년은 한국 자본시장의 '거버넌스 원년'이었다. 2차 상법 개정으로 이사의 주주충실 의무와 대주주 전횡 방지 장치가 법제화되며 기업 경영이 주주 중심으로 전환됐다. 2026년 하반기부터는 집중투표제 의무화와 감사위원 분리선출 확대가 시행돼 소액주주와 외국인 투자자의 이사회 참여가 실질화된다. 이러한 제도 변화는 기업 지배구조 투명성과 균형을 높이고 외국인 투자 신뢰를 회복시키며 코스피 상승에도 기여한다. 특히 ESG 중 'G(거버넌스)'가 핵심 투자 판단 기준으로 부상하고 있으며, 반도체·인공지능(AI) 등 실적 개선과 맞물려 한국 자본시장은 장기적 주주가치 중심의 새로운 국면에 진입하고 있다.

SECTION 3   01 글로벌 기업분석

'토큰 전쟁'의 주인공은 누구? 엔비디아·버티브 등 수혜주 급부상

토큰 생성 경쟁이 이끄는 AI 인프라 투자 확대
GPU·전력·네트워크 인프라 확대… 미국 수혜주가 앞서간다

글로벌 인공지능 시장의 패권은 '토큰 생성량'에 따라 바뀌고 있다.

대규모 토큰 공장 프로젝트 나선 미국

'토큰'은 언어 모델이 텍스트를 처리하는 데 사용하는 데이터 단위(단어 및 단어의 일부 등)다. 비용과 수익을 포함해 인공지능의 퍼포먼스를 결정짓는 데 중요한 역할을 하며, 짧은 시간 안에 대규모 토큰을 생성해내는 것이 AI 인프라를 구성하는 심목적이 되고 있다. 미국은 정부와 오픈AI를 중심으로 초대형 AI 인프라 구축에 돌입했다. 이른바 '스타게이트 프로젝트'를 통해 2029년까지 총 10GW 규모의 데이터센터를 건설하고 5000억 달러를 투자한다. 오픈AI는 엔비디아·AMD·브로드컴 등과 계약해 약 26GW의 컴퓨팅 역량 확보에 나섰다.

엔비디아의 독점과 '표준화 기술'로 뭉친 기술 기업들

토큰 공장(AI Factory)의 투자가 이어지면

스타게이트 프로젝트 투자 규모
5000억 달러

AI 팩토리
AI Factory
초대형 AI 데이터센터를 일컫는 개념으로, 언어 모델이 처리할 수 있는 토큰 생성량을 극대화하기 위해 GPU, 메모리, 전력 인프라를 통합한 형태의 지능형 공장이다.

서, 엔비디아의 생태계에도 변화가 나타났다. 브로드컴, AMD, 인텔 등은 AI 전용 칩 개발을 확대했고, NVLink 대안인 UALink 표준화 기술도 등장했다. 엔비디아의 GPU 수요는 여전히 공급을 초과하고 있다. 매년 새로운 기술을 탑재한 칩이 출시되고, CUDA·NeMo·옴니버스·Isaac·Cosmos 등 엔비디아의 고유 소프트웨어 솔루션은 이제 인공지능 필수 인프라로 자리 잡았다. 즉, 현재의 AI 시장은 엔비디아의 AI 생태계를 기반으로 구축돼 있으며, 엔비디아의 차세대 칩을 먼저 확보한 기업이 기술적 우위에 서는 시장이 됐다.

AI Factory 인프라 최적화 기업 성장 예상

UALink 컨소시엄(인텔·AMD·구글·메타 등)은 주요 테크 기업들이 참여한 연합체로, 데이터센터용 AI 상호 연결 시스템 개발에 초점을 맞추고 있다. 이 컨소시엄은 엔비디아의 NVLink에 대한 대안을 제공할 뿐만 아니라, AI 가속기 네트워크에서 빠르고 효율적인 연결 옵션을 제공하는 것

을 목표로 삼는다.
아리스타 네트워크(ANET US/ 스위치), 아스테라 랩(ALAB US/ 리타이머), 크레도 테크놀로지(CRDO US/ 리타이머 & AEC), 버티브 홀딩스(VRT US/ 데이터센터 전력, 냉각수 공급 등 운영)와 같은 네오 클라우드 관련 기업은 이러한 시장 변화에 대응해 여러 최적화 기술을 선보이고 있다. 또한 현재 엔비디아의 AI 생태계 내에서도 저전력·저지연 최적화에 중심 역할을 하고 있어, 수요는 꾸준히 증가할 것으로 예상된다.

에이전틱 AI, 피지컬 AI로의 변화도 고성능 데이터센터 수요를 끌어올리고 있다. 현재의 인공지능은 생성형 AI를 넘어서 에이전틱 AI로 진화했다. 스스로 생각하고 분석하며 추론하는 추론형 AI(Reasoning AI)는 동일 시간 대비 데이터센터의 토큰 생성량을 약 20배 이상으로 요구한다. 또한, 로봇 등 피지컬 AI 시대가 열리면서, 고성능 데이터센터의 역할은 더욱 중요해지고 있다.

AI Factory의 새로운 형태, 네오 클라우드

네오 클라우드는 이러한 변화에 대응해 진화한 차세대 클라우드로, 기존 범용 클라우드 대비 저전력·저지연·고성능 GPU(Blackwell)의 특징을 지닌다. 대표 기업으로는 코어위브(CRWV US), 네비우스(NBIS US) 등이 있다. 반면, 엔비디아는 소프트웨어 영역 확대로 데이터센터 확장이 필요했기 때문에 이들 기업에 GPU를 공급해 파트너이자 고객으로 발돋움하고 있다. 데이터센터 확대에 따라 저장장치 시장도 활성화되고 있다. 에이전틱 AI 도입 이후 SSD·HBM 중심의 '핫 데이터' 수요가 빠르게 늘고 있으며, 동시에 씨게이트 등 HDD 기반 '콜드 데이터' 저장 수요도 확대되고 있다. SSD 시장에서는 퓨어 스토리지(PSTG US)가 구독형 저장 서비스(StaaS) 강화와 엔비디아 B200 기반 클라우드 파트너 인증을 통해 성장하고 있고, HDD 시장에서는 씨게이트(STX US)가 학습 데이터·이미지 중심의 대용량 저장 수요 확대의 수혜를 받을 전망이다.

AI 투자 가속화, 관련주 수혜 이어질 것

엔비디아와 브로드컴 중 누가 승자인가와 같은 이분법적 사고는 바람직하지 않다. 현재 AI 데이터센터에 막대한 자금이 투입되고 있으며, 이는 특정 기업 간 경쟁이 아닌 시장 자체의 확대로 봐야 하기 때문이다. 실제로 하이퍼스케일러(CSP) 4대 기업의 자본 지출(Capex) 수준은 지난 1년 기준, S&P 500 전체의 21%에 달한다. 이러한 시장 확장에 따라 AI 관련 기업들의 지속적인 수혜도 이어질 것으로 기대한다.

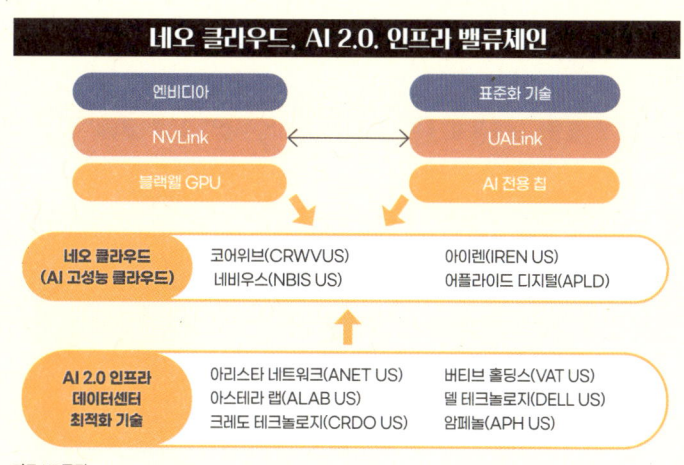

네오 클라우드, AI 2.0, 인프라 밸류체인

자료: KB증권

하이퍼스케일러 4대 기업 자본 지출 비중
S&P 500 전체의
21%

현재의 AI 시장은 엔비디아의 AI 생태계를 기반으로 구축돼 있으며, 엔비디아의 차세대 칩을 먼저 확보한 기업이 기술적 우위에서는 시장이 됐다.

SECTION 3 02 거시경제·금리

AI 시대의 부, 20%만 누린다

2026년 소수만 성장하는 '파레토 경제'의 도래
AI 혁신과 금융 억압이 만들어낸 초양극화 구조

2026년 세계 경제를 한마디로 요약하면 '초양극화'다. 경제 성장의 과실이 소수에게 집중되는 이른바 '파레토 경제(Pareto Economy)'가 본격화할 전망이다. 이는 상위 20%가 전체의 80%를 주도하는 구조 속에서, 그 원인과 우리 삶에 미칠 영향을 살펴본다.

AI와 정부가 만든 '양극화'

2026년의 파레토 경제는 두 가지 큰 축에 의해 움직인다. 바로 정부 정책과 인공지능(AI) 혁신이다.

첫째, 각국 정부는 코로나19 이후 늘어난 막대한 부채를 관리하기 위해 '금융 억압(Financial Repression)' 정책을 시행하고 있다. 쉽게 말해, 명목 성장률보다 낮은 금리를 유지해 빚 부담을 줄이면서, 재정 지출은 AI, 친환경 등 미래 신산업에 집중 투자하는 것이다.

둘째, AI 기술 혁신이 폭발적인 투자 수요를 이끌고 있다. 서버와 반도체 등 인프라 투자를 중심으로 시작된 AI 열풍은 이제

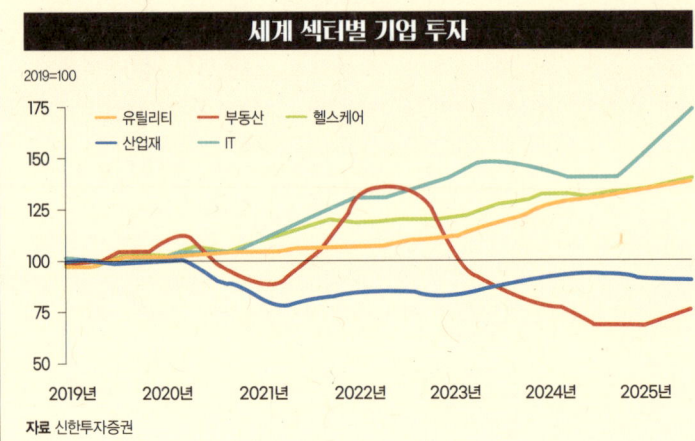

세계 섹터별 기업 투자

자료: 신한투자증권

파레토 법칙
Pareto Principle

경제나 사회 현상에서 상위 20%가 전체의 80% 성과를 만든다는 경험적 법칙. 2026년 세계 경제에서는 이 원리가 부와 성장의 불균형으로 나타나 '파레토 경제'라는 구조로 재편되고 있다.

AI PC, 스마트폰 등 우리 삶과 밀접한 영역으로 확산되고 있다. 이 두 흐름이 맞물리며, 시중에 풀린 돈(유동성)은 일반 가계의 소비로 흘러가지 못하고 AI와 신산업 중심의 기업 투자로 쏠리고 있다.

그 결과 경제 지표와 현실 체감 사이의 괴리가 커지고 있다. AI 관련 투자는 뜨겁지만 우리의 일자리와 직결된 가계 소비는 부진하다. 자산 가격 상승으로 부유해진 상위 20%의 소비는 늘어나지만, 나머지 80%의 지갑은 닫히며 소비의 양극화가

고착화되고 있다.

이러한 '소수 의존형' 경제는 불안 요인도 안고 있다. 우선 그동안 미뤄졌던 미국의 고율 관세 부담이 2026년부터 본격적으로 소비자 물가에 반영될 가능성이 있다. 또한 미국이 경기 둔화 국면 이전에 고용 유지를 위해 섣불리 금리를 인하할 경우, 2026년 중반에는 인플레이션 압력이 재차 높아질 위험이 있다.

엇갈린 글로벌 성장 경로

이러한 글로벌 환경 속에서 2026년 주요국들의 경제 성적표는 엇갈릴 전망이다. 미국은 2026년에도 2%에 가까운 고성장세가 유지될 전망이다. 금리 인하와 AI 등 구조적인 산업 수요 덕분에 비교적 양호한 소비와 투자가 예상된다. 다만 하반기 물가 재상승이 변수로 작용할 수 있다.

유로존의 성장세는 2025년보다 둔화할 전망이다. 고용 호조와 금리 인하가 소비를 지탱하겠지만, 긍정적 효과는 이전보다 반감될 것으로 보인다. 관세 충격이 이어지는 가운데 AI 연관성이 낮은 산업 구조로 인해 수출 경쟁력 부진이 지속되며, 성장률은 1% 초반대에 그칠 것으로 예상된다.

중국의 성장세 둔화는 2026년에도 이어질 전망이다. 정부의 부양책이 내수를 일정 부분 떠받치겠지만, 부동산 공급 과잉이 소비와 투자를 구조적으로 억제하고 있다. 여기에 미국의 관세 충격파까지 겹치면서 성장률은 4% 초중반 수준에 머물 것으로 예상된다.

2026년 한국 경제는 정부 정책에 힘입어 내수가 다소 개선되겠지만, 양극화의 그늘은 여전할 전망이다. 우선 고용 시장의

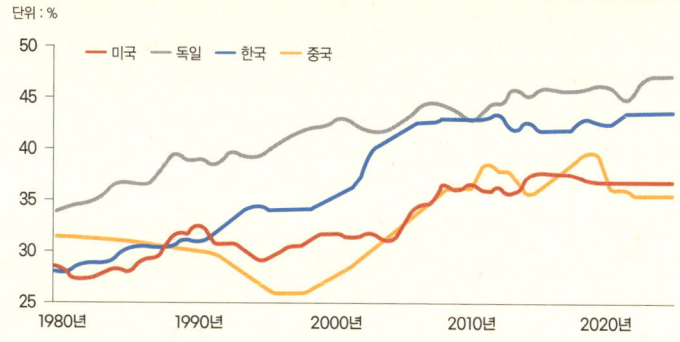

미국과 독일, 중국, 한국 상위 10% 소득 비중
자료: 신한투자증권

2026년 주요국 성장률 전망

- 미국 **2% 내외**
- 유로존 **1% 초반대**
- 중국 **4% 초중반대**
- 한국 **1% 중후반대**

명목 성장률
Nominal Growth Rate

물가 상승을 포함한 경제의 겉보기 성장률로 실질 성장률(Real Growth Rate)과 구분된다. 정부는 명목 성장률보다 금리를 낮게 유지(금융 억압)함으로써, 부채의 실질 부담을 줄이는 전략을 취한다.

양극화가 심화되면서 가계의 소비 여력이 약화된 상태다. 정부가 내수 부양에 나서더라도 그 효과가 가계 전반으로 확산되기보다는 일부 계층에 머물 가능성이 크다. 높은 부동산 가격 역시 자산 효과보다는 부채 부담으로 작용해 소비를 짓누르고 있다.

투자는 하반기에 기대를 걸어야 한다. 부진했던 건설 투자가 일부 회복되고, 설비 투자도 정부 정책에 힘입어 하반기로 갈수록 회복세를 보일 것으로 예상된다. 하지만 수출 전선에는 경고등이 커졌다. 그간 성장을 이끌었던 AI 관련 반도체 수출의 증가세가 2026년 하반기 들어 둔화될 우려가 있다.

이를 종합하면 2026년 한국 경제는 1% 중후반 성장세로 회복되겠지만, 구조적 저성장 그림자를 완전히 탈피하기엔 부족한 상황이다. 결국 2026년은 성장률의 숫자보다 '누가, 그리고 어느 분야가 성장하는가'가 중요한 해가 될 것이다. AI 혁신이라는 거대한 흐름 속에서 한국 경제가 양극화를 완화하고 내실 있는 성장을 이뤄낼 수 있을지 주목해야 할 때다.

SECTION 3　03 투자전략

3저 호황의 재현…
한국 증시, 40년 만의 장기 상승장 진입

**저달러·저유가·저금리 재현…
밸류 리레이팅이 이끄는 구조적 상승기**

현재 한국 증시는 구조적 전환기에 있다. 이번 강세장은 단순한 경기 반등이 아니라, '3저 호황(저달러·저유가·저금리)' 이후 40년 만에 재현되는 장기 상승 국면의 서막일 가능성이 높다.

40년 만에 되풀이되는 '3저 호황'의 사이클
한국 증시 50년 역사에서 '진짜 상승장'은 단 두 차례에 불과하다. 첫 번째는 3저 호황기(1986~1989년)이고, 두 번째는 브릭스 시대(2003~2007년)다. 패턴으로 보면, '4년 강세장+15년 횡보장'의 사이클을 반복해왔다.
두 번의 강세장은 모두 상승의 중심에 '펀더멘털'이 아닌 '밸류 리레이팅(Valuation Re-rating)'이 있었다. 한국 증시의 강세장은 펀더멘털 성장이 아니라 밸류에이션 상승에 의해 나타난다는 것이다. 이는 비단 한국 증시만 그런 것이 아니고, 세계 모든 증시가 마찬가지이다.
현재 한국 증시는 '3저 호황' 당시와 유사한 주가 패턴을 보이고 있으며, 매크로 환

한국 증시 주요 상승 사이클
- **1차 상승**　**3저 호황기 (1986~1989)**
- **2차 상승**　**브릭스 시대 (2003~2007)**

추세적 긴축 우려
Structural Tightening Concern

단기 금리 인상보다 장기적인 유동성 축소 우려를 의미하며, 역사적으로 자산시장 조정과 버블 붕괴의 주요 촉매로 작용해왔다.

불확실성이 커질수록 자금은 미래 성장성과 실적 가시성이 높은 종목으로 몰렸다.

경도 매우 비슷하다. 특히 3저 중 '달러 약세+유가 약세' 조합은 매우 드문 경우다. 보통 달러가 약세일 때는 유가가 상승하는 게 일반적이기 때문이다. 그런데 지금, 40여 년 만에 동일한 조합이 재현되고 있다. 이 조합은 한국 증시에 매우 우호적인 환경으로, 장기적(5년) 관점에서 한국 증시를 낙관하는 근거가 된다.

밸류 리레이팅이 이끄는 장기 상승의 논리
2026년 증시 환경도 나쁘지 않다. '리스탁킹(Restocking) 사이클'이 기업이익(EPS)을 견인하고, 정부의 자본시장 정상화 정책이 밸류에이션(P/E)을 지지할 전망이다. 과거에도 반도체 사이클은 반복돼왔지만, 코스피의 EPS와 P/E가 동시에 상승한 시기는 드물었다.
다만 2026년은 전년보다 리스크가 많다. 트럼프의 정치·외교 리스크, 2026년 하반기 이후 예상되는 긴축 우려가 증시 조정을 유발할 수 있다. 실제로 3저 호황과 같은 초강세장에서도 -10%를 넘는 단기 조

정이 연 1~2회 발생했다. 이러한 단기 조정은 50일 이동평균선 이격도를 활용해 대응할 수 있다. 좀 더 큰 조정은 2026년 후반부에 나타날 가능성이 높다. 과거 모든 버블 붕괴의 트리거가 '추세적 긴축 우려(Structural Tightening Concern)'였던 만큼, 내년 하반기로 갈수록 물가에 집중할 필요가 있다.

업종 전략 측면에서는 지금의 강한 주도주가 교체되기보다는 집중화 현상이 더 강화될 가능성이 높다. 과거 140년간의 버블 장세 말기에도 '집중화 현상'이 반복된 바 있다. 불확실성이 커질수록 자금은 미래 성장성과 실적 가시성이 높은 종목으로 몰렸다. 1999년 말 연준의 통화 긴축 재개로 '닷컴 버블'이 붕괴하던 때도, S&P 500과 다우지수는 먼저 하락한 반면, 밸류에이션이 높았던 나스닥 100은 오히려 이후 약 2배나 더 상승한 뒤에야 정점을 기록했다.

두 번째 주목할 점은 주도 업종 내에서 확산이 나타난다는 것이다. 버블 후반부에는 '투자(하드 AI)'에서 '응용(소프트 AI)'으로 주도주가 확산된다는 것이다. 미국 증

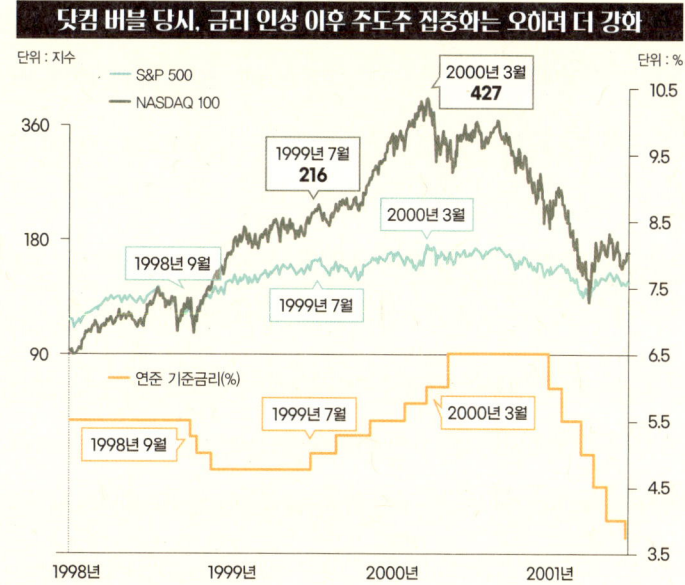

닷컴 버블
Dot-com Bubble

1990년대 후반, 인터넷 산업에 대한 과도한 기대와 투기적 투자로 IT·통신 관련 주식이 급등했다가 2000년대 초에 폭락한 사건. 대표적으로 나스닥 지수가 2000년 3월 정점 이후 3년간 약 80% 급락했다.

시의 경우 '소프트AI'로 팔란티어/앱러빈 등을 꼽은 바 있다. 다만 한국은 닷컴 버블 사례를 봐도 소프트웨어보다는 하드웨어 내에서 '소프트'한 종목이 나온다. 이번엔 '전력'이 그 자리를 담당하고 있다.

주도주의 집중화, 'AI·전력·조선'으로 이어진다

한국에서도 닷컴 버블 당시 비슷한 흐름이 나타났다. 코스피는 1999년 7월을 정점으로 사실상 상승이 멈춘 반면, 실적이 탄탄했던 주도주 삼성전자는 2000년 3월까지 약 2배 이상 추가 상승했다.

이처럼 버블 붕괴 전까지는 주도주 집중화 현상이 지속될 수 있다고 판단한다. 기존 주도주인 'AI(반도체·전력)'를 최선호주로 제시하며, '탈세계화 관련주(조선·방산)', 그리고 '증시 정책 관련주(증권·지주)'를 차선호주로 제시한다.

SECTION 3　04　계량분석

국내 주식시장 디스카운트 해소는 이제 시작

이익 안정성과 주주환원 확대가 이끄는 구조적 리레이팅

정부의 증시 활성화 정책과 실적 개선으로 코스피가 상승세를 이어가고 있다. 주가수익비율(PER)·주가순자산비율(PBR)은 과거보다 높지만 여전히 글로벌 대비 저평가 상태다.

기업들의 거버넌스 개선과 주주환원 확대가 디스카운트 해소의 핵심 요인이다. 이익 변동성은 낮아지고 현금흐름은 안정되면서 밸류에이션 리레이팅의 지속 가능성도 커졌다. 반도체가 주도하는 가운데, 바이오·금융·지주 등으로의 업종 다변화가 다음 과제로 꼽힌다.

저평가 탈출의 열쇠

2025년 10월 말 기준 코스피 12개월 선행 주가수익비율(PER)은 11배 후반, 주가순자산비율(PBR)은 1.37배 수준으로 과거 평균보다는 높다.

그러나 선진국, 신흥국과 비교하면 여전히 매력적인 수준이며, 반도체 중심의 실적 개선이 이어질 경우 PER은 더 낮아질 가능성이 있다.

한국 vs 일본 총주주환원 수익률 비교
한국 2.3% vs 일본 4.1%
약 1.8%p 격차

PBR은 추가 상승 여지가 크다. 기업 지배구조 개선과 주주환원 확대가 코스피 PBR을 끌어올리는 핵심 요인이다. 지배구조가 투명해지면 기업 신뢰가 높아지고, 그만큼 할인 폭이 줄어 주가가 오르기 쉬워진다. 여기에 배당 확대와 자사주 매입 증가로 자기자본이익률(ROE)이 높아지면 PBR 추가 상승도 가능하다. 배당소득 분리과세 세율 인하 가능성과 3차 상법 개정안의 자사주 소각 의무화 이슈도 주목할 필요가 있다. 국내와 유사한

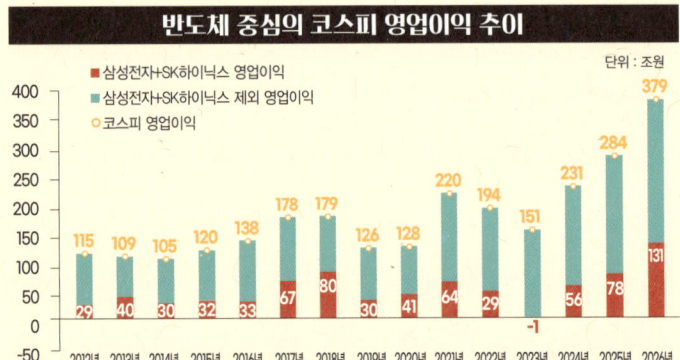

반도체 중심의 코스피 영업이익 추이 (단위: 조원)
자료: FnGuide, 미래에셋증권 리서치센터 ※컨센서스 데이터가 존재하는 224개 코스피 기업 합산, 2024년, 2025년, 2026년 코스피 순이익은 159조원/209조원/272조원, 삼성전자+SK하이닉스는 53조원/72조원/109조원

ROE를 기록하고 있는 일본 증시와 비교해볼 수 있다. 일본의 PBR은 1.75배로 코스피 대비 약 30%의 프리미엄을 받는다(3년 평균은 55%). 이 밸류에이션 차이는 주주환원 수익률에서 비롯된다. 3년 평균 배당수익률은 한국이 2.1%, 일본이 2.3%로 비슷하지만, 자사주 매입률은 한국 0.2%, 일본 1.8%로 차이가 난다. 결국 총주주환원 수익률 기준으로 약 1.8%p의 격차가 존재한다.

그러나 국내 기업들의 배당 확대 및 자사주 매입 증가 흐름으로 주주환원 수익률 격차는 점차 축소될 가능성이 크다. 2025년 국내 기업의 자사주 매입액은 10월까지 14조6000억원으로, 이미 2024년의 7조5000억원을 넘어섰다. 이는 시가총액 대비 약 0.5% 수준이다.

리레이팅 지속 가능

PER 리레이팅의 핵심은 실적 변동성 축소다. 기업이 안정적으로 이익을 내는 구조를 갖추면 성장 속도가 둔화되더라도 밸류에이션은 충분히 재평가될 수 있다. 향후 국내 기업들의 실적 변동성은 낮아질 전망이다. 정유·화학·철강·자동차 등 경기에 민감한 업종의 비중은 줄고, 조선·방산·전력기기·SW·헬스케어 등 성장성과 안정성이 높은 업종의 이익 기여도가 확대되고 있기 때문이다.

또한, 현금흐름 역시 개선 흐름을 유지하고 있다.

최근 국면은 2017~2018년, 2021~2023년과 달리 이익과 현금흐름이 동시에 증가하고 있어, 단기간에 변동성이 다시 커질 가능성은 낮다는 평가다.

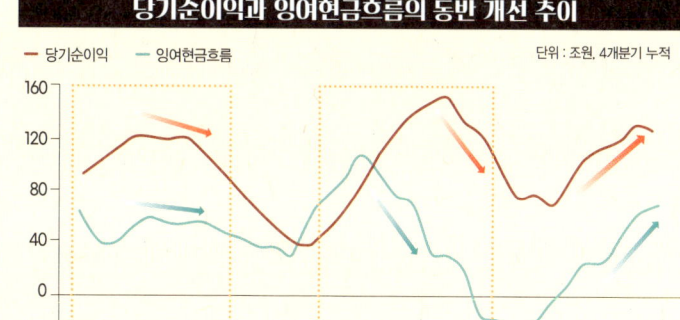

당기순이익과 잉여현금흐름의 동반 개선 추이

자료: FnGuide, 미래에셋증권 리서치센터

> PBR은 추가 상승 여지가 크다. 기업 지배구조 개선과 주주환원 확대가 코스피 PBR을 끌어올리는 핵심 요인이다.

반도체 주도 속 업종 다변화가 과제

국내 증시는 긍정적 이익 모멘텀과 매력적인 밸류에이션을 기반으로 상승세를 이어갈 전망이다. 기업들의 수익성이 개선되고 주가 수준이 아직 저평가돼 있어, 당분간 오를 가능성이 크다.

2025년과 2026년 영업이익 컨센서스는 반도체를 중심으로 1개월간 각각 +1.8%, +10.0% 상향 조정됐다. 이는 글로벌 시장에서 국내 기업들의 이익 모멘텀이 아주 강한 모습이어서다. 2026년 코스피 합산 영업이익 컨센서스는 379조원(+33%YoY) 수준으로, 실적과 현금흐름이 동반 개선되고 있다는 점도 긍정적으로 평가된다.

물론 단기적으로는 특정 업종으로의 쏠림 우려가 있다. 그러나 현재 주가 쏠림은 실적 전망이 가장 뚜렷한 업종 중심이라는 점에서 성격이 다르다. 반도체·2차전지·조선·방산·전력기기 등은 여전히 강한 실적 모멘텀을 유지하고 있으며, 바이오·금융·지주 업종 역시 비중 확대가 필요한 시점이다. 내년 실적 턴어라운드가 기대되는 일부 경기 민감 업종도 종목별로 선택적 투자 기회가 있을 전망이다.

SECTION 3 | 05 데일리 시황

자본시장 구조개혁을 위한 정부 정책 3.0 Round

150조 펀드·퇴직연금 기금화… 자본시장에 자금이 흐른다
자본시장 3.0 시대, 정책 자금 산업이 동시에 움직인다

2025년, 자본시장 정책이 이끈 상승장

한국 주식시장의 상승뿐만 아니라 대한민국 경제의 구조개혁을 위해서는 자본시장 정책만으로는 부족하다. 기업들이 경제 발전을 선도할 수 있도록 지원해주는 산업 정책도 동시에 추진돼야 한다. 2025년 8월에 발표된 '새정부 경제성장전략'은

15.5%
가계자산 중
현금·예금 비중

향후 1~2년간 정부가 추진할 세부적인 산업 정책들을 예고했다. 2026년에는 자본시장보다 산업 정책의 방향성에 더 주목해야 하는 이유다. 그리고 이제 한국 경제는 3.0 라운드(Round)의 시작점에 서 있다. 한국 자본시장의 역사를 돌이켜보면 대세 상승장에는 항상 '자본 투입 정책'이

한국 정부 정책 : 1.0 Round(자본시장 정책) → 2.0 Round(산업 정책) → 3.0 Round(자본 투입 정책)

정부 정책 1.0 Round
자본시장 정책

상법 개정
- 1차 상법개정: 7월 15일 국무회의 의결
  이사의 충실의무 확대: 회사 → 주주
  3% 룰 도입
- 2차 상법개정: 9월 2일 국무회의 의결
  집중투표제 도입
  감사위원 분리 선출
- 3차 상법개정안 2025년 내 처리 목표

세제 개편
- 대주주 양도소득세 기준 완화
- 배당소득 분리과세 도입 (세부 기준 논의 중)

정부 정책 2.0 Round
산업 정책

새정부 경제성장전략
- AI 대전환 7대 선도 프로젝트
- 초혁신경제 15대 선도 프로젝트

산업통상자원부
- 2025년 10월: 「新 정부 소재·부품 장비 기본계획」

정부 정책 3.0 Round
자본 투입 정책

국민성장펀드 조성
- 국민성장펀드 조성
- 규모: 150조원(정부 75조원, 민간 75조원)
- 투자: 직접 지분 투자, 인프라 투융자, 간접투자, 초저리 대출
- 3차 상법개정안 2025년 내 처리 목표

MSCI 선진지수 편입
- 2025년 연말: MSCI 선진지수 편입 로드맵 발표 예상

금산분리 완화
- 대통령: AI 산업에 한해 금산분리 규제 완화 시사 (10/1)
- 금융위원장: 금산분리 완화 정책 시사 (10/20)

퇴직연금 기금화
- 이재명 대통령 공약
- 더불어민주당 안규호 의원

자료: KB증권

수반됐는데, 마침 이를 위한 4가지 정책이 준비되고 있다.

산업 정책의 가세…'AI 대전환'과 15대 초혁신경제 프로젝트

첫째, 150조원 규모의 '국민성장펀드'다. 전략 산업에 대한 직접 지분 투자까지 고려되고 있어, 주식시장에 미칠 영향이 작지 않을 것이다.

둘째, MSCI 선진지수 편입 로드맵이다. 실제 편입 여부보다 중요한 것은 규제 완화를 통해 한국 주식시장에 대한 외국인 투자자의 접근성이 개선된다는 점이다.

셋째, 금산분리 완화다. 미국의 대표적인 금융기관인 J.P. 모건이나 블랙록처럼 금융 자본이 전략 산업에 지분 투자하는 것과 유사한 것을 한국에서도 기대할 수 있게 된다.

넷째, 퇴직연금 기금화다. 만약 추진될 경우 수급 측면에서 주식시장에 미치는 영향이 가장 큰 이벤트가 될 수 있다.

정부 정책 3.0 라운드의 4대 정책은 2025년 말부터 논의가 본격화될 전망이다.

3.0라운드, 자본 투입 정책이 코스피 5000을 이끈다

장기적 관점으로 정부가 추구하는 바는 부동산에서 주식시장으로의 가계자산 구성 변화다. 대부분 한국 가계의 가장 큰 자산이 부동산 시장인 만큼, 주식시장으로 대대적인 이동은 쉽지 않다. 그러나 이번 한국 증시 리레이팅이 단발성으로 끝나는 것이 아니라, 지속 가능한 투자처로 자리 잡는 계기가 돼야 한다. 여기에 배당소득 분리과세 도입 효과까지 고려한다

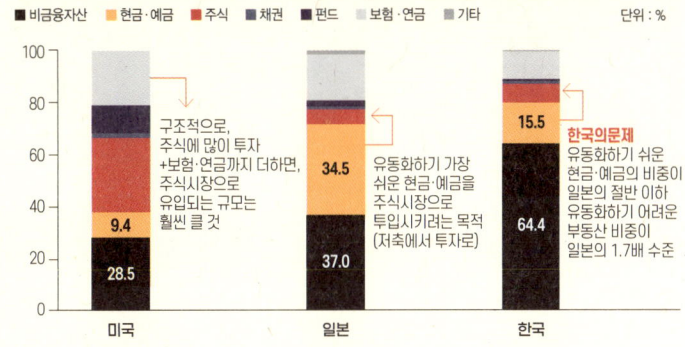

미국 401(K) 퇴직연금제도

근로자가 급여의 일부를 세전(稅前)으로 적립해 주식·채권 등 금융상품에 투자할 수 있는 장기 투자제도다. 고용주가 일정 비율을 추가로 매칭해주는 구조로, 미국 자본시장에 장기 자금이 유입되는 핵심 통로로 작용했다.

면, 적어도 총 가계자산의 15.5%를 차지하는 '현금·예금 자산'의 상당 부분이 주식시장으로 유입될 수 있을 것이다.

주식 투자 인구 수가 1400만 명으로 증가했다는 점도 중요하다. 해외 투자자나 미성년자를 포함한 수치이지만, 자본시장 자체에 대한 관심이 이전보다 크게 증가하고 있음을 의미한다. 이는 행정부 및 입법부 입장에서는 자본시장 친화 정책을 지속할 수밖에 없음을 의미한다.

정부 정책 1.0 Round(자본시장 정책)에서 도입된 배당소득 분리과세가 중장기적으로 주식시장을 주요한 투자처로 변모시키게 될 것이다.

세제 측면에서 보면, 종합소득세 납부 대상인 투자자들은 배당주의 매력을 크게 느낄 가능성이 높다. 또한 퇴직연금 기금화 같은 변화들은 근로자들의 퇴직연금 내 주식 비중을 점차 확대시키는 구조를 만들 것이다. 이는 1980년대 미국이 401(K) 퇴직연금제도를 도입하며 자본시장에 장기적인 수급원을 형성한 것과 유사하다. 마찬가지로 한국 자본시장에도 장기적인 수급원으로 작용할 것으로 기대된다.

SECTION 3 | 06 신용분석

'돈은 돌지만 격차는 커진다'…
2026 크레디트 시장 또 양극화

저신용 기업 회복은 여전히 요원… 정부 재정 확대는 새 변수
현금은 넘치지만 체력은 제각각… 강세 속 옥석 가리기 본격화

채권시장의 강세 흐름은 당분간 이어질 가능성이 높다. 다만 신용등급이 높은 기업과 낮은 기업 간의 차이는 계속 벌어질 것으로 보인다.

우호적인 유동성 환경

2026년 크레디트 시장은 2025년의 강세 흐름을 이어갈 가능성이 높다. 시중 유동성이 풍부한 데다 기업 신용도와 펀더멘털도 안정적으로 유지될 것으로 보이기 때문이다.

코로나19 이후 이어진 정책 당국의 금융지원 기조가 유지되고 있고, 새 정부 출범 이후 각종 경기 부양 자금이 집행되면서 자금시장은 활기를 띠고 있다. 여기에 중앙은행이 시장 불안에 대비해 선제적으로 유동성 공급에 나서고 있어, 기업의 자금조달 여건도 양호한 상황이다.

기업들은 회사채뿐 아니라 은행 대출 등 다양한 창구를 통해 자금을 조달하며 현금 유동성을 원활히 관리하고 있다. 특히 회사채 시장의 경우 시중 부동자금의 증가세에 따른 각종 채권형 자금의 꾸준한 증가로 대기 수요가 풍부해 발행 시장이 유례없는 호조세를 이어가고 있는 점이 특징이다. 그 결과 발행 규모 기준으로 역대 최대기록을 매년 경신하는 상황이다.

유동성 훈풍 속 '양극화'는 계속

다만, 이 같은 상황에서도 양극화 현상은 지속될 가능성이 높아 보인다.

그간 사업 환경 저하로 현금흐름의 악화 현상을 유동성 지원 효과로 극복해온 저신용등급 기업들의 펀더멘털 여건이 개선되지 않고 있기 때문이다. 근본적으로 사업 환경 및 수익성 개선이 담보되지 않은 상황에서의 유동성 지원은 단기적 효과에 그칠 수밖에 없다.

2025년의 홈플러스 사태가 그 단적인 예다. 전반적으로 유동성이 확 풀릴 때는 모든 경제 주체가 동일하게 수혜를 받지만 정책 지원 모멘텀이 둔화되는 구간에서는 취약한 주체들의 지탱력은 한계 상황에 봉착할 수밖에 없다.

신용스프레드
Credit Spread
기업이 발행한 채권의 금리에서 국채 금리를 뺀 차이로, 신용위험을 반영하는 지표다.

신용스프레드
0.2% 이하
↓
초우량 채권 기준
역사적 저점 수준

채권시장 내 산업별, 그룹별 차별화 역시 여전히 지속되고 있다. 특히 2025년 말 구조조정 압력에 처한 석유화학 업종의 경우가 그렇다. 구조조정 방향성의 향배에 따라 신용안정성이 급속히 저하될 수 있는 위험성이 있다.

물론 대부분의 해당 기업이 계열 기반의 재무적 융통성을 보유하고 있지만 업황 저하 추이가 장기화될 경우 대주주의 지원 의지 또한 약화될 수 있다. 따라서 여느 때와 마찬가지로 등급별, 산업별 옥석 가리기가 필요하다.

이러한 펀더멘털 차이는 등급별 신용스프레드에도 반영돼 상하위 등급 간 스프레드 격차는 좀처럼 좁혀지지 않을 가능성이 높은 것으로 전망된다.

가격 부담, 추가 하락 여력은 제한

2026년 크레디트 시장의 최대 고민은 신용스프레드가 더 하락할 수 있느냐는 점이다. 2025년 신용스프레드는 연중 지속적으로 하락하는 강세 흐름을 보였다. 그 결과 국채 대비 신용스프레드의 상대적 비중(Yield Ratio: 신용채권금리÷국채금리)이 역대 최저 수준에 근접하는 정도까지 내려왔다. 절대적 기준으로도 초우량 공사채와 은행채의 경우 신용스프레드가 0.2%를 하회하는 수준까지 내려왔다. 절대적, 상대적 가격 부담이 목에 차 있는 상황이다.

따라서 하향 안정세는 유지될 가능성이 높지만, 추가적인 하락을 기대하기는 어려워 보인다. 만에 하나 부정적 이벤트가 발생할 경우 생각보다 반등 폭이 크게 나타날 수 있는 구조다.

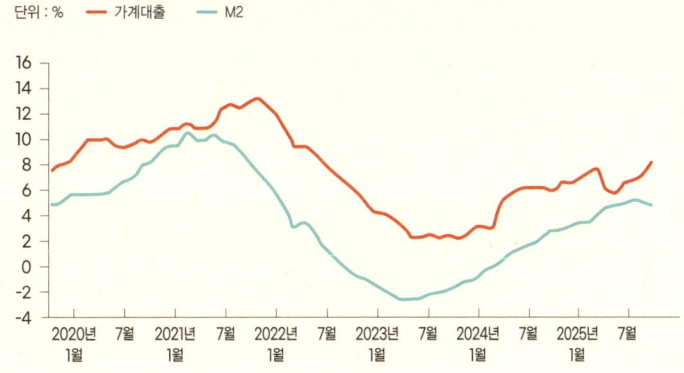

예금 취급 기관 가계대출 잔액 및 통화량(M2) 증감률 추이

자료: 한국은행, 하나증권 ※전년 동월 대비

> 양호한 시중 유동성/기업 펀더멘털을 기반으로 강세 흐름은 지속되겠지만 상위 등급과 하위 등급 간 차별화 현상은 지속될 전망. 신정부 신성장 동력 추진은 채권시장 내 공급 변수로 작용할 가능성이 높아 핵심 모니터링 요소로 작용할 것.

채권 공급 확대, 새 변수로 부상

그 외에도 2026년 크레디트 시장과 관련된 핵심 변수는 무엇보다도 추가적인 채권 공급 부담이다. 신성장 동력을 확충하기 위한 신정부 정책이 아무래도 공기업 등을 활용한 확장적인 재정 정책에 방점이 찍힐 가능성이 높기 때문이다. 사회 인프라 구축을 위한 투자 필요성 또한 지속되고 있다. 물론 정책 효과로 인해 전반적인 신용 위험이 통제될 수 있다는 측면은 긍정적이지만 확장적 정책이 채권시장 내 채권 공급 부담으로 다가올 경우 가격 측면에서는 불리한 여건이 조성될 수 있다. 이 부분은 추가로 확인할 포인트가 남아 있기는 하지만 지속적으로 모니터링해야 할 변수임에는 틀림없다.

대미 투자펀드와 관련된 투자 재원 조달 또한 공적 영역에는 부담이 될 수 있다. 다만, 이 경우 민간의 투자 부담을 공적 영역이 대신해주는 효과 또한 기대해볼 수 있어 회사채 투자 관점에서는 기회가 될 수도 있다.

SECTION 3 07 자산 배분

'느린 연착륙'의 해…
AI와 균형의 기회

금리 완화와 AI 성장의 공존, 균형 잡힌 자산 배분의 해
완화된 경기 둔화 속 자산시장… '균형 전략'이 핵심이다

미국의 보호무역 강화, 중국의 부동산 침체, 선진국의 재정 건전성 악화가 성장 제약 요인으로 작용하는 가운데, AI 투자를 중심으로 한 설비투자가 완충 역할을 하고 있다. 2026년에도 인플레이션은 완화 흐름을 지속하되, 통화정책의 방향성은 차별화될 것이다.

달러는 완만한 약세 예상

통화정책 측면에서는 주요국 간 온도 차가 확대되는 시기다. 미 연준은 금리 정상화를 목표로 2025년 12월 1회 인하 이후, 2026년 중 3회 추가 인하가 전망된다. 한국은행 역시 물가 안정 기조 속에서 1회 추가 인하 가능성이 높다. 다만, 2026년 4월 임기 만료를 앞둔 이창용 총재의 연임 여부가 정책 연속성의 관건으로 보인다. 또한 5월에는 미 연준의 새로운 의장이 선출될 예정이다.

반면 유로존은 금리 인하 사이클이 사실상 마무리됐고, 일본은행은 금리 인상 전환 시점을 저울질하고 있다. 이처럼 각

느린 연착륙
Soft Landing

경기가 급격히 위축되지 않고 완만하게 둔화되는 상태를 말한다. 물가와 고용이 안정적으로 조정되면서 경기 침체를 피하는 이상적 시나리오다.

3.1%
IMF가 예상한 2026년 세계 경제 성장률

거시 불확실성이 완전히 해소되지 않은 만큼, 단기 모멘텀보다 구조적 성장성과 정책 일관성에 초점을 맞춘 자산 배분이 필요한 시점이다.

국 중앙은행의 정책 방향이 엇갈리면서 달러화는 점진적 약세 흐름을 보이겠으나, 올해 이미 큰 폭의 하락을 겪은 만큼 2026년에는 완만한 조정 수준에 머물 가능성이 높다.

그럼에도 원화는 달러 약세 환경에서도 뚜렷한 절상세를 보이기 어렵다. 매년 약 200억 달러 규모의 대미 투자가 지속되는 가운데, 누적 3500억 달러 중 2000억 달러에 이르는 현금성 대미 투자 이행 부담이 원화 강세를 제약한다. 환율은 완만한 하락 혹은 횡보 흐름을 보일 가능성이 높으며, 외환시장은 수급 측면에서 균형 구간에 진입하는 모습이다.

자산시장은 금리 인하 사이클 진입과 함께 방향 전환을 모색하고 있다. 채권시장은 듀레이션 확장 국면에 들어서며 인컴 확보 중심 전략이 유효하다. 특히 주식시장은 AI 기반 기술 혁신이 새로운 성장 축으로 부상하면서 글로벌 시장의 구조적 변화를 주도하고 있다.

미국 기술주는 반도체·데이터센터·클

라우드 등 AI 밸류체인의 중심에 있으며, 금리 인하 확대는 밸류에이션 부담을 완화하는 요인으로 작용한다. 한국은 반도체 공급망의 핵심 허브로서 간접 수혜가 기대된다. 최근 AI 수요 급증의 영향으로 DDR5 기준 반도체 스폿 가격이 10월 한 달간 60% 이상 상승한 점은, 2026년 코스피 실적 개선을 가속화할 주요 촉매로 평가된다.

실물 자산의 회복 시작

미 연준의 통화정책 완화와 달러 약세는 금(金) 및 대체투자 자산에도 긍정적으로 작용할 전망이다. 주요국 중앙은행이 달러 보유 비중을 줄이는 반면 금 매입을 지속하는 흐름에서, 금은 포트폴리오 내 변동성 완충 및 헤지 자산으로서 매력을 유지할 가능성이 높다. 부동산과 인프라를 중심으로 한 대체투자는 고금리 구간의 평가손 반영이 마무리되고, 2026년부터 점진적 회복이 예상된다. 금리 인하와 유동성 개선이 맞물릴 경우, 부동산·인프라·에너지 전환 자산을 중심으로 리밸류에이션(재평가) 구간에 진입할 수 있다.

자산 배분 측면에서 2026년은 '균형의 해'로 정의된다. 미국 기술주는 AI 확산의 중심으로 선진국 중 가장 높은 투자 매력을 유지하겠지만, 단기 변동성을 감안한 분산 접근이 필요하다. 한국과 대만 등 아시아 반도체 시장은 공급단 중심의 실적 개선세가 이어질 전망이다.

채권은 금리 인하 구간에서 장기채 중심의 인컴 확보 전략이 유효하며, 크레디트는 등급 분화에 유의한 선별 접근이 요구된다. 대체투자는 인프라·에너지 전환 중심으로 비중 확대가 적절하다.

결국 2026년 자산 배분의 핵심은 '완만한 둔화 속 선택적 위험 추구'로 요약된다. 미국과 한국의 기술·반도체 섹터는 성장의 축으로, 채권·금·대체투자는 안정적 수익원의 축으로 균형을 이루는 구간이다. 거시 불확실성이 완전히 해소되지 않은 만큼, 단기 모멘텀보다 구조적 성장성과 정책 일관성에 초점을 맞춘 자산 배분이 필요한 시점이다.

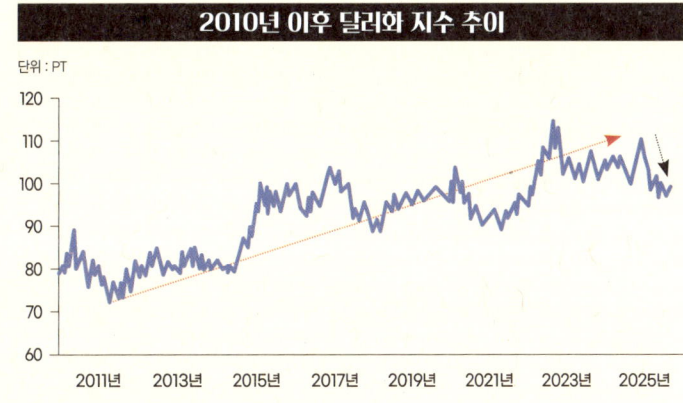

2010년 이후 달러화 지수 추이
자료 Bloomberg, 현대차증권

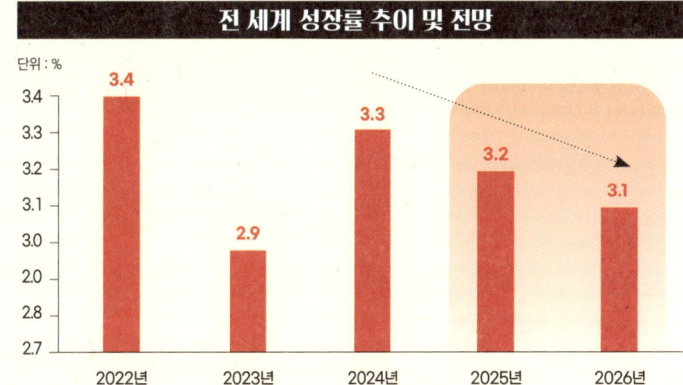

전 세계 성장률 추이 및 전망
자료 Bloomberg, 현대차증권 ※IMF 2025년 10월, 2025년과 2026년 세계 경제 성장률 전망치.

듀레이션 확장
Duration Extension

채권의 평균 만기를 늘려 금리 하락기에 더 큰 이자 수익과 자본 차익을 노리는 전략이다.

SECTION 3 | 08 ETF

반복되는 스토리에도 다양한 선택이 가능한 ETF 시장

AI·인프라·인플레이션…
확장되는 ETF의 세계, 세분화로 진화하다

트럼프 2기 정부 출범 이후 시장의 중심은 여전히 AI다. 버블 논란이 이어졌지만, 글로벌 유동성과 실적 개선세가 맞물리며 AI 섹터는 구조적 상승 흐름을 유지하고 있다.

반복되는 논란, 그러나 진화하는 AI 투자

AI 밸류에이션 논쟁은 '기대감 반영 → 고평가 논란 → 실적 확인 → 밸류에이션 정상화 → 주가 재상승'의 패턴으로 반복돼 왔다. 하이퍼스케일러들의 대규모 설비투자와 각국의 소버린 AI 프로젝트는 산업의 외연을 확장시키고 있다. AI ETF 시장 역시 초기의 소수 대표 상품에서 하드웨어·소프트웨어·전력 인프라까지 다양한 영역으로 세분화되고 있다.

세분화된 ETF 시장, 선택의 시대

AI 전반에 분산 투자하려면, 'AIQ'와 'KODEX 미국 AI 테크 TOP 10'이 대표적이다. AI 기술주와 전력 인프라까지 포함한 밸류체인형 포트폴리오는 'ARTY', 'RISE 미국 AI 밸류체인 TOP 3 Plus'가 적

하이퍼스케일러
Hyperscaler
대규모 AI 연산 인프라와 클라우드 서비스를 운영하는 글로벌 기술 기업이다.

소버린 AI
Sovereign AI
국가 주도 AI 인프라와 데이터 생태계를 구축·운영하는 프로젝트를 의미한다.

합하다. AI 활용 기업까지 포괄하려면 'THNQ', 의료 분야는 '1Q 미국 메디컬 AI'와 'KIWOOM 의료 AI'가 주목된다.
반도체 ETF는 'SMH'와 'KODEX 미국 반도체'가 대표적이며, 맞춤형은 'ACE 글로벌 AI 맞춤형 반도체'가 있다. 또, AI 데이터센터 확산으로 전력 인프라 ETF인 'ZAP'와 'SOL 미국 AI 전력 인프라'의 수요도 늘고 있다.
소프트웨어는 수익률 편차가 크기 때문에 팔란티어 중심의 'PLTU', 'PTIR'(2배 레버

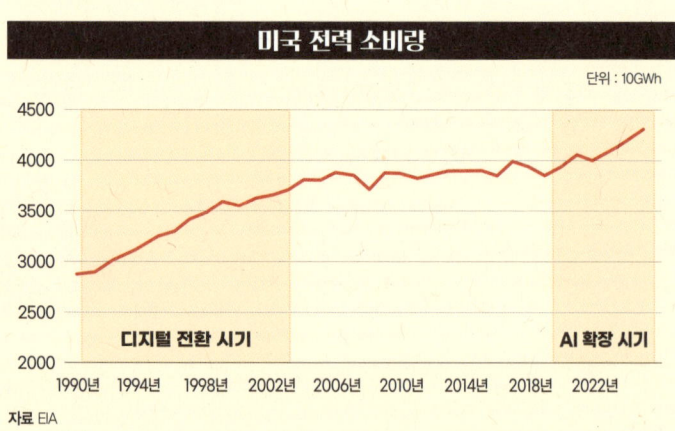

미국 전력 소비량
단위 : 10GWh
자료 EIA

나스닥 100 EPS 및 PER
자료: 하나증권

리지), 국내의 'RISE 팔란티어 고정 테크 100', 'KoAct 팔란티어 밸류체인 액티브' 등이 집중 투자 대안이 된다.

미국 외 지역으로는 중국 기술주 중심의 'CQQQ', '1Q 샤오미 밸류체인', 그리고 'TIGER 한·중 반도체(합성)' 등이 대안형 선택지다.

현금흐름의 안정 중심 ETF로는 'COWZ', 'FLOW', 'COWS'(배당 수익 병행형) 등이 리스크 완충용으로 유효하다.

리스크 시대의 새로운 투자 전략

AI 외에도 트럼프 행정부의 관세·무역 정책과 인플레이션 대응이 시장의 핵심 변수로 작용하고 있다. 국가 간 협상 관세는 변동성이 크지만, 품목별 관세는 미국 내 투자 계획을 조건으로 한 면제 혜택이 늘며 구조적으로 지속되는 흐름이다. 이는 곧 리쇼어링 강화와 함께 미국 제조업과 인프라 투자 확대의 본격화를 의미한다. 이러한 정책 환경에서 'PAVE'(인프라)와 'MADE'(제조업) ETF가 대표적인 수혜 테마다.

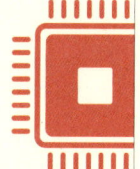

DDR5 반도체 스폿 가격 상승률

60%

AI, 인프라, 인플레이션 헤지 등 핵심 축에서 ETF는 이미 글로벌 자금 흐름의 중심에 서 있다.

한편 각국의 재정 확장과 통화완화 정책 기조는 글로벌 인플레이션 리스크를 자극하고 있으며, 이에 따라 가치 저장 자산 중심의 자산군도 꾸준히 살펴볼 필요가 있다. 금과 은, 그리고 비트코인 등 실물 자산은 대표적인 헤지 수단으로, 단순 현물 ETF뿐 아니라 관련 기업 중심의 ETF를 통해 레버리지 효과를 기대할 수 있다. 'GDX'·'GDXJ'(금광기업), 'SIL'·'SILJ'(은광기업), 'BLOK'(블록체인 기업) ETF는 인플레이션 헤지와 리스크 분산을 동시에 실현할 수 있는 전략적 포트폴리오이다.

마지막으로, 시장 변동성이 커지는 환경에서 차별화된 아이디어의 투자 수단 중 하나로는 수급 중심형 ETF가 있다. 국내에서는 개인 투자자 상위 보유 종목 중심의 'KODEX 미국 서학 개미', 'ACE 미국 주식 베스트셀러'가, 외국인 매수세 중심의 'WON K-글로벌 수급 상위'가 상장돼 있다. 개인 투자자, 즉 서학 개미들의 포트폴리오는 추세와 모멘텀 스타일의 전략이 구축된다는 특징을 가지고 있다. 'WON K-글로벌 수급 상위'는 EPS 증가율, 매수 강도, 투자심리를 종합 분석해 외국인 수급이 지속될 종목을 선별하는 구조의 ETF이다.

ETF 시장은 산업과 테마의 변화 속에서도 빠르게 진화하며, 다양한 구조와 전략을 통해 투자자에게 폭넓은 선택지를 제공하고 있다. AI, 인프라, 인플레이션 헤지 등 핵심 축에서 ETF는 이미 글로벌 자금 흐름의 중심에 서 있으며, 새롭게 등장하는 상품과 테마에 대한 지속적 모니터링을 통해 향후 투자 경쟁력의 가이드라인을 제시할 것이다. 뚜렷한 성장세만큼 ETF 시장에 꾸준한 관심이 필요한 이유이다.

SECTION 3　09 원자재

2026년에도 포트폴리오에 금을 담을 이유

고용 둔화와 물가 불안, 두 리스크 속 빛나는 안전자산

2025년 글로벌 자산시장은 미국의 '보험성 금리 인하' 기대 속에서 주식·채권·원자재가 동반 상승하는 '에브리싱 랠리(Everything Rally)'를 이어갔다. 그러나 2026년에는 미국 고용 둔화와 물가 재상승 위험이 겹치면서 양방향 리스크가 지속될 전망이다.

완화 기대와 유동성이 만든 '에브리싱 랠리'

이러한 환경에서 금은 안전자산이자 인플레이션 헤지 수단으로 가장 주목받고 있다. 온스당 4000달러를 돌파한 금값은 완화적 통화정책과 중앙은행의 매입 확대에 힘입어 상승세를 이어갈 것으로 보인다.

동시에 국내 코스피 지수도 4000선을 돌파하며 사상 최고치를 경신 중이다. 글로벌 증시의 강세는 흔히 '위험자산 선호'로 해석되지만, 2025년 자산시장에서는 주식·채권·원자재가 동시에 오르는 에브리싱 랠리가 펼쳐지고 있다.

주식과 채권, 대체투자, 원자재 등에 이르

에브리싱 랠리
Everything Rally

주식, 채권, 원자재 등 위험자산과 안전자산을 가리지 않고 모든 자산 가격이 동시에 상승하는 현상을 말한다. 통화정책 완화(금리 인하)로 인한 유동성 확장 국면에서 자주 나타난다.

는 글로벌 자산시장의 에브리싱 랠리는 미 연준의 '보험성 금리 인하(Insurance Cut)' 기대에서 비롯됐다. 통상 미 경기 둔화 우려에 기인한 연준의 기준금리 인하 전망은 채권과 금을 중심으로 글로벌 자산시장의 '안전자산 선호'를 반영하기 마련이다. 그러나 국제유가(에너지 가격)의 하락 속 2025년 기준금리 인하는 장기적으로 2% 수준의 물가를 목표로 하는 연준의 기준금리 정상화(장기 3.0%)로 인식되고 있다. 그 결과 주식을 비롯한 위

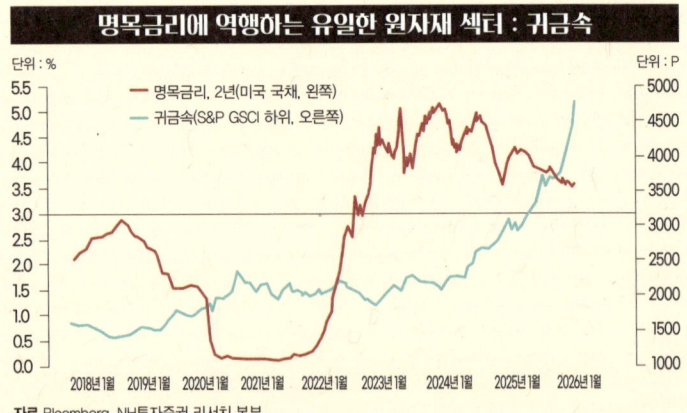

자료: Bloomberg, NH투자증권 리서치본부

험자산에서는 '할인율 하락', 동 기간 채권, 금 등 안전자산에서는 '유동성 확대, 화폐 가치 하락'에 따른 투자자 매수세가 지속 유입돼 에브리싱 랠리를 용인하는 것으로 판단된다.

고용 악화와 물가 상승 사이

2026년에도 미 연준의 추가 금리 인하 기대가 글로벌 자산시장 전반의 에브리싱 랠리를 지지할 전망이다. AI·데이터센터 등 기술주 주도의 성장 낙관론에도 트럼프 2기 관세·이민 정책 여파 속 고용 시장 불안이 미국 경제를 둘러싼 불확실성을 높이고 있기 때문이다. 연준의 섣부른 기준금리 인하 시도가 관세 여파를 채 반영하지 못한 미국 물가의 재점화 가능성을 높일 수도 있다. 미국 경제의 이 같은 양방향 리스크 하에서 안전자산은 '고용 시장 하방 위험', 위험자산은 '인플레이션 상방 위험'에 집중해 에브리싱 랠리가 연장될 것으로 예상된다.

고용 둔화와 물가 불안이라는 미국 경제의 양방향 리스크 속에서 금은 가장 확실한 수혜 자산으로 부상하고 있다. 금리는 내려가고 불확실성은 높아지는 환경에서 금은 안전자산이자 인플레이션 헤지 수단으로서의 매력이 강화된다. 최근 이어지고 있는 금값 강세 흐름도 계속될 가능성이 높다.

무이자 자산의 매력은 고용 둔화로 금리 인하 기대가 커질수록 높아지고, 화폐 가치 하락 우려는 금의 '가치 저장' 기능을 부각시킨다. 이러한 흐름은 2026년에도 금 수요를 지속적으로 자극할 핵심 요인이 될 전망이다.

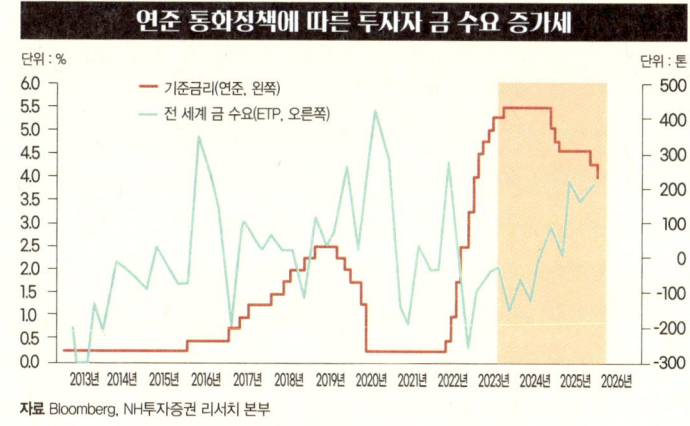

자료: Bloomberg, NH투자증권 리서치 본부

> 포트폴리오 내 금 비중을 일정 수준 유지하는 것이 바람직하다. 2026년 금 가격 예상 범위는 온스당 3800~5000달러다.

원자재 투자 톱픽은 '금'

특히 2026년에도 원자재 투자에서 금이 가장 유망할 것으로 보여, 포트폴리오 내 금 비중을 일정 수준 유지하는 것이 바람직하다.

2026년 금 가격 예상 범위는 온스당 3800~5000달러다. 연준의 통화정책 완화 기조 아래 금 투자에 대해선 '비중 확대' 의견을 유지한다. 완화 국면에서는 골드바·코인·ETP(ETF) 등 투자자 매수세가 금값 상승을 견인하는 원동력이다. 여기에 글로벌 중앙은행이 외환보유고 다변화를 위해 매년 전 세계 금의 약 20%를 매입하는 흐름도 이어질 것으로 보여, 금 가격 강세 추세는 2026년에도 지속될 가능성이 높다.

다만 성급한 금리 인하가 '물가 재점화'로 이어질 위험도 존재해, 2026년 포트폴리오에서는 인플레이션 헤지 자산의 중요성이 커질 전망이다. 특히 연준 신뢰도 약화 우려 속 글로벌 중앙은행들은 외환보유고에서 달러 비중을 줄이고 금 비중을 확대하는 흐름을 지속할 가능성이 높다.

SECTION 3 | 10 글로벌 투자(미국)

S&P 500 6550~8000 전망 4C·4E 주목하라

AI 슈퍼사이클과 완화적 거시 정책이 만든 '준골디락스' 국면
AI 인프라 확장과 정책 모멘텀이 이끄는 주도권 변화

2026년 미국 주식시장은 S&P 500 지수가 6550~8000pt 범위에서 '중립 이상'의 우호적 흐름을 보일 것으로 전망한다. 근거는 두 가지다.

첫째, AI 설비투자(CapEx) 슈퍼사이클의 가속. 둘째, 중상주의적 재정 정책과 연준의 선제적 통화 완화가 맞물린 미국 경기·증시의 '준(準)골디락스(Quasi-Goldilocks)' 환경. 최대 변수는 관세·물가·금리의 재불확실성이지만, 2026년 11월 중간선거 승리가 절실한 트럼프 대통령이 현 수준을 넘어 불확실성을 키울 가능성은 여러모로 제한적이다.

준골디락스 환경 돌입

2026년 글로벌 거시는 '완만한 둔화' 또는 '국지적 수축'에 가깝지만, 시장 참여자 체감은 골디락스에 준하는 구간이 지속되고 있다. 가장 큰 이유는 AI CapEx 슈퍼사이클이 경기와 증시 낙관론을 견인하고 있기 때문이다. 2025년 2분기 기준 AI 관련 투자의 실질 GDP 기여도는 1%p를 넘어섰고,

6550~8000pt
2026년 S&P 500 지수 전망

골디락스
Goldilocks

경기 과열도 침체도 아닌, 성장과 물가가 균형을 이루는 이상적 경제 상태를 뜻한다. 영국 동화 《골디락스와 세 마리 곰》에서 유래했으며, "너무 뜨겁지도 차갑지도 않은 딱 좋은 죽"처럼 완만한 성장과 안정된 물가가 공존하는 구간을 비유한다.

AI·테크 밸류체인으로의 투자가 미국 경기를 실질적으로 받치고 있다. 이 흐름은 상·하위 밸류체인 전반으로 확산되며 경기·증시의 확장을 가속할 가능성이 크다. 빅테크와 AI 대표주의 '버블 논쟁'이 있으나, 닷컴 버블 당시와 달리 현재는 높은 수익성, 빠른 이익 성장, 넉넉한 순현금흐름과 동행하는 CapEx 확대가 멀티플 부담을 완화한다. 2026년 11월 중간선거를 앞둔 미 정부의 재정·통화 부양 의지도 준골디락스 환경 조성에 기여할 전망이다. 미국 대규모 감세 법안(OBBBA)에 따른 재정 부담은 성장과 관세 수입으로 일정 부분 상쇄 가능하며, 연준의 완화 기조와 결합해 소비 경기 활성화로 이어질 공산이 크다.

미국 국채 수익률 '불 스티프닝' 발생

연준의 통화 완화는 증시에 우호적이다. 2026년 성장률이 잠재 수준을 상회하고 물가가 목표치인 2%보다 다소 웃돌 가능성을 감안하면, 시장 컨센서스(연 5회 인하)보다는 적은 '연 4회 이하 인하'가 기본

시나리오다. 대신 연준은 12월 1일 양적 긴축(QT)을 종료해, 제한적 금리 인하를 보완할 계획이다. 또한 9월 금리 인하는 실질 정책금리(명목 정책금리-헤드라인 CPI)가 3% 이하로 내려온 시점, 즉 '경기 확장 구간'에서 단행된 선제 변화였다.

연준의 완화 기조는 단기금리를 먼저 끌어내리며, 장기금리는 재정 리스크로 완만한 조정에 그칠 전망이다. 그 결과 미국 국채는 '불 스티프닝' 흐름이 예상된다. 이는 '실질금리 하향 안정 → 이자 및 조달 비용 감소 → 수요·업황 개선'의 경로를 통해, 증시 추가 상승과 현 주도주의 리더십 강화를 뒷받침한다.

4C·4EDML, 미국 증시의 8개 성장 축

2026년 낙관론의 핵심에 AI와 반도체 슈퍼사이클이 자리 잡고 있으며, 이를 투자 프레임으로 구체화한 것이 '4C'와 '4EDML(4E)'이다. 글로벌 자금의 방향성을 보여주는 이 두 축은 각각 AI 인프라와 실물자산의 교차점(4C), 그리고 AI 확산과 경기 회복이 맞물린 성장축(4E)을 의미한다. 먼저 4C는 AI 인프라와 실물 자산의 교차점에 놓인 4개의 핵심 축이다. △Connectivity(연결성)은 단일 랙에서 랙 간(Inter-Rack), 나아가 데이터센터 간(DCI)으로 확장되는 AI 네트워킹 수요를 포착한다. △Cloud(클라우드)는 전력 효율성(Watt당 성능)이 향상되며 AI 워크로드가 점차 클라우드로 이전되는 구조적 수혜를 받는다. △Copper(구리)는 전력·데이터 전송 수요 급증과 함께 가격 및 공급 여건 개선의 직접적인 혜택을 본다. △Cryptocurrency(가상자산)는 De-Fi(탈중앙화 금융) 재활성화와 토크노믹스 복원, 그리고 규제 명확성 기대와 모멘텀이 될 전망이다.

4E는 AI 확산과 경기 회복 국면에서 성장성이 부각되는 4개의 핵심 축이다. △Solar Energy(태양광)는 지난해 악재가 대부분 선반영된 가운데, 발전량 증가와 AI 데이터센터의 전력 수요 확대에 따른 'AI 풋(Put)' 효과로 반등 여력이 크다. △Electrical Engineering(전력 반도체)는 800V 직류(DC) 전력체계 고도화와 함께 AI 서버, 전기차, 로봇 등 고출력 산업 전반에서 수혜가 예상된다. △E-Commerce(이커머스)는 AI 기반 추천 알고리즘 고도화로 광고 효율과 구매 전환율이 동반 개선될 가능성이 높다. △Exchange/Brokerage(금융) 부문은 AI 투자 확대와 M&A 활성화에 따른 거래량 증가와 금리 정상화 이후의 자금 유입 효과를 동시에 누릴 전망이다.

불 스티프닝
Bull-Steepening
채권시장에서 단기금리 하락폭이 장기금리보다 클 때 발생하는 수익률 곡선의 완만한 상승(기울기 확대) 현상이다. 정책 완화 기대감이 시장 전반으로 확산되는 신호로 해석된다.

SECTION 3 | 11 글로벌 투자(중국)

Beyond Catch up…
미국과 중국의 기술 격차 좁히기

중국 기술주의 재평가, AI가 조성한 새로운 추격의 시간
AI 응용 산업 확산이 견인한 '기술 추격의 골든타임'

2025년 중국 주식시장은 기술주 중심의 '재평가 시간'이었다. 연초 딥시크(DeepSeek)의 급부상은 AI 분야에서 미·중 기술 격차가 좁혀지고 있음을 확인하는 계기로 작용했고, 이에 그동안 글로벌 대비 크게 저평가돼 있던 중국 기술주 주가들이 정상화되기 시작했다.

AI가 연 '중국 기술주의 재평가'

2026년에도 중국의 기술 추격은 이어질 것으로 본다. 'AI 플러스' 정책 속 로보택시, 휴머노이드 로봇 등 관련 산업의 상용화가 빠르게 전개될 것이고, 이러한 응용 확산이 다시 AI 인프라 투자로 이어지는 선순환 구조를 형성할 것이기 때문이다.
과거 전 세계 스마트폰 보급기(2010~2019년)에도 중국의 온라인 생태계는 급속도로 성장했다. 그 과정에서 알리바바·텐센트·바이두 등 플랫폼 기업들이 빠르게 성장했고, 높은 산업 성장성을 바탕으로 기업 가치는 한때 미국 기업 대비 프리미엄을 누리기도 했다.

AI 플러스
AI Plus

중국 정부가 추진하는 AI 전산화·산업 융합 정책. 로보택시·휴머노이드 로봇·스마트 제조 등 AI 응용 산업 상용화를 가속하는 정책 프레임이다.

2025년 중국 GDP 성장률
5%

둔화

2026년 중국 GDP 성장률 전망
4.6%

AI 응용 분야에서도 비슷한 움직임이 나타날 것으로 기대된다. 이미 주요 글로벌 IB들은 2029년 이후 중국의 로보택시, 휴머노이드 로봇 등의 시장 규모가 미국을 추월할 것으로 내다봤다. 강력한 정부 정책 지원, 방대한 기술 개발 인력, AI 기술에 대한 높은 수용력 등이 산업 개화를 뒷받침하는 핵심 요인이다. 따라서 2026년 중국 AI 산업에서 빠른 성장이 나타난다면, 과거 기술주가 미국 대비 프리미엄을 받았던 때처럼 이번에도 주가의 추가 상승을 견인할 것이다.

질적으로 개선되는 경기

2026년 중국의 GDP 성장률은 약 4.6%로 2025년의 5.0% 대비 둔화할 전망이다. 그러나 명목 성장률은 오히려 약 4.2%로 오히려 올해보다 소폭 개선될 것으로 예상한다. 이는 공급 과잉 산업에 대한 구조적 공급 축소와 확장적 재정 지출에 의한 수요 부양 효과가 균형을 이루면서 물가 반등을 견인할 수 있기 때문이다. 명목 성장률이

개선되면 국민들의 체감 경기 개선, 소비 확대, 기업이익 증가 등 선순환을 야기할 수 있다. 이러한 질적 성장 회복이 주식시장에 더 유리한 이유다.

한편 주식시장 부양 기조도 이어질 전망이다. 부동산 가격 하락으로 중국인들의 부(Wealth) 효과는 주로 금융시장을 통해서만 나타난다. 전 세계적으로 자본소득이 점차 확대되는 흐름에서, GDP 대비 중국의 주식시장 시가총액 비중은 78%로 여전히 낮다. 이는 대만(326%), 미국(240%), 일본(181%), 한국(128%)과 비교해도 크게 낮은 수준이다.

따라서 내수 소비시장을 활성화하고, 국민 기대치 관리를 위해서라도 2026년 중국의 증시 부양 기조는 지속될 것으로 보인다.

전략 산업에서 찾는 투자 기회

2026년 상해종합지수의 상단은 4400pt, 홍콩 H지수의 상단은 1만1035pt로 제시한다. 중국 경제와 주식시장 구조가 기술주 중심으로 재편되고 있는 점을 반영해 타깃 밸류에이션을 상향 조정했다. 따라

중국 기술주의 미국 대비 밸류에이션

코로나19 직전 중국 기업이 미국 기업 대비 고평가 상태

온라인 생태계의 빠른 성장기, 중국 기술주들은 미국 대비 프리미엄 받음.

주 중국 기업은 알리바바, 텐센트, 바이두이고, 미국 기업은 아마존, 메타, 구글.

자료 I/B/E/S, Refinitiv, 메리츠증권 리서치센터 ※1보다 크면 중국이 미국보다 비싸게 평가받는 상태(프리미엄)

딥시크
DeepSeek

오픈 소스 대규모 언어 모델(LLM)을 개발하는 중국의 인공지능 연구 기업이자 해당 기업이 개발한 AI 모델의 명칭이다. 2024년 12월, GPT-4와 경쟁할 수 있는 대규모 언어 모델 DeepSeek-V3를, 2025년 1월 20일에는 고성능 추론 모델인 DeepSeek-R1을 공개했다.

서 2026년에도 기술주 중심이 유망해 보인다.

1) 중국 AI 밸류체인의 국산화 및 응용 추진으로 SMIC, 캠브리콘, 폭스콘, 텐센트 등 기업들의 실적 개선이 기대된다.

2) 중국 차기 5개년 계획의 핵심 전략 산업인 휴머노이드 로봇과 우주항공도 주목할 필요가 있다. 특히 2026년에 Land Space 등 민영기업의 재활용 로켓이 성공적으로 발사된다면, 중국 내 로켓 발사 수요가 급증하며 우주항공 전반의 양적 성장을 견인할 수 있다.

3) 리튬주 역시 유망 업종으로 꼽힌다. 글로벌 AI 데이터센터의 확산으로 ESS(에너지저장장치) 수요가 급증하며 해외 리튬 수요가 빠르게 늘고 있다. 특히 강봉리튬 등 중국 리튬 기업들은 다수의 해외 광산을 보유하고 있어 직접적인 수혜가 기대된다. 강봉리튬은 중국을 대표하는 리튬 공급업체로, 2000년 설립됐다. 여기에 중국 내 공급 통제 정책과 맞물려 2026년에는 뚜렷한 실적 개선이 나타날 가능성이 높다.

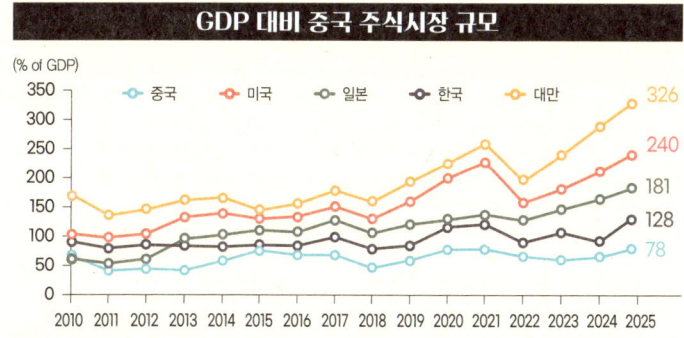

GDP 대비 중국 주식시장 규모

자료 Bloomberg, 메리츠증권 리서치센터
※GDP 대비 중국 주식시장의 비중은 78%로 기타 국가 대비 너무 낮음. 증시 부양 지속될 전망.

SECTION 3 | 12 ESG

거버넌스 혁신이 이끄는 자본시장 대전환

ESG의 중심축으로 떠오른 'G', 2026년 거버넌스 대전환
집중투표제·3% 룰… 제도 변화가 이끄는 '한국형 지배구조 혁신'

2025년은 한국 자본시장에서 '거버넌스 원년'으로 기록될 만하다. 2차 상법 개정안이 통과되면서 '이사의 주주충실의무' 조항이 신설됐고, 이사회 책임 강화 및 대주주 전횡 방지 장치가 법적으로 자리 잡기 시작했다.

그 결과 기업들은 주주이익 중심의 경영 기조를 강화했고, 외국인 투자자 신뢰 회복과 함께 코스피가 3000pt를 돌파하는 데에도 이번 거버넌스 개선이 적지 않은 영향을 미쳤다는 평가가 우세하다.

집중투표제·감사위원 분리 선출 본격 시행

2026년 하반기부터는 집중투표제가 의무화된다. 자산 2조원 이상 대규모 상장사는 더 이상 정관으로 집중투표제를 배제할 수 없다. 집중투표제는 여러 명의 이사를 선임할 때 주주가 보유한 의결권을 특정 후보에게 집중해 행사할 수 있도록 하는 제도로, 이사회 구성에 소액주주들의 의견을 보다 직접적으로 반영할 수 있는 제도다. 이는 2026년 9월 10일 이후 처음

3% 룰

최대주주 및 특수관계자의 의결권을 감사위원 선임 시 3%로 제한하는 제도다. 대주주의 과도한 영향력을 억제하고, 소수주주·외국인 투자자의 권한을 강화하기 위한 장치다.

국가 리스크 프리미엄

한국가에 투자할 때 정치·경제·제도적 불확실성 등 추가 위험을 감수한 대가로 요구되는 초과 수익률을 의미한다. 국가 신뢰도·거버넌스·재정 안정성 등이 개선될수록 리스크 프리미엄은 낮아진다.

열리는 이사·감사위원 선임부터 의무 적용된다.

감사위원 분리 선출제도 시행된다. 선출 대상이 기존 1명에서 2명 이상으로 확대되면서, 소액주주 의견 반영이 확대된다. 동시에 '3% 룰'이 적용되면서 대주주 의결권은 제한되고, 외국인과 기관의 영향력은 커지게 된다.

2026년 7월 23일부터는 사외이사 여부와 관계없이 모든 감사위원 선임에 일괄적으로 의결권 제한이 적용된다. 이는 기업 지배구조의 투명성과 감시 기능을 강화해, 한국형 거버넌스 구조의 변화를 가속할 요인이다.

거버넌스 개혁의 시장 파급 효과

집중투표제 도입을 두고는 '이사회 다양성 강화'와 '경영권 불안'이라는 상반된 시각이 공존한다. 도입 초기에는 경영권 분쟁 등 단기적 리스크가 부각될 수 있으나, 제도 정착과 함께 소수주주 권익 강화와 견제 및 균형 구조가 자리 잡을 가능성이 높다.

상법 주요 개정 내용과 시행 시기

주요 개정 내용	시행 시기
이사의 충실의무 확대	공포 즉시 시행
감사위원 3% 룰 보완	1년 유예 후 시행
사외이사(독립이사) 명칭 변경 및 비율 상향	1년 유예 후 시행
전자주주총회 의무화	2027년 1월 1일부터 시행

자료: 국회, 신한투자증권

이미 2025년 하반기 이후 외국인 자금이 빠르게 유입된 것도 이러한 거버넌스 개편에 대한 신뢰가 높아진 결과다. 반도체 업황 회복과 맞물려 제도 투명성 개선이 투자 심리를 자극했고, 시장은 단기 실적보다는 장기적 주주가치를 중시하는 기업에 프리미엄을 부여하고 있다. 이는 ESG 프레임에서 'G(Governance)'가 한국 시장 재평가의 중심축으로 부상했음을 보여준다.

> 제도 투명성과 책임 경영 강화에 따라 한국 자본시장은 외국인과 기관이 함께 주주가치를 높이는 거버넌스 국면에 진입했다.

ESG의 핵심 축은 'E'에서 'G'로 이동하고 있다. 제도 투명성과 책임 경영 강화에 따라 한국 자본시장은 외국인과 기관이 함께 주주가치를 높이는 거버넌스 국면에 진입했다. 2026년에는 상법 3차 논의(자사주 소각 의무화, 배당소득 분리과세 등)와 자본시장 선진화 로드맵이 병행되며 기업의 투명성·책임성·주주환원 정책이 한층 강화될 전망이다.

2026년 한국 ESG의 핵심 키워드는 'G'다. 지배구조 혁신은 단순 규제 강화가 아니라 한국 자본시장의 체질을 바꾸는 촉매가 되고 있다. 거버넌스 개혁으로 신뢰도 상승 효과에 반도체·AI 중심의 실적 개선이 맞물린다면, 코스피 5000 시대를 향한 핵심 동력으로 작용할 가능성이 크다.

자사주 소각 의무화 및 배당소득 분리과세 관련 상법 개정안

자사주 소각 의무화 관련 상법 개정안

	김남근 의원안('25.7.9)	민병덕 의원안('25.7.22)	김현정 의원안('25.7.22)	이강일 의원안('25.7.23)
대상 회사	상장회사	모든 주식회사	상장회사	모든 주식회사
소각 기간	1년 이내	1년 이내(3% 미만 보유시 2년 이내)	즉시	대통령령으로 정하는 기간
예외	① 임직원 보상 ② 우리사주조합/사내근로복지기금 ③ 전환사채 및 신주인수권부사채 권리행사 필요한 경우	임직원 보상 등 대통령령으로 정하는 목적	법령상의 의무이행, 임직원에 대한 보상 등 대통령령으로 정하는 목적	① 임직원에 대한 상여금, 퇴직금, 공로금 또는 장려금 지급 등 근로자 복지를 도모하기 위한 경우 ② 그 밖에 소각하지 아니할 불가피한 사유로 대통령령으로 정하는 경우
예외 인정 절차	매년 정기 주주총회 승인	취득 후 3개월 이내 주주총회 승인	주주총회 승인	-
기보유 자기주식	동일하게 적용	동일하게 적용	6개월 이내 소각	동일하게 적용
기타	주총 시 3% 의결권 제한 (최대주주 합산 3%)	주총 시 3% 의결권 제한 (최대주주 합산 3%)	주총 시 3% 의결권 제한 (최대주주 합산 3%)	-
시행 시기	공포 후 6개월			

배당소득 분리과세 관련 상법 개정안

	정부안('27년 분리과세 적용)	이소영 의원안('26년 분리과세 적용)
과세 방식	전년 대비 현금배당이 감소하지 않고, 배당성향 40% 이상 또는 배당성향 25% 이상 + 직전 3년 평균 대비 5% 배당액 증가 상장법인으로부터 배당소득에 대해 분리과세	배당성향이 35% 이상인 상장법인으로부터 받은 배당소득에 대해 분리과세
적용세율 (지방세 포함)	2천만원 이하: 15.4% 2천만원 초과 ~ 3억원 미만: 22.0% 3억원 초과: 38.5%	2천만원 이하: 15.4% 2천만원 초과 ~ 3억원 미만: 22.0% 3억원 초과: 27.5%

자료: 의안정보시스템, 에너지경제신문, 시사저널e, 신한투자증권

HANKYUNG Best Analyst

<2026 산업대전망>을 만든 한경비즈니스 베스트 애널리스트

김동원
KB증권

부문 반도체·전기전자
학력 연세대 경제학 석사
경력 굿모닝신한증권,
     현대증권, KB증권

김현수
하나증권

부문 2차전지
학력 한양대 경영학
경력 골든브릿지증권,
     토러스투자증권,
     하나증권

김홍식
하나증권

부문 통신
학력 한국외대 경영학
경력 NH농협증권, 유화증권,
     하나증권

임희석
미래에셋증권

부문 인터넷·소프트웨어
학력 고려대 중어중문학
경력 미래에셋증권

이화정
NH투자증권

부문 엔터·레저·미디어
학력 서울대 경영학
경력 삼성전자, NH투자증권

김명주
한국투자증권

부문 유통
학력 서강대 경영학
경력 미래에셋증권,
     한국투자증권

최고운
한국투자증권

부문 운송
학력 연세대 경영학
경력 한국투자증권

임희연
신한투자증권

부문 증권·보험
학력 에모리대 경제학, 작곡
경력 신한투자증권

최정욱

하나증권

- **부문** 은행·신용카드
- **학력** 고려대 경영학 석사, 성균관대 무역학
- **경력** 한국투자증권, 대신증권, 하나증권

문경원

메리츠증권

- **부문** 유틸리티
- **학력** 성균관대 글로벌경영학
- **경력** 메리츠증권

장문수

현대차증권

- **부문** 자동차·타이어
- **학력** 서울대 조경지역시스템공학, 연세대 경제학 석사, 성균관대 기술경영 박사 수료
- **경력** 유진투자증권, 키움증권, 현대차증권

최광식

다올투자증권

- **부문** 조선·중공업
- **학력** 서울대 공과대 산업공학 석사
- **경력** 삼성SDS, 교보증권, LIG투자증권, 하이투자증권, 한국투자증권, 다올투자증권

이동헌

신한투자증권

- **부문** 방산·우주·기계
- **학력** 경희대 기계공학, 경희대 경영학 석·박사
- **경력** 한양증권, 대신증권, 신한투자증권

엄민용

신한투자증권

- **부문** 제약·바이오·의료기기
- **학력** 아주대 응용화학생명공학, 아주대 생체재료공학 석사
- **경력** 안국약품㈜, 현대차증권, 신한투자증권

윤재성

하나증권

- **부문** 정유·화학
- **학력** 연세대 경영학
- **경력** 토러스투자증권, 대신증권, 하나증권

김정욱

메리츠증권

- **부문** 음식료·담배
- **학력** 중앙대 경영학
- **경력** KTB투자증권, BS투자증권, NH농협증권, 메리츠증권

HANKYUNG Best Analyst

장문준
KB증권

- 부문: 건설·건자재
- 학력: 한국외국어대 영어학, 건국대 부동산학 석사
- 경력: 대우건설, 하이투자증권, KB증권

김수현
DS투자증권

- 부문: 지주회사
- 학력: 미시간대 경제학
- 경력: 신한투자증권, DS투자증권

양승윤
유진투자증권

- 부문: AI·로보틱스
- 학력: 히토츠바시대 사회학
- 경력: 소지츠상사, 유진투자증권

이병화
신한투자증권

- 부문: 스몰캡
- 학력: 인하대 경영학, 서강대 경제학 석사
- 경력: 삼성증권, KB증권, 신한투자증권

김세환
KB증권

- 부문: 글로벌 기업분석
- 학력: 서강대 국제경제학 석사, 세종대 경영학 박사
- 경력: 키움증권, 신한금융투자, 현대증권, KB증권

하건형
신한투자증권

- 부문: 거시경제·금리
- 학력: 서울대 경영학, 금융경제학, 서울대 정책학 석사
- 경력: 신한투자증권

이은택
KB증권

- 부문: 투자전략
- 학력: 건국대 중어중문, 경영학, 연세대 경제학 석사
- 경력: 삼성테크윈, DB투자증권, SK증권, KB증권

유명간
미래에셋증권

- 부문: 계량분석
- 학력: KAIST 수리과학
- 경력: 현대중공업, 우리투자증권, 미래에셋증권

하인환
KB증권

- **부문** 데일리 시황
- **학력** 성균관대 글로벌경영학
- **경력** SK증권, 메리츠증권, KB증권

김상만
하나증권

- **부문** 신용분석
- **학력** 연세대 경영학
- **경력** 중앙종합금융, 국민연금공단, 하나증권

김중원
현대차증권

- **부문** 자산배분
- **학력** Eastern illinois University 경제학, 연세대 UBS MBA
- **경력** 교보증권, NH투자증권, 메리츠종금증권, 키움증권, 현대차증권

박승진
하나증권

- **부문** ETF
- **학력** 인하대 경영학
- **경력** 삼성증권, 신한금융투자, 한국투자증권, 하나증권

황병진
NH투자증권

- **부문** 원자재·디지털자산
- **학력** Univ. of Technology, Sydney 금융학, 연세대 경영학 석사
- **경력** 우리선물, 이베스트투자증권, NH투자증권

김용구
유안타증권

- **부문** 글로벌 투자전략–미국·선진국
- **학력** 서강대 경제학 석사
- **경력** 유안타증권

최설화
메리츠증권

- **부문** 글로벌 투자전략–중국·신흥국
- **학력** 연변과학기술대 경영정보학, 한양대 재무정보학 석사
- **경력** 한국투자증권, 메리츠증권

이정빈
신한투자증권

- **부문** ESG
- **학력** 인천대 무역학, 연세대 금융공학 석사
- **경력** Fn가이드, IBK투자증권, 신한투자증권

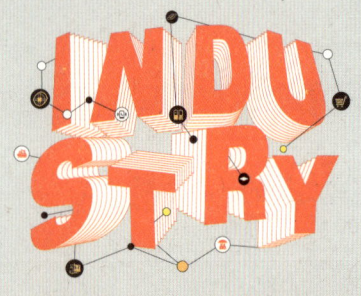

2026 산업대전망

펴낸 날	초판 1쇄 2025년 11월 28일
발행인	김정호
편집인	하영춘
펴낸 곳	한국경제신문
편집 총괄	김용준
기획 총괄	이홍표
제작 총괄	이선정
편집	신정은 · 문지현
글	한상춘 · 한경비즈니스 · 한경 베스트 애널리스트
디자인	박명규 · 송영 · 표자영 · 김지은 · 남소현 · 정다운
홍보마케팅	김규형 · 서은실 · 이여진 · 박도현
인쇄 제작	이채미
인쇄	제이엠프린팅
등록	제2006-000008호
주소	서울시 중구 청파로 463 한국경제신문
기획출판팀	02-360-4553, 4556
영업마케팅팀	02-360-4595, 4583 FAX 02-360-4599
	H http://bp.hankyung.com
	E bp@hankyung.com
	F www.facebook.com/hankyungbp

값 25,000원
ISBN | 978-89-475-0219-1(93320)

《2026 산업대전망》은 현장에서 전하는 최신 산업 이슈와 업종별 투자 포인트를 일목요연하게 정리해 산업의 흐름을 한눈에 파악할 수 있도록 구성했습니다. 한상춘 한국경제신문 논설위원 겸 한경미디어 국제금융 대기자, 한경비즈니스, 한경 베스트 애널리스트가 참여해 전문성을 강화했습니다.

- 잘못 만들어진 책은 구입하신 곳에서 교환해드립니다.
- 이 책은 저작권법에 따라 보호받는 저작물이므로 무단 전재와 복제를 금합니다.